Journalistische Praxis

Herausgeber der Reihe:
Walther von La Roche und Gabriele Hooffacker

Mario Müller-Dofel

Interviews führen

Ein Handbuch für Ausbildung und Praxis

Econ

Econ ist ein Verlag der Ullstein Buchverlage GmbH

ISBN 978-3-430-20077-6

© Ullstein Buchverlage GmbH, Berlin 2009
Alle Rechte vorbehalten.

Lektorat: Gabriele Hooffacker
Umschlaggestaltung: Jorge Schmidt, München
Autorenfoto: Axel Griesch, Grafiken: Thomas Reinke
Satz: Leingärtner, Nabburg
Druck und Bindung: CPI – Clausen & Bosse, Leck

Inhalt

Vorwort

Es war 2003, als die »Berliner Zeitung«, »Die Welt«, »Der Tages-spiegel« »Financial Times Deutschland«, »Frankfurter Allge-meine Zeitung«, »Frankfurter Rundschau«, »Kölner Stadtanzei-ger«, »Süddeutsche Zeitung« und »die tageszeitung« (»taz«) in einer konzertierten Aktion öffentlich den Verfall der Interviewkul-tur in Deutschland kritisierten. Die Chefredakteure dieser Zei-tungen wollten sich gegen den »skandalösen Umgang mit der Autorisierung von Interviews« (»Die Welt«) sogar per Kodex wehren. Der Kodex sollte festlegen, inwieweit sich die Presse noch Änderungen von Interviewtexten gefallen lassen darf, durch die viele Informanten ihre ursprünglichen Aussagen nach-träglich manipulieren. Aber die Manipulierer intervenierten. Die Journalisten resignierten. Der Kodex kam nie. Der Protest brachte nichts. Und so »verkommt das journalistische Interview«, wie es zum Beispiel die langjährige »taz«-Chefredakteurin Bascha Mika auch heute noch sagt, »immer stärker zum PR-Instrument vor allem von Politik und Wirtschaft.«

Bei aller berechtigten Kritik an manipulativen PR-Strategien: Die Qualität der meisten Interviews hängt längst nicht allein davon ab, wie die Befragten mit der Autorisierung umgehen. Zumal Autorisierungen bei Radio- und Fernsehinterviews (anders als bei gedruckten Gesprächen) unüblich sind. Entscheidend für die Interviewqualität ist vor allem, wie die Journalisten mit ihren Informanten umgehen. Und zwar von Anfang im Interviewpro-zess: schon ab der Gesprächsanfrage.

Jeden Tag veröffentlichen deutsche Zeitungs-, Fernseh-, Radio-und Internetjournalisten insgesamt hunderte Interviews – mit Augenzeugen, Opfern, Tätern, Künstlern, Managern, Politikern, Prominenten, Sportlern, Wissenschaftlern, Zeitzeugen und an-deren. Zudem führen sie täglich unzählige Gespräche zu Re-cherchezwecken. Allein die schiere Menge zeigt: Interviews ge-hören in allen Mediengattungen zur wichtigsten journalistischen Alltagsarbeit.

Aber *führen* Journalisten ihre Interviews wirklich immer? Oder *lassen* sie sich von ihren Gesprächspartnern führen? Wenn Interviewte zunehmend ihre PR-Ziele durchsetzen, liegt das auch daran, dass sie vielen Journalisten gesprächstaktisch überlegen sind. Immer mehr Informanten lassen sich extra darin schulen, wie sie Redakteure manipulieren und sich dadurch in der Öffentlichkeit vorteilhaft darstellen können.

Viele Journalisten haben den Manipulationen, aber auch den Kommunikationsstörungen in Interviews, wenig entgegenzusetzen. Auch, weil in journalistischen Bildungseinrichtungen – anders als in den Rhetorikschulen der PR-Branche – die emotionale Beziehung der Gesprächspartner meist ignoriert wird. Da wird die Rechnung ohne den Wirt gemacht! Was nützen Theorien über die Darstellungsform, wenn in der Praxis viele Journalisten von ihren Gesprächspartnern nicht ernst genommen werden? Oder wenn sich Redakteure widerstandslos mit Phrasen abspeisen lassen? Wenn sie erst gar nicht »warm« mit ihren Informanten werden, diese unnötig verärgern oder durch unsensibles Verhalten misstrauisch machen? Dann wird die Interviewqualität unbefriedigend sein.

Journalisten, die ihre Interviewpartner durch eine bewusste Gesprächssteuerung für *ihre* Interessen einnehmen und zu ehrlichen Antworten bewegen möchten, bekommen mit diesem Buch das nötige Rüstzeug dafür. »*Interviews führen*« sensibilisiert Journalisten für die emotionale Beziehung zu ihren Gesprächspartnern und gibt praktische Tipps im Umgang mit ihnen. Interviewer müssen die Befindlichkeiten und Zwänge ihrer Informanten verstehen, wenn sie die Klaviatur der zwischenmenschlichen Kommunikation beherrschen wollen.

Auf den ersten Seiten wird beschrieben, warum es Journalisten alles andere als einfach haben, gute Interviews zu veröffentlichen. Dann die wichtigsten Charakteristika verschiedener Journalisten- und Informantentypen. Im Großteil des Buches wird der Interviewprozess praxisorientiert und im Stile einer Gebrauchsanleitung seziert: von der Kontaktaufnahme über die

Gesprächsvorbereitung und Interviewführung bis hin zur Nachbereitung für die Veröffentlichung. Im Fokus steht dabei immer die emotionale Kommunikation des Journalisten mit seinen Informanten. Denn diese beeinflusst das Gesprächsergebnis in der Regel weit mehr als seine Sachkenntnis zu den Interviewthemen.

»Interviews führen« richtet sich an alle Schulabgänger, Studenten, Hochschulabsolventen und Volontäre, die Journalist werden möchten. Aber auch an Redakteure und Journalismusdozenten. Lassen Sie sich auf das Buch ein. Stellen Sie seinem Inhalt eigene Strategien kritisch gegenüber. Und testen Sie neue Handlungsvorschläge. Danach sollten Sie, aber auch Zeitungsleser, Internetnutzer, Fernsehzuschauer und Radiohörer, schlauer aus Ihren Interviewpartnern werden.

Neben dem Buch können Sie sich auch im Internet unter www.interviews-fuehren.de zum Thema informieren. Die dort verfügbaren Informationen bestehen aus ergänzenden Texten und Links. Im Buch verweist das Symbol 🖳 auf das »Online plus« – Angebot.

Wenn im Folgenden für alle Berufs- und Tätigkeitsbezeichnungen der männliche Genus verwendet wird, dann allein zur sprachlichen Vereinfachung. Selbstverständlich sind auch immer die weiblichen Pendants gemeint.

Herzlichen Dank an alle, die zur Realisierung dieses Buches beigetragen haben. Besonders danke ich meinen beiden ersten Lesern und Kritikern: meinem Freund und Kollegen Daniel Schönwitz sowie meiner Frau Katja Dofel.

Frankfurt/Main, im Juli 2009   Mario Müller-Dofel

Interviews zwischen Wunsch und Wirklichkeit

»Wer fragt, der führt«, lautet ein Sprichwort. Und einer der Wünsche von Journalistenausbildern:»Der Interviewer führt das Gespräch.« Beides gilt in der journalistischen Wirklichkeit bestenfalls eingeschränkt. Beweise dafür gibt es reichlich – beispielsweise in so genannten Polit-Talkshows im Fernsehen. Dort lassen sich manche »Gesprächsführer« regelmäßig von ihren Interviewpartnern vorführen. Da fragt der Journalist zum **Beispiel:** Warum beschließen Sie das neue Gesetz, obwohl es den meisten Bürgern schadet? Und der Politiker antwortet: Die Frage geht doch am Kern vorbei! Das Vorteilhafte an dem Gesetz ist ...
Mit Blick auf solche Szenen hat der amerikanische Schriftsteller Norman Mailer einmal gesagt:»Journalisten sind Leute, die fragen, ohne Antworten zu bekommen. Und Politiker sind Leute, die antworten, ohne gefragt zu sein.« Auch in Interviews mit Zeitungs-, Radio- und Onlinejournalisten antworten insbesondere medienerfahrene Politiker, Wirtschaftsvertreter und Rhetoriker der Showbranche gern auf Fragen, die sie sich gewünscht hätten, statt auf die gestellten.
Journalisten, die Mailers These widerlegen wollen, sollten sich der Bedingungen bewusst sein, unter denen sie und ihre Interviewpartner (in diesem Buch auch Informanten, Befragte oder Gesprächspartner genannt) miteinander kommunizieren.

Beste Bedingungen für schlechte Gespräche

Wenn Journalisten unbefriedigende Interviews veröffentlichen, wie es leider häufig der Fall ist, kann das viele Ursachen haben. Zum Beispiel:

- Unterschiedliche Interviewziele von Journalisten und Informanten
- Machtmissbrauch durch Informanten
- Vertrauensmissbrauch durch Journalisten

- Der schlechte Ruf von Journalisten
- Personalmangel in den Redaktionen
- Von Chefredakteuren ignorierte Kommunikations(un)fähigkeiten ihrer Journalisten
- Konkurrenzkampf der Medien um exklusive Zitate
- Von Informanten gesteuerter Nachrichtenfluss
- Subtile Erpressung durch Informanten
- Anbiederei durch Journalisten
- Unauthentische Darstellung der Informanten

Im Folgenden werden diese Ursachen erläutert:

Unterschiedliche Interviewziele von Journalisten und Informanten: Der »offene« Dialog zwischen gleichberechtigten Partnern, wie das journalistische Interview gelegentlich idealisiert wird, ist in der Praxis die Ausnahme. Tatsächlich ist der Dialog bestenfalls offen, weil er veröffentlicht wird. »Offen« im Sinne einer unverfälschten, nicht-manipulativen Kommunikation zwischen sich offenbarenden Gesprächspartnern sind Interviews schon deshalb selten, weil der Interviewer und der Informant immer *Interessen* vertreten – die des Publikums oder eigene. Je weiter diese Interessen auseinander klaffen, desto mehr wird der »offene Dialog« zum verkappten *Machtspiel*. Wer setzt sich durch? Wer erreicht seine Interviewziele? Überzeugt der Informant das Publikum? Gelingt es ihm sogar, den Interviewer für sich einzunehmen? Und wie reagiert der Informant auf kritische Fragen?

Conrad Ahlers, der Regierungssprecher unter Bundeskanzler Willy Brandt war, weiß: »Der Interviewpartner wird bei unerquicklichen Fragen … als letztes Mittel zur *Lüge* greifen oder den Sachverhalt einfach bestreiten. In günstigeren Fällen wird er … sein Verhalten in einem möglichst guten Licht darstellen, was meist auch dazu führt, dass die Wahrheit verfälscht wird.«[1]

Machtmissbrauch durch Informanten: Wenn die Interviewten am längeren Hebel sitzen, weil sie beispielsweise einflussreiche Politiker oder Manager sind, untergraben sie mitunter journalistische Interessen – wie etwa ehrliche und klar verständliche Antworten. Von einer Gleichberechtigung, die in der Theorie dem Journalisten die so genannte *publizistische Hoheit* (er kann nach dem Gespräch frei entscheiden, ob er es tatsächlich veröffentlicht oder nicht) und dem Befragten die *informative Hoheit* (er kann dem Journalisten erzählen, was er will) sichert, kann im Redakteursalltag also keine Rede sein.

Muss der Interviewer nicht die »Informationshoheit« des Befragten im Sinne der Wahrheitsfindung mit kritischen Fragen angreifen, sobald er merkt, dass der Befragte die Wahrheit verfälscht? Und was nützt einem Journalisten seine »publizistische Hoheit«, wenn er beispielsweise auf lügende Informanten »hereinfällt« und dadurch unwissend Unwahrheiten publiziert? Oder wenn er auf Druck von Unternehmen und Institutionen, die durch einflussreiche Interviewpartner vertreten werden, sinnleere *Phrasen* veröffentlichen muss?

Dies droht Journalisten zum Beispiel dann, wenn sie Vertreter großer Anzeigenkunden interviewen, von denen ihre Redaktionen wirtschaftlich abhängig sind. Bei Lifestyle-, Produkttest- und Wirtschaftsmedien ist das besonders häufig der Fall.

Vertrauensmissbrauch durch Journalisten: In Wahrheit sitzen Journalisten nur dann am längeren Hebel, wenn ihre Informanten leicht austauschbar und über den aktuellen Gesprächsanlass hinaus für sie uninteressant sind. Meist handelt es sich dabei um Medienlaien, die nur durch bestimmte Ereignisse vorübergehend im öffentlichen Interesse stehen.

Gegenüber denen können clevere Interviewer ihre Kommunikationsziele relativ leicht durchsetzen. Dagegen wissen die unerfahrenen Informanten häufig nicht, wie sie ihre Interviewziele erreichen können. Oft vertrauen sie einfach darauf, dass sie von ihrem Interviewer nicht hintergangen und ausgenutzt werden.

Vor allem im Boulevardjournalismus gibt es Redakteure, die das *Vertrauen* unerfahrener Interviewpartner *missbrauchen*. Zum Beispiel so: Ein Journalist erhält eine Information unter dem Siegel der Verschwiegenheit. Dennoch veröffentlicht er die Information, um eine Schlagzeile zu landen. Und das womöglich mit Quellenangabe und ohne Rücksicht darauf, ob er den Ruf des

Informanten oder dessen Job gefährdet. Solche Praktiken fördern das kontraproduktive Misstrauen potenzieller Interviewpartner gegenüber den Medien.

Der schlechte Ruf von Journalisten: Ethisch zweifelhaftes Verhalten einzelner schadet der *Glaubwürdigkeit* aller Journalisten. In der Öffentlichkeit erzeugt es (Vor-)Urteile und Ängste gegenüber den »bösen« Medien, was Interviewern den Umgang mit Informanten erschwert. Nicht umsonst wird das *Image* von Journalisten seit Jahren schlechter. Das belegt beispielsweise die Berufsprestigeskala des Instituts für Demoskopie (IfD) Allensbach. Diese basiert auf einer repräsentativen Umfrage, in der das IfD die Teilnehmer unter anderem folgendes fragt: »Hier sind einige Berufe aufgeschrieben. Könnten Sie bitte jene fünf davon heraussuchen, die Sie am meisten schätzen, also vor denen Sie am meisten Achtung haben?«

Der folgende Chart veranschaulicht, wie viel Prozent der Befragten die Berufsgruppe »Journalisten« in den vergangenen fast zwei Jahrzehnten besonders achteten und schätzten (die Umfrage wurde nur in den erwähnten Jahren durchgeführt):

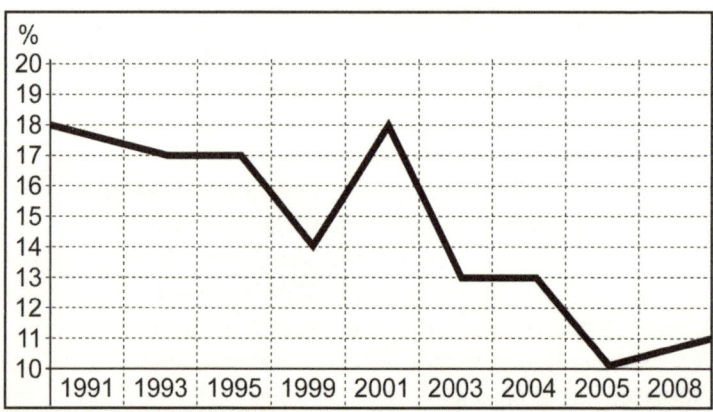

Quelle: Allensbacher Archiv, IfD-Umfragen

Auffällig ist der starke Imageverfall seit 2001. Damals war gerade die »Internetblase« geplatzt, was eine Medienkrise nach sich zog. Die Medienmanager reagierten, indem sie in den Redaktionen radikal *Kosten* sparten – häufig zum Schaden der journalistischen Qualität.

Mit dem Umfragewert für das Jahr 2008 im nebenstehenden Chart (11 Prozent) lag die Berufsgruppe »Journalisten« auf Platz 13 der 17 zur Wahl gestellten Berufe.

Noch übler kamen die Journalisten bei einer anderen IfD-Umfrace im Jahr 2006 weg. Da lautete die Frage: »Bei welchen Berufs- und Personengruppen würden Sie alles in allem darauf vertrauen, dass sie die Wahrheit sagen?« Da gaben gerade mal sechs Prozent der Teilnehmer die Berufsgruppe »Journalisten«[2] an! Das war nur Platz 12 von 15, knapp vor »Politikern«, »Gewerkschaftsfunktionären« und »Unternehmern«.

Konrad Adenauer, Deutschlands erster Bundeskanzler, beschrieb sein Misstrauen gegenüber Journalisten so: »Mit kleinen Jungen und Journalisten sollte man vorsichtig sein. Die schmeißen immer noch einen Stein hinterher.« Kein Wunder also, dass Interviewer sehr oft auf Gesprächspartner treffen, die sich ihren emotionalen Schutzschild vor lauter Misstrauen bis über beide Ohren ziehen.

Personalmangel in den Redaktionen: Der Renditedruck, der seit dem Jahrtausendwechsel vor allem auf den privat finanzierten Redaktionen lastet, ist durch die im Jahr 2008 zutage getretene globale *Finanzkrise* nochmals gestiegen. Viele Verlage und Sender wirtschaften seither in der Verlustzone. Eine Folge davon: Der Konkurrenzkampf der privat finanzierten Medien um ihre Hauptumsatzquelle, die *Werbekundschaft*, tobt härter denn je. Um noch mehr Kosten zu sparen, arbeiten die meisten Redaktionen (ausgenommen der öffentlich-rechtlichen Sender) mit möglichst wenig Personal. Das gilt auch für Internetredaktionen. Die besten darunter steigern zwar tendenziell ihre Werbeeinnahmen, sind aber demselben Renditedruck ausgesetzt wie alle anderen Mediengattungen.

Und das bedeutet: Der Arbeitsaufwand für Journalisten steigt, sodass beispielsweise die Interviewvorbereitung nicht selten aus Zeitnot zur Nebensache verkommt. Manchmal leidet die Qualität derart darunter, dass das Gesprächsergebnis eigentlich nur für den Mülleimer taugt. Dennoch wird mitunter sogar ausgemachter Interview-Nonsens veröffentlicht, weil die Redaktion aus Personalmangel keinen alternativen Beitrag erarbeiten konnte, mit dem sie das schlechte Interview hätte ersetzen können.

Von Chefredakteuren ignorierte Kommunikations(un)fähigkeiten ihrer Journalisten: Interviews sind etwas für faule Journalisten, die keine Lust haben, tief zu recherchieren und nur schnell Seiten füllen wollen. So (v)erklärt der ehemalige Direktor der politischen Monatszeitung »Le Monde diplomatique«, Ignacio Ramonet, warum in seinem Blatt keine Interviews erscheinen. Bei allem Respekt vor seiner journalistischen Leistung: Aber mit diesem Urteil liegt Ramonet völlig daneben.

In den meisten Redaktionen gibt es fleißige Journalisten, die gern gute Interviews führen würden. Das aber interessiert viele Chefredakteure im Printbereich nicht. Hier wird auf eine professionelle Interviewführung längst nicht so viel Wert gelegt wie in Radio- und Fernsehstationen.

Da in Presseinterviews die Beteiligten nicht vom Publikum beobachtet werden können, setzen die Chefredakteure von Printredaktionen ihre Journalisten höchst selten nach deren Kommunikationsfähigkeiten für Interviews ein. Es ist schon kurios: In Tageszeitungen, Wochen- und Monatsmagazinen gibt es zwar spezialisierte Kommentatoren, Reporter und Reportageschreiber. Aber keine spezialisierten Interviewer! Stattdessen darf in den meisten Print- und Internetredaktionen jeder Journalist jeden Informanten zu jedem Zweck interviewen, sofern er dabei innerhalb seiner *Ressortzuständigkeiten* bleibt. Frei nach dem Motto: »Schwätzen kann jeder«. Bei hochrangigen und imageträchtigen Interviewpartnern drängen sich auch gern Ressortleiter und Chefredakteure in die Gespräche, was der Interviewqualität manchmal zusätzlich schadet.

Der Publizist Hans-Joachim Netzer[3] argumentiert allerdings: »Das Interview ist die schwierigste journalistische Arbeitsform überhaupt. Es verlangt genaue thematische *Vorbereitung*, aber dann größte *Zurückhaltung* des eigenen Wissens. Es verlangt *Kontaktbegabung, Selbstsicherheit* und *Takt, Energie* und *Zielbewusstsein* in der Gesprächsführung, *Anpassung* an den jeweiligen Gesprächspartner, an die Atmosphäre und an die Situation.«

Im Radio und im Fernsehen, wo jede Regung der Interviewpartner – etwa nachdenkliches Durchatmen, angespanntes Händekneten und nervöses Augenzucken – vom Publikum wahrgenommen werden kann, gibt es jedoch spezialisierte Interviewer, die sich besonders gut auf die verbale und nonverbale Kommunikation verstehen. Zu den bekanntesten in Deutschland gehören Johannes B. Kerner, Sandra Maischberger, Frank Plasberg und Anne Will.

Konkurrenzkampf der Medien um exklusive Zitate: Im Wettbewerb um Leser und Einschaltquoten wirken Interviews mit hochrangigen, Aufsehen erregenden und prominenten Gesprächspartnern image- und verkaufsfördernd. Deshalb geht es den meisten Redaktionen nicht nur um die Informationen an sich, sondern auch darum, *wer* sie ihnen gibt. Die Botschaft ans Publikum lautet: »Seht her, wer mit uns redet! Wir sind wichtig!«. So lassen sich mitunter die Auflagenzahlen, die Zuschauer- und Hörerquoten sowie das Image verbessern.

Der Kampf um »Köpfe« und Zitate führt dazu, dass manche Interviews nur wegen des *Personenkults* geführt werden. Egal, wie banal der Inhalt ist. Die immer gleichen Nonsens-Fragen von Sportjournalisten an keuchende Fußballer nach dem Spiel sind beispielhaft: Wie haben Sie sich gefühlt, als Sie heute Ihr 19. Saisontor geschossen haben? ... Und was wäre passiert, wenn Sie auch noch das 20. geschafft hätten? **Oder der Fernseh-Talker zum Prominenten:** Was haben die Spaghetti bei Ihrem Lieblingsitaliener, was andere Spaghetti nicht haben?

Ein weiteres Selbstvermarktungsmittel von Redaktionen sind Zitate und O-Töne (Original-Töne) aus Interviews und Recherchegesprächen, die von beispielsweise Nachrichtenagenturen aufgenommen und weiter verbreitet werden. »Wir werden unseren Umsatz dieses Jahr um 20 Prozent gegenüber dem Vorjahr steigern«, sagte der Firmenchef dem Börsen-Sender, steht dann auch auf dutzenden anderen Zeitungs- und Internetseiten, die von den Agenturen beliefert werden. Oder: »Bundeskanzler Schröder will zurücktreten«, sagte ein führender SPD-Politiker der Politik-Zeitung.

Es gibt insbesondere unter den Politik- und Wirtschaftszeitungen einige, die sich rühmen, besonders häufig von anderen Medien zitiert zu werden. Den Lesern wollen sie damit suggerieren, dass sie folglich auch besonders schnell, exklusiv und hochwertig sind. Zudem signalisieren sie potenziellen Informanten, dass sie die richtigen *Multiplikatoren* für deren Botschaften sind. Aus solchen Motiven heraus geführte Interviews strotzen häufig nur so vor PR-Geschwätz, das vor allem den Interviewten nützt – nicht jedoch dem Publikum.

Von Informanten gesteuerter Nachrichtenfluss: Informanten, die das Spiel mit den Medien beherrschen, geben exklusive Nachrichten selten preis, weil sie von Journalisten dazu verleitet werden. Zumindest in den Printmedien können sie ohnehin jede Aussage, die sie lieber doch nicht öffentlich machen wollen, in der *Autorisierung* des Interviewtextes nach dem Gespräch (s. Seiten 22, 221) wieder streichen.

Parteien, Unternehmen, Vereine, Verbände und Privatpersonen mit einer professionellen Medienarbeit *steuern* ihre Informationspolitik. Sie nutzen die Konkurrenz der Medien für sich aus und »verteilen« Exklusivnachrichten mittels genau überlegter Kommunikationsstrategien. Inwieweit Medienprofis ein Interview mit interessanten Neuigkeiten würzen, hängt also auch davon ab, inwieweit diese Verlautbarungen in die Kommunikationsstrategie des Befragten und dessen Institution passen.

Subtile Erpressung durch Informanten: Besonders kritische Redakteure können auch Ärger bekommen, der zulasten der Interviewqualität geht. Beispiel: Ein Journalist unterstellt einem einflussreichen Gesprächspartner verbale *Schönfärberei* und will das Interview deshalb nicht veröffentlichen. Der Informant bestreitet den Vorwurf, beschwert sich beim Chefredakteur über die angeblich »unsaubere« Arbeitsweise des Interviewers und droht der Redaktion subtil damit, bereits gebuchte Werbeanzeigen zu stornieren. Oder der Informant verweigert dem Journalisten weitere Gespräche. Dann bekämen künftig nur noch die Konkurrenten exklusive Informationen von ihm.

Da die meisten Chefredakteure und Verlagsmanager aus vielerlei guten und schlechten Gründen weder auf Werbeanzeigen noch auf Exklusivnachrichten verzichten wollen, mahnen sie mitunter lieber ihre Redakteure zur Zurückhaltung, als mosernde Informanten, doch bitte bei der Wahrheit zu bleiben. Und genau so sehen dann auch die veröffentlichten Interviews aus.

Anbiederei durch Journalisten: Journalisten müssen ihr Verhältnis zu bestimmten Informanten umso intensiver pflegen, je mehr das journalistische Konzept ihrer Redaktion auf bestimmten Gesprächspartnern und Exklusivnachrichten basiert. Das kann skurrile Züge annehmen – beispielsweise wenn Interviews deswegen zu Audienzen mutieren. So hofieren manchmal fünf Journalisten einer Redaktion – der Chefredakteur, zwei stellvertretende Chefredakteure und zwei Fachredakteure – einen einzigen Gesprächspartner für 17 veröffentlichte Fragen und Antworten[4]. Unter dem Text steht dann: `Die Fragen stellten ...`

Mehr als nur Fragen stellen dürfte in so einem Fall auch nicht möglich sein. Denn wirklich *führen* lässt sich ein Interview in dieser Konstellation kaum. Fünf Interviewer für einen Gesprächspartner – das ist eher peinliche Anbiederei.

Unauthentische Darstellung der Informanten: Manche Journalisten stellen ihre Informanten beispielsweise unendlich kompetent und menschlich makellos dar. Das kann aus Naivität passieren. Aber auch bewusst, um sich für weitere Gespräche zu empfehlen. Solch unkritische journalistische Handlanger versuchen zumeist gar nicht erst, die Motive und Interessen ihrer Gesprächspartner zu entlarven. Dadurch vermitteln sie der Öffentlichkeit geschönte Bilder der Interviewten.

Gefälligkeitsinterviews gibt es in allen journalistischen Bereichen. Besonders verbreitet sind sie in so genannten Lifestyle- und People-Magazinen, aber auch in manchen Politik- und Wirtschaftmedien.

Wenn Printjournalisten sprachlich nicht druckreife Antworten ihrer Gesprächspartner in den Interviewtexten so »glätten«, dass die Antworten dadurch verständlich werden, tun sie den Interviewten zwar auch einen Gefallen. Aber nicht, um ihnen zu schmeicheln, sondern um dem Publikum ein gut lesbares Interview zu bieten.

Wie die PR den Journalismus infiltriert

Folgend werden zwei der bereits angedeuteten Ursachen für schlechte Interviews ausführlicher beleuchtet: die zunehmende Professionalisierung der Public-Relations-Branche sowie die Autorisierungspraxis bei verschriftlichten Interviews:

Kommunikationsprofis aller Gesellschaftsbereiche haben längst erkannt, dass das Image ihrer Klienten nicht nur von betriebswirtschaftlichen, technischen und sozialen Entwicklungen abhängt, sondern vor allem davon, wie sie ihre Klienten in den Medien »vermarkten«. Aus diesem Grund nimmt die öffentliche Selbstdarstellung durch Interviews seit Jahrzehnten zu. Zugleich wächst die Sucht der Informanten, Journalisten im Sinne ihrer PR-Ziele zu steuern und zu kontrollieren.

Journalisten treffen auf immer mehr PR-Profis. Die Zahl der Öffentlichkeitsarbeiter in Deutschland ist vor allem seit dem Jahrtausendwechsel rasant gestiegen: Im Jahr 2008 sollen es geschätzte 50 000 gewesen sein. Genaue Zahlen nennen die

PR-Verbände nicht. Die Zahl der Journalisten sinkt dagegen: 1993 gab es hierzulande noch rund 53 700[5] davon. Im Jahr 2005 waren es nur noch geschätzte 48 400[5]. Seither dürfte die Zahl weiter gesunken sein.

Hunderte Bildungsangebote vermitteln PR-Mitarbeitern und potenziellen Gesprächspartnern von Journalisten den Umgang mit den Medien im Allgemeinen und mit Interviewtechniken im Speziellen.

Die PR professionalisiert sich also nicht nur durch den Personal*aufbau*, sondern auch durch eine höhere Personal*qualität*. Nicht zuletzt, weil immer mehr Journalisten auf die »andere Seite« wechseln. Prominente Beispiele: Im Jahr 2002 wurde der Ex-Chefredakteur des »Kölner Express« und der »Bild am Sonntag«, Michael Spreng, Leiter des Wahlkampfteams des bayerischen Ministerpräsidenten Edmund Stoiber, der für die Bundeskanzlerschaft kandidierte. 2004 wechselte der damalige »Sat.1«-Chefredakteur Jörg Howe an die Spitze der Konzernkommunikation des kriselnden Einzelhandelskonzerns Karstadt-Quelle (heute Arcandor). Und 2007 wurde Stefan Baron, langjähriger Chefredakteur des Magazins »Wirtschaftswoche«, Kommunikationschef der Deutschen Bank.

Eines der Motive für den Wechsel von Journalisten in die PR ist die oft viel bessere Bezahlung. Aus diesem Grund übernehmen auch viele freie Journalisten parallel PR-Jobs. Unter Journalisten, Redaktions- und Verlagsmanagern wird das weitgehend akzeptiert. Folgen[6]: Der PR-Einfluss auf Journalisten wächst. Das geht soweit, dass redaktionelle Beiträge, die Anzeigenkunden oder einer Branche unangenehm sein könnten, weggelassen werden[7]. »PR-Profis kolonialisieren die Redaktionen, viel zu viele Journalisten lassen sich darauf ein«, schlussfolgert die Journalistenvereinigung »Netzwerk Recherche«[8] 💻.

Das liegt nach Ansicht des PR-Experten Klaus Kocks[9] auch an der professionelleren Arbeitsweise der PR im Vergleich zum Journalismus, die sich natürlich auch im Interviewprozess auswirkt.

Die Autorisierung von verschriftlichten Interviews ist nur ein Beispiel für den Einfluss professioneller PR – aber das von Printredakteuren am heftigsten kritisierte *Manipulationsmittel*. Eigentlich sollen die Pressesprecher und Informanten in der Autorisierung sachliche Fehler und sinnentstellende Zitate in Interviewtexten korrigieren, was auch im Interesse der Journalisten ist. Aber tatsächlich streichen die »Autorisierer« häufig ganze Passagen heraus oder schreiben den Wortlaut so um, dass die betreffenden Aussagen entschärft, unverbindlich und phrasenhaft werden.

So wird aus der gesprochenen Antwort des Firmenchefs: `Un-` `ser Personalleiter geht davon aus, dass wir im` `Oktober Mitarbeiter entlassen werden.` ganz schnell der autorisierte Satz: `Je nach wirtschaftlicher Lage` `müssten wir im vierten Quartal neue Maßnahmen` `zur Effizienzverbesserung einleiten.`

Bei welcher `wirtschaftlichen Lage`? Wann `im vierten` `Quartal`? Welche `Maßnahmen zur Effizienzverbesse-` `rung`? Häufig werfen so umgeschriebene Antworten einfach nur weitere Fragen auf. Trotzdem verteidigen längst nicht alle Journalisten nach solchen inhaltlichen Manipulationen ihren ursprünglichen Interviewtext (wenn sie ihren Gesprächspartnern überhaupt etwas Konkretes entlocken konnten). Und jene Journalisten, die es versuchen, scheitern auch oft.

In dreisteren Fällen versuchen Informanten sogar, für sie unerquickliche *Interviewfragen* zu ändern: Aus der Frage: `Ein Gut-` `achterausschuss hat festgestellt, dass Ihr Un-` `ternehmen an dem Unfall schuld ist. Entschädi-` `gen Sie die Opfer jetzt?` kann in der Autorisierung werden: `Manche Leute glauben, Ihr Unternehmen sei` `schuld an dem Unfall. Wie gehen Sie damit um?`

Unsäglich ist es auch, wenn Gesprächspartner Bilder von sich zensieren wollen, die neben den Interviewtexten veröffentlicht werden[10].

In vielen Redaktionen mangelt es an Wissen über Persönlichkeitsrechte, Urheberrechte und über das Presserecht 💻

sowie an internen *Richtlinien* darüber, was Interviewer in der Autorisierung (nicht) tolerieren dürfen. Stattdessen wird meist von Fall zu Fall und »aus dem Bauch heraus« entschieden. Journalisten, die in interviewspezifischen Rechtsfragen unsicher sind, können sich in Streitfällen allerdings schlecht verteidigen.

Der Bundesverband deutscher Pressesprecher (BdP) propagiert: »An der Autorisierung darf nicht gerüttelt werden. ... Die Autorisierung verhindert Verzerrungen und unzulässige Verkürzungen. Sie sorgt für *Waffengleichheit*. ... Selbstverständlich kann es bei der Freigabe von Interviews auch zu Konflikten kommen. Diese können prinzipiell ihre Ursachen auf beiden Seiten des Tisches haben, entweder in einer ungenügenden Wiedergabe des Gesagten oder in einer zu großen Differenz zwischen dem real gesprochenen und dem autorisierten Wort. In solchen Fällen allerdings gilt das im Autorisierungsverfahren liegende Gleichgewicht der Kräfte: Der Interviewte muss den Text freigeben; sollte dies dem Medium nicht zusagen, ist es frei, das Interview eben nicht zu drucken. Das ist misslich und für beide Seiten vertane Arbeitszeit, sorgt aber für Waffengleichheit. ... Die gern herangezogene Analogie zu Interviews in Rundfunk und Fernsehen, die ja in der Regel nicht autorisiert werden können, zieht nicht. Für den Alltagskonsumenten ist das elektronisch gesendete Wort flüchtig, das gedruckte liegt nachhaltig auf dem Tisch ...«[11]
Abgesehen davon, dass diese Argumentation des BdP teilweise im wahrsten Sinne des Wortes blendende PR ist, scheint der martialische Begriff »Waffengleichheit« ein Indiz dafür zu sein, dass sich viele Pressesprecher »im *Krieg mit Journalisten* sehen«[12] Ein Ende der Autorisierungspraxis wäre für sie ein großer Machtverlust. Das geben einzelne Pressesprecher hinter vorgehaltener Hand sogar zu.

Als »unglaubliche deutsche Unsitte«[13], die nur mit Diktaturen vergleichbar ist, bezeichnen vor allem Deutschland-Korrespondenten aus angelsächsischen Ländern die Art, wie hierzulande Interviews geführt und vom Interviewten autorisiert werden. In vielen anderen demokratischen Ländern gibt es die Autorisierungspraxis nicht. In beispielsweise Großbritannien dürfen Journalisten veröffentlichen, was sie durch Mitschnitte belegen können.

Hierzulande folgt nur die »Financial Times Deutschland« (»FTD«) dieser Gepflogenheit. In ihrem redaktionellen Stilbuch heißt es: »Was im Interview gesagt wird, ist öffentlich. Es darf keinen Unterschied machen, ob ein Befragter live im Fernsehen oder vor dem Diktiergerät eines Printjournalisten spricht.« Die FTD verwertet Interviews im Hauptteil der Zeitung bislang nur als Interview-Storys[14]. Das macht den »FTD«-Redakteuren »allerdings immer wieder Probleme, Interviews zu bekommen, da die Gesprächspartner den Tenor der Interview-Storys nicht vollständig unter Kontrolle haben, wie es bei Interviews der Fall ist, die als reiner Dialog veröffentlicht werden«[15].

Ausnahmen bestätigen die Autorisierungs-Regel. So bestätigte beispielsweise Bela Anda (Ex-BILD-Redakteur, Regierungssprecher unter Bundeskanzler Gerhard Schröder und danach PR-Chef beim Strukturvertrieb für Finanzanlagen »AWD«), dass insbesondere bei britischen und amerikanischen Journalisten nicht immer von einer nachträglichen Autorisierung von Interviews ausgegangen werden kann[16]. Das soll wohl heißen: Die Interviewten sollen besser auf eine Autorisierung verzichten als auf so wichtige Multiplikatoren wie »The Guardian«, »The New York Times« und »Financial Times«.

Den deutschen Printjournalisten nützt das freilich nichts. Sie werden mit der Autorisierungspraxis hiesiger Medienprofis weiterhin leben müssen. Wunsch und Wirklichkeit klaffen auch hier weit auseinander.

Negative Einflüsse auf die Interviewqualität:

redaktionsintern
- niedrige Qualitäts-
  ansprüche an die
  Darstellungsform
- gesprächstaktisch un-
  geschulte Journalisten
- fehlende Regeln zum
  Umgang mit der
  Autorisierung
- mangelnde Kenntnis
  der gesetzlichen
  Rahmenbedingungen

redaktionsextern
- Instrumentalisierung von
  Journalisten durch
  PR-Profis
- gesprächstaktisch ge-
  schulte Interviewpartner
- Missbrauch der
  Autorisierungspraxis
  durch Informanten

Was die verschiedenen Interviewarten ausmacht

Der Begriff »Interview« entstammt dem französischen Verb »entrevoir«, das »jemanden begegnen«, »jemanden kurz sehen« bedeutet. Dabei begegnen sich meist Menschen, die ohne ihre *Interviewabsicht* kaum zusammenkämen – weil sie aufgrund ihrer unterschiedlichen Herkunft, Lebenswege, Beschäftigungen, Geistesentwicklungen und Befindlichkeiten ansonsten Welten trennen.

Für Journalisten sind Interviews ein wichtiges Mittel zur *Informationsbeschaffung* und eine massenhaft verwendete Form der *Berichterstattung*. Täglich veröffentlichen Medienmacher allein für deutsche Zeitungsleser, Radiohörer, TV-Zuschauer und Internetnutzer hunderte Interviews mit allen möglichen Gesprächspartnern. Im Folgenden werden die fünf Interviewarten beschrieben:

- das Interview zur Sache,
- das Interview zur Meinung,
- das personalisierte Interview,

- das personalisierte Sachinterview und
- das Rechercheinterview.

Es gibt viele Definitionen für das journalistische Interview. Walther von La Roche, Mitherausgeber der Econ-Reihe »Journalistische Praxis«, nennt es ein »Gespräch, das sich bei der *Veröffentlichung* noch vom Leser, Hörer und Zuschauer als solches erkennen lässt«[17].

Das ist bei Frage-Antwort-Runden, die der Journalist nur zu Recherchezwecken, also ohne publizistische Absicht führt, nicht der Fall. Deshalb sind *Recherchegespräche* im strengen journalistischen Sinne keine Interviews. Allerdings erweisen sie sich manchmal als derart interessant, dass Journalisten später doch daraus zitieren.

Der Journalist nutzt so genannte Hintergrundgespräche vor allem, um sich Wissen für weitergehende Arbeiten anzueignen. Und das oft mehrmals pro Tag. Will er dabei das Optimum erreichen, muss er sich darauf genau so gut vorbereiten und seine Informanten ebenso strukturiert und gezielt befragen, wie bei Interviews, die er in Dialogform veröffentlichen will.

Das bedeutet: Für Rechercheinterviews gelten aus kommunikationsstrategischer Sicht dieselben Erfolgsregeln wie für »richtige« Interviews. Der Inhalt dieses Buches lässt sich für Hintergrundgespräche also genau so nutzen. Deshalb hat der Autor hierfür ausnahmsweise eine sehr allgemeine Definition bevorzugt: »Ein Interview ist, wenn ein Reporter Fragen stellt.«[18]

Die Fragen sollten sich immer am Publikumsinteresse ausrichten. Denn das journalistische Interview richtet sich an Dritte: an die *Medienkonsumenten*, als deren Stellvertreter der Journalist seine Gesprächspartner befragen soll. Das ist der Hauptunterschied zu nicht-journalistischen Interviews wie Polizeiverhören, Therapie- und Alltagsgesprächen, deren Inhalte eben nicht für Außenstehende bestimmt sind.

Das Sachinterview dient allein der Faktenklärung. Beispielsweise mit dem Augenzeugen: Wann genau ist das Unglück passiert? Mit dem Schauspieler: Welchen Film drehen Sie zurzeit? Oder mit dem Firmen-Chef: Wie viele Mitarbeiter werden Sie entlassen?
Meist werden bei dieser Interviewart dem Publikum unbekannte Sachverständige wie Polizisten, Rechtsanwälte und Wissenschaftler präsentiert, die kompetent, prägnant und verständlich erklären können.
Dafür begegnen sich der Informant und der Journalist ausschließlich auf der *sachlichen Kommunikationsebene* und bleiben dabei meist relativ oberflächlich. Ihre Meinungen und Charaktere sind irrelevant. Und ihre *emotionale Beziehung* ist zweitrangig. Der Interviewer braucht weniger zu den Gesprächsthemen wissen als sein Informant. All dies macht das Sachinterview für den Journalisten vergleichsweise einfach.

Beim Meinungsinterview fragt der Journalist danach, wie der Interviewpartner einen Sachverhalt oder eine andere Meinung beurteilt. Beispielsweise einen Gutachter: Hätte das Unglück verhindert werden können, wie es Augenzeugen behaupten? Einen Filmkritiker: Glauben Sie, dass der Film ein Kassenschlager wird? Oder einen Betriebsratschef: Können Sie die Entlassungen nachvollziehen?
In Meinungsinterviews werden meist Menschen befragt, die direkt oder indirekt mit den Fragethemen zu tun haben. Dabei kommunizieren der Journalist und sein Informant wie beim Sachinterview vorrangig auf der sachlichen Kommunikationsebene miteinander. Die Charaktere und die emotionale Beziehung der beiden sind dabei zweitrangig. Auch das Meinungsinterview ist wegen seines reinen Sachthemenbezuges für den Journalisten relativ unkompliziert.

Beim personalisierten Interview steht der Befragte mit seinen Eigenheiten, Emotionen, Gewohnheiten, Interessen und Meinungen im Fokus: Sie waren Zeuge des Unglücks. Welche Gedanken gingen Ihnen durch den Kopf, als es geschah? **Oder:** Sie drehen zurzeit einen Film, in dem Sie einen Ehebrecher spielen. Warum wollten Sie ausgerechnet diese Rolle? **Oder:** Ihre Firma ist hoch profitabel. Dennoch entlassen Sie hunderte Mitarbeiter. Finden Sie das sozial?

In personalisierten Interviews kommen auch oft Künstler, Opfer, Prominente, Zeitzeugen und Personen zu Wort, die durch ein bestimmtes Ereignis plötzlich ins öffentliche Interesse geraten sind. Dabei begegnen sich der Journalist und sein Informant vor allem auf der *emotionalen Kommunikationsebene*. Der Interviewer kennt die Fakten und erfragt persönliche Ansichten dazu. Mitunter konfrontiert er seinen Informanten mit dem eigenen oder dem Redaktionsstandpunkt, wenn er hofft, dadurch dessen Denkweise, menschliche Stärken und Schwächen sowie Widersprüche besser skizzieren zu können. Um die heikle emotionale Beziehung dennoch positiv gestalten zu können, muss der Journalist auf die Persönlichkeit des Befragten vorbereitet sein und ihn »zu nehmen« wissen.

Beim personalisierten Interview muss der Interviewer viel *strategischer kommunizieren* als beim Sach- und beim Meinungsinterview. Das macht das personalisierte Interview schon viel diffiziler.

Das personalisierte Sachinterview ist eine Mischform der drei vorgenannten Interviewarten. Hier fragt der Journalist nach Fakten und Meinungen: Wie viele Menschen werden Sie entlassen? ... Ist das sozial? ... Glauben Sie, dass Ihre Mitarbeiter das auch so sehen?

Diese Interviewart wird meist für längere Interviews mit Managern, Politikern, Philosophen, Zeitzeugen und anderen Personen von öffentlichem Interesse genutzt. Hier gelten alle Merkmale des Sach-, des Meinungs- und des personalisierten Interviews.

Personalisierte Sachinterviews bieten dem Publikum, wenn sie bestmöglich gelungen sind, in der Regel den höchsten Informations- und Unterhaltungswert. Sie fordern vom Interviewer aber auch überdurchschnittlich viel *Vorbereitungsaufwand*, *Einfühlungsvermögen* und *Eloquenz*.

Das bestmögliche Interview lässt sich pauschal nicht definieren. Zu unterschiedlich sind die Umstände, unter denen Journalisten ihren Gesprächspartnern begegnen und zu verschieden deren Eigenarten. Dennoch ein Definitionsversuch, um Orientierung zu bieten:

Bestmöglich ist dem Journalisten ein Interview vor allem dann gelungen, wenn er nach der Veröffentlichung ehrlich der Meinung ist, dass er alle journalistischen und kommunikativen Möglichkeiten genutzt hat, um das Maximale aus sich und seinem Informanten herauszuholen. Aus Sicht des Publikums ist ein gutes Interview *informativ*, *verständlich*, *unterhaltsam* und (bei personalisierten Gesprächen) *emotional*.

Es präsentiert den Lesern, Hörern und Zuschauern nicht nur, was der Interviewte antwortet, sondern auch wie er sich dabei verhält. Er soll klare Fakten und Meinungen äußern, darf aber auch Phrasen dreschen, wenn sie zu den Interviewzielen des Interviewers passen und als Phrasen entlarvt werden. Zudem zeigt das bestmögliche Interview den Journalisten auf Augenhöhe mit seinem Informanten.

Die Verwertungsformen von Interviews sind vielfältig. In der so genannten *strengen Form* werden sie als ununterbrochene Dialoge in Zeitungen, Zeitschriften und Internetpublikationen, im Radio und Fernsehen veröffentlicht. Das Spektrum reicht von den beliebten `Drei Fragen an ...` über sechs Seiten lange »Spiegel«-Gespräche und einstündige Fernsehinterviews bis hin zu Intervieweinspielungen in Dokumentationen, Nachrichtensendungen und Reportagen.

Die *freie Form* zeigt zwar auch den Dialog. Aber sie unterbricht die Wiedergabe des Dialogverlaufs in der so genannten *Interview-Story* durch Zusammenfassungen bestimmter Interviewphasen in indirekter Rede sowie durch Beobachtungen, die der Journalist an seinem Gesprächspartner gemacht hat.

Fernseh-, Radio- und Videojournalisten führen zudem häufig Interviews, um lediglich O-Töne einzuholen. In solchen Fällen veröffentlichen sie oft nur die Antworten ihrer »O-Ton-Geber«, aber nicht die dazugehörigen Fragen. Hier leistet das Interview also »nur« eine Vorarbeit für andere Darstellungsformen wie den »O-Ton-Bericht«.

Weshalb Interviews emotionale Balanceakte sind

Unabhängig davon, ob das journalistische Interview als Befragung, Gespräch oder Recherchemittel definiert und in welcher Art es für welches Medium es geführt wird: Es ist es immer ein Dialog zwischen mindestens zwei Menschen – dem fragenden Journalisten und dem antwortenden Informanten. Und beide haben Ängste, Eitelkeiten, Interessen und Wünsche, die ihre Interaktion beeinflussen.

Nur wenn der Journalist fähig ist, *Kommunikationsstörungen* und *Manipulationen* wahrzunehmen, sie daraufhin zu beheben und dadurch eine positive emotionale Beziehung zu seinen Gesprächspartnern zu unterhalten, wird er das Bestmögliche aus seinen Interviews machen und Eskalationen nicht zulassen.

Der kommunikative Spagat findet auf zwei Beziehungsebenen statt: auf der *emotionalen* und auf der *sachlichen*. Die sachliche Ebene definiert den *Gesprächsinhalt*, die *Frageformen* (s. Seite 162), die *Interviewziele* und den *Informationsgehalt* der Antworten. Je weiter die Interviewziele der Beteiligten voneinander entfernt sind, desto spannungsgeladener läuft das Gespräch auf der emotionalen Ebene.

Die emotionale Beziehungsebene umfasst das *Wie* des Umgangs miteinander, wie Journalist und Informant »miteinander können«: ihre Gefühle, ihre Wirkung auf den Interviewpartner, das gegenseitige *(Rollen-)Verständnis*, die *verbale* und *nonverbale Ausdrucksweise*, das *Einfühlungsvermögen* des Interviewers und die *Antwortbereitschaft* des Informanten. Das *Gesprächsklima* eben, diese scheinbare Banalität, die allerdings mehr Einfluss auf die Kommunikationsqualität hat als die besten Argumente.

Auf der emotionalen Beziehungsebene lauern die größten Gefahren für die Interviewqualität. Oft schimpfen Redakteure über Informanten: »War der langweilig!«, »Ungenießbar!« »Arroganter Typ!« und »Mit dem konnte man nicht warm werden!« Journalisten sprechen am liebsten ihre Gesprächspartner für unbefriedigende Interviews schuldig. Tatsächlich sind sie aber meist selber schuld.

Will der Journalist seine Interviewziele erreichen, muss er nicht nur die Fakten zu den Gesprächsthemen kennen. Er muss vor allem die *soziale Begegnung* mit seinem Informanten gestalten können und in heiklen Situationen den *richtigen Ton* treffen. Je besser der Interviewer die emotionale Beziehung zu steuern vermag, desto offener und ehrlicher wird der Informant sein. Das gilt in jedem Fall, auch bei kontroversen Interviews. Oder anders herum: Je größer die Angst, Anspannung oder Antipathie bei einem der beiden ist, desto schlechter ist auch die Antwort- und manchmal sogar die Fragequalität.

Interviews bedeuten oft Nervosität, Krampf und Stress – nicht nur für die Interviewten. Auch Journalisten haben ihre Emotionen oft nicht im Griff oder fühlen sich ihren Gesprächspartnern unterlegen. Das können sie ändern, indem sie sich und ihre Interviewpartner besser vorbereiten und darauf achten, den Interviewprozess bewusst zu steuern. Die Vorgehensweisen sind meist so einfach wie wirkungsvoll – wenn der Interviewer sie kennt, ihre Wirkung versteht und situativ anpassen kann.

Dass die emotionale Kommunikation von journalistischen Bildungseinrichtungen bislang vernachlässigt wird, freut die Medienprofis unter den Informanten: Viele von ihnen lassen sich regelmäßig darin schulen, wie sie Journalisten von sich einnehmen oder auf Distanz halten können. Wie sie reden, ohne zu antworten. Wie sie sich maskieren, um ihr wahres Gesicht zu verbergen. Wie sie sich nonverbal ausdrücken, um ihren Worten mehr Überzeugungskraft zu verleihen. Journalisten müssen all das auch beherrschen, wenn sie ihren Interviewpartnern auf Augenhöhe begegnen möchten.

Weiterführende Literatur:

Viola Falkenberg, Interviews meistern. Ein Ratgeber für Führungskräfte, Öffentlichkeitsarbeiter und Medien-Laien (FAZ-Institut für Management-, Markt- und Medieninformationen, Frankfurt am Main 1999)

Jürgen Friedrichs/Ulrich Schwinges, Das journalistische Interview (2. Auflage, VS Verlag für Sozialwissenschaften, Wiesbaden 2005)

Lutz Frühbrodt, Wirtschaftsjournalismus. Ein Handbuch für Ausbildung und Praxis (Journalistische Praxis, Econ, Berlin 2007)

Michael Haller, Das Interview. Ein Handbuch für Journalisten (3. Auflage, UVK Verlagsgesellschaft, Konstanz 2001)

Walther von La Roche, Einführung in den praktischen Journalismus. Mit genauer Beschreibung aller Ausbildungswege Deutschland, Österreich, Schweiz (Journalistische Praxis, 18. Auflage, Econ, Berlin 2008)

Walther von La Roche/Axel Buchholz (Hrsg.), Radio-Journalismus. Ein Handbuch für Ausbildung und Praxis im Hörfunk (Journalistische Praxis, 9. Auflage, Econ, Berlin 2009)

Typisch Journalisten

In der Interviewpraxis lassen sich Journalisten beispielsweise in fünf Typen einteilen: in Stichwortgeber, Besserwisser, Fragensteller, Interviewer und Top-Interviewer. Diese unterscheiden sich vor allem darin,

■ was Kommunikation für sie bedeutet,
■ was sie für Interviews motiviert,
■ wie sie Interviews vorbereiten,
■ wie sie sich auf der emotionalen Beziehungsebene verhalten und
■ wie empfänglich sie für PR-Phrasen sind.

Anhand dieses Kapitels können Journalisten ihre Denk- und Arbeitsweise überprüfen und gegebenenfalls ändern.

Im wissenschaftlichen Sinne versuchen Typologien, die menschliche *Vielfalt* zu kategorisieren. Der einzelne *Typus* repräsentiert eine Gruppe von Menschen, die bestimmte *Charakteristika* gemeinsam haben. Für Journalisten können Persönlichkeitstypologien ein Hilfsmittel sein, um Verhaltensmuster ihrer Informanten richtig zu interpretieren – und gezielt darauf zu reagieren.

Wie alle Typologien können auch die hier kategorisierten Journalisten, die im Kapitel »Typisch Informanten« unterschiedenen Interviewpartner sowie die im Kapitel »Gut geplant ist halb gewonnnen« beschriebenen Pressesprechertypen nur eine grobe Orientierung bieten.

Letztlich ist jeder Mensch ein Individuum. Und die meisten Menschen vereinen Merkmale mehrerer, wenn auch ähnlicher, Persönlichkeitstypen in sich. Deshalb beschreibt die folgende Typologie selbstverständlich nicht jeden Journalistentyp.

Eine Schande für die Branche

Für den Stichwortgeber ist Kommunikation ein notwendiges Übel. Da er seine journalistischen Beiträge am liebsten zurückgezogen im stillen Kämmerlein erstellt, sind Wörter wie »Gesprächsqualität«, »emotionale Kommunikation« und »Empathie« so etwas wie Fremdwörter für ihn. Er verwendet möglichst wenig Zeit und Mühe darauf, seine Gespräche vorzubereiten. Ein paar Stichworte zu den Sachthemen – das war's.

Der Stichwortgeber ist *weder willens noch fähig*, seinen Interviewpartnern auf Augenhöhe zu begegnen. Zu hochrangigen Informanten schaut er gar auf wie ein Grundschüler zu Lehrern. Dieser Journalistentyp lässt sich von seinen Gesprächspartnern nach deren Belieben steuern, weil dies schlicht der bequemste Weg für ihn ist, über die Runden zu kommen.

Sein Hauptmotiv, Interviews *abzuarbeiten*, ist nicht das Publikumsinteresse. Viel mehr will er etwas von der Prominenz seiner Interviewpartner abbekommen. Da die meisten medienerfahrenen Informanten geschult im Umgang mit Journalisten sind, fällt es ihnen leicht, ihre Interviewziele beim Stichwortgeber durchzusetzen.

Um das »gute« Verhältnis zu seinen Informanten nicht zu gefährden, beschränkt sich der Stichwortgeber auf harmlose Antwortvorlagen, anstatt strategisch kluge Fragen zu stellen. Er vermeidet Einwände und hakt bestenfalls unkritisch nach. Und wenn er von seinen Informanten mit falschen Komplimenten wie `Das ist wirklich eine gute Frage!` verbal den Nacken gekrault bekommt, genießt er das.

Im Stile eines Hofberichterstatters lässt sich der Stichwortgeber von cleveren Interviewpartnern willig als PR-Sprachrohr benutzen. Das ist eine Schande für die Medienbranche! Er taugt bestenfalls für Sachinterviews, bei denen reines Fachwissen abgefragt werden muss (`Wie funktioniert der neue Motor?`). Sollte dieser Journalistentyp in die Autorenzeile schreiben: `Das Interview führte …`, wäre das jedoch gelogen.

Unten durch statt oben auf

Der Besserwisser ist im Gegensatz zum Stichwortgeber alles andere als zugeknöpft und unkritisch. Er liebt es, zu kommunizieren! Und er liebt Interviews. Aber nur, wenn *er* dabei im Mittelpunkt steht – und nicht die Informanten und das Publikumsinteresse. Die Gesprächsqualität misst er vor allem daran, inwieweit es ihm gelingt, seine Interviewpartner zu quälen. Wenn dieser selbstverliebte Oberschlaue überhaupt zu jemandem eine positive emotionale Beziehung pflegen kann, dann zu sich selbst.

Manchmal bereitet sich der Besserwisser geradezu verbissen auf Interviews vor – um »Munition« gegen seine Gesprächspartner zu sammeln. Manchmal ist er aber auch hochmütig genug, seinen Informanten unvorbereitet zeigen zu wollen, wo es lang geht im Gespräch.

Sein Hauptmotiv, Interviews zu *bestreiten*, ist es, den »Gesprächsgegnern« zu zeigen, dass er sich von ihnen nicht an der Nase herumführen lässt. Am liebsten würde er von oben herab, statt »nur« auf Augenhöhe, mit ihnen sprechen. In seinem Geltungsdrang konkurriert er mit Informanten um Fachkenntnisse, bombardiert sie mit Halbwissen und Gegenpositionen. Seine Analysen und Wertungen formuliert er mehr als Diskussionsbeiträge als in Frageform. Hauptsache er redet mindestens so viel wie sein Gegenüber.

Da er die potenziellen Antworten seiner Informanten häufig vorweg nimmt, wissen diese manchmal kaum mehr, was sie sagen sollen. Sogar nach Kontern wie `Danke für die Frage. Aber die Antwort haben Sie ja nun schon selbst gegeben.` bleibt er auf seinem Irrweg.

Blind vor Ehrgeiz ignoriert der Besserwisser die Befindlichkeiten seiner Interviewpartner und scheut sich auch nicht davor, Konfrontationen zu inszenieren, die der Gesprächsqualität schaden. Das reicht, um bei ihnen unten durch statt oben auf zu sein. Immerhin: Auf seinem Anti-Trip akzeptiert er auch keine PR-Phrasen. Dennoch taugt dieser unsensible Wichtigtuer lediglich für reine Sachinterviews. Schreibt er darunter: `Das Interview führte` ..., stimmt das zwar. Aber wohin führte er es?

Nett gefragt, doch zu verzagt

Der Fragensteller kommuniziert offensiver als der Stichwortgeber, aber längst nicht so oberschlau wie der Besserwisser. Er mag Interviews und ist stolz darauf, wenn ihn Informanten für wichtig genug halten, um mit ihm zu reden.
Ihm ist klar, dass die emotionale Beziehungsebene entscheidend für die Gesprächsqualität ist. Deshalb bereitet sich der Fragensteller nicht nur auf die Interviewthemen, sondern auch auf die Persönlichkeit seiner Informanten vor. Leider interpretiert er »Gesprächsqualität« nur unzureichend: Für ihn ist sie dann am besten, wenn das Interview konfliktfrei verläuft.

Sein Hauptmotiv, Interviews *durchzu*führen (statt zu führen), ist die bestmögliche Information des Publikums. Seine größte Schwäche dabei: Er *fürchtet* Konflikte mit Gesprächspartnern so sehr, dass er kritische Situationen *um*geht, statt mit ihnen *um*zugehen. Dankbar revanchiert er sich für Interviewzusagen, indem er sich frei nach dem Motto »Bloß nicht anecken« harmlos durch die Themen fragt – und ebenso brav den Antworten der Befragten lauscht. Dadurch lässt sich der Fragensteller von den meisten Informanten genau so leicht steuern wie der Stichwortgeber, obwohl er durchaus Kommunikationstalent hat.

In seiner Hörigkeit lässt sich der Fragensteller wissentlich und nahezu widerstandslos auch Halbwahrheiten und Phrasen aufschwatzen.
Dieser Durchschnittstyp eignet sich für Sachinterviews sowie für unkritische Meinungsinterviews mit relativ einfachen Gesprächspartnern. Für heikle Themen und schwierige Informan-

ten disqualifizieren ihn vor allem seine Harmoniesucht und der fehlende Wille, das Bestmögliche aus sich und den Befragten herauszuholen.

Besser, aber nicht der Beste

Der (echte) Interviewer kommuniziert ganz anders als die drei vorgenannten Journalistentypen: eloquenter, emphatischer, neugieriger, kritischer und – aus Sicht der Befragten – dennoch sympathisch und unterhaltsam.
Der Interviewer bereitet sich und seine Informanten so gut auf die Gespräche vor, dass er es schafft, überdurchschnittlich viele von ihnen zu Partnern statt zu Gegnern zu machen.

Sein Hauptmotiv, Interviews zu *führen*, ist es, im Interesse des Publikums den Verbalwettstreit mit seinen Gesprächspartnern zu gewinnen. Jedoch ohne dabei zu streiten! Trotzdem nehmen ihn seine Informanten ernst und schwätzen ihm sehr viel weniger Nichtsagendes auf als Stichwortgebern und Fragenstellern.
Aber auch der Interviewer zeigt Schwächen: So konzentriert er sich vor allem darauf, seine raffinierten Fragen *loszuwerden* und *vernachlässigt* dabei die Antwortqualität. Dadurch steuert er Interviews schlechter als er es aufgrund seines überdurchschnittlichen Kommunikationstalents eigentlich könnte. Und wenn ihm deswegen Gespräche misslingen, macht er meist seine Informanten dafür verantwortlich, statt darüber nachzudenken, was *er* beim nächsten Gespräch besser machen könnte.

Mangels Selbstkritik macht er oft die gleichen Fehler, statt aus ihnen zu lernen. Er hält sich bereits für einen Top-Interviewer – und genau deshalb ist er keiner.
Dennoch ist der Interviewer gut genug für alle Arten von Interviews. Denn er kann weit mehr aus seinen Gesprächspartnern herausholen als Stichwortgeber, Besserwisser und Fragensteller zusammen.

Der genau versteht wie's geht

Für den Top-Interviewer ist Kommunikation weder nur Faible, noch ein Mittel zur egozentrischen Selbstdarstellung und erst recht kein berufsnotwendiges Übel. Er kommuniziert aus Leidenschaft – und definiert Kommunikation als Interaktion zwischen sich und seinen Gesprächspartnern, die auf *emotionales Verständnis* abzielt.

Interviews haben Qualität für ihn, wenn er seine Gesprächspartner so weit hat, dass er sie alles fragen kann, ohne dass sie ihm kritische Fragen übel nehmen. Dafür bereitet er sich akribisch vor, versetzt sich in die Gedankenwelt der Informanten und aktiviert seine drei großen »S«: Selbstbewusstsein, Situationsgespür und Showtalent. Der Top-Interviewer lässt sich vergleichsweise schwer steuern, ist aber clever genug, seinen Informanten das Gegenteil zu suggerieren.

Sein Hauptmotiv, Interviews zu *führen*, ist es, das Bestmögliche dabei herauszuholen. In diesem Sinne spielt er die Klaviatur der emotionalen Kommunikation hoch und runter: mal charmant, mal scheinbar unaufmerksam, mal harmonisch, mal aggressiv, mal unterwürfig – aber immer kalkuliert und kontrolliert. Eines aber will er nie: seine Interviewpartner *sichtbar* dominieren. Subtile Führung ist ihm genug.

Kein Wunder, dass sich Informanten bei ihm derart wohl und wertgeschätzt fühlen, dass sie sich von ihm Fragen gefallen lassen, für die sie anderen Journalisten die Tür weisen würden.

Im Stile eines Top-Verkäufers versteht der Top-Interviewer seine Interviews als Kompromisse zwischen Geben und Nehmen: Er gibt manchen Interessen der Befragten nach, verlangt dafür aber anderswo Zugeständnisse in seinem, also im journalistischem Sinne. Ihm ist klar, dass Interviews letztlich Gemeinschaftsproduktionen sind, deren Qualität mit der Kooperationsbereitschaft aller Beteiligten steigt.

Der Top-Interviewer führt im Gegensatz zum Stichwortgeber, zum Besserwisser und zum Fragensteller die bestmöglichen Interviews. Und falls ihm doch welche misslingen, was hin und wieder auch passiert, analysiert er die Ursachen – um es beim nächsten Mal besser zu machen. Dieser Interviewer-Typ eignet sich für alle Interviewarten.

Wie Top-Interviewer »ticken«

Kein Top-Interviewer wird als solcher geboren. Zwar haben manche Redakteure aufgrund ihres Kommunikationstalents bessere Voraussetzungen als andere. Doch Begabung allein ist längst nicht alles.

Es ist vor allem die innere Einstellung, die Top-Interviewer von anderen Journalistentypen unterscheidet. Auch Stichwortgeber, Besserwisser und Fragensteller können sich zu (echten) Interviewern entwickeln, wenn sie die Denkweise von Top-Interviewern übernehmen:

Top-Interviewer
- verstehen sich als Visitenkarte ihrer Zeitung, ihres Magazins oder ihres Senders, da ihnen bewusst ist, dass sie von ihren Gesprächspartnern umso ernster genommen werden, je ernster diese die Redaktion nehmen.
- stellen ihre persönlichen Eitelkeiten hinter die der Interviewpartner, hinter die Gesprächsqualität und hinter das Publikumsinteresse.
- halten sich an ihre Zusagen, auch wenn sich manche Informanten anders verhalten. Integrität gehört zu ihrer Persönlichkeit.
- halten sich niemals für unfehlbar, sodass sie nicht mehr dazu lernen müssten.
- spielen in ihrer Rolle als Interviewer immer nur sich selbst, statt beispielsweise Vorbilder kopieren zu wollen. Denn sie wissen, dass sie gut sind, so wie sie sind.
- weichen von herkömmlichen Verhaltensmustern ab, wenn diese sie nicht weiterbringen.

- erkennen, verstehen, akzeptieren und berücksichtigen die Rollen, Zwänge und Befindlichkeiten ihrer Informanten.
- bauen zu jedem Interviewpartner – ob Wohltäter oder Verbrecher – eine positive emotionale Beziehung auf.

Was Top-Interviewer ausmacht:

- Anpassungsfähigkeit
- Einfühlungsvermögen
- Fleiß
- Intuition
- Integrität
- Positives Denken
- Selbstkritik
- Zuverlässigkeit

Warum Interviewer auch »Verkäufer« sein müssen

Journalisten, die trotz des eher schlechten Rufes ihres Berufsstandes und der Manipulationsversuche durch ihre Gesprächspartner bestmögliche Interviews führen möchten, müssen sich selbst, ihre Gesprächsziele und ihre Arbeitsweisen erfolgreich »verkaufen«. Dies liegt vielen Redakteuren allerdings fern. Zumal unter Journalisten die Meinung vorherrscht, dass nur die »andere Seite« etwas »verkaufen« müsse. Meist wollten schließlich die Informanten bestimmte Storys an die Medien loswerden – und nicht umgekehrt. Doch das ist zu kurz gedacht.

Wichtige Analogien im Kommunikationsprozess

Auf den ersten Blick scheint ein Vergleich von journalistischen Interviews und Verkaufsgesprächen wie ein Vergleich von Äpfeln und Birnen. Bei genauem Hinsehen offenbart die Praxis jedoch viele lehrreiche Analogien:

- bei der Kontaktaufnahme,
- in der Gesprächsvorbereitung,
- im Gespräch und
- nach dem Gespräch.

In dieser Reihenfolge werden die Gemeinsamkeiten im Folgenden erläutert:

Ein Top-Verkäufer wartet nicht, bis potenzielle Kunden auf ihn zukommen. Er nimmt den Kontakt von sich aus auf und überzeugt sie davon, sich Zeit für ein Verkaufsgespräch zu nehmen. Bereits beim Erstkontakt signalisiert der Top-Verkäufer, dass er professionell und vertrauenswürdig ist und dem Kunden mit seinem Produkt einen Vorteil verschaffen kann.

Der Journalist kann zumeist auch nicht warten, bis Informanten auf ihn zukommen. Er braucht sie für bestimmte Beiträge und oft zu bestimmten Zeiten. Wie der Top-Verkäufer muss auch der Journalist seine Gesprächspartner in der Regel von sich aus kontaktieren – und sie davon überzeugen, dass sie sich interviewen lassen. Auch der Top-Interviewer zeigt schon beim Erstkontakt, dass er professionell und vertrauenswürdig ist und überzeugt die Informanten vom Nutzen ihrer Medienauftritte.

Ein Top-Verkäufer bereitet sich emotional und sachlich vor – und zwar auf jeden Kunden. Er braucht so viel Sachkompetenz, dass er ihnen die wichtigsten Produkteigenschaften erklären kann. Er muss sich aber auch emotional auf potenzielle Käufer einstellen, um deren natürliche Abwehrhaltung in Kooperationsbereitschaft zu wandeln.

Dem Interviewer geht es ähnlich. Er muss so viel über seine Interviewthemen wissen, dass ihn die Befragten als kompetenten Journalisten respektieren. Und er muss sich emotional vorbereiten, um die natürliche Schutzhaltung seiner Interviewpartner so weit zu lockern, dass ein kooperatives Gespräch möglich ist.

In Verkaufsgesprächen begegnen sich Menschen, die sich ohne das zum Verkauf stehende Produkt wohl nie begegnen würden. Das heißt nicht zwangsläufig, dass es der potenzielle Kunde von vorn herein kaufen will. Vielleicht ist er nur neugierig darauf. Oder er interessiert sich insgeheim gar nicht dafür. Das kann beispielsweise passieren, wenn der Kunde dem Gespräch nur zugestimmt hat, weil er sich nicht getraut hat, es offen abzulehnen. Die unterschiedlichen Interessen machen das Verkaufsgespräch zu einem *Macht- und Rollenspiel:* Schafft es der Verkäufer, den Kunden von sich und seinem Produkt zu überzeugen? Verkauft er das Produkt zu den Bedingungen, die er sich wünscht? Oder setzt der Käufer seine Bedingungen durch? Wie das Spiel auch ausgeht: Der Top-Verkäufer arbeitet mit jedem seiner Worte darauf hin, einen für ihn befriedigenden Kaufvertrag abzuschließen.

In Interviews begegnen sich Menschen, die sich ohne Interviewabsicht wohl auch nie begegnen würden. Das heißt nicht, dass der Befragte alle Informationen geben will, nach denen der Journalist fragt. Unterschiedliche Kommunikationsziele machen auch das Interview zu einem Macht- und Rollenspiel. Schafft es der Interviewer, den Befragten für sich und seine Fragen einzunehmen? Läuft das Interview nach den Vorstellungen des Journalisten? Oder setzt sich der Befragte durch? Auch der Interviewer arbeitet mit jedem seiner Worte darauf hin, seine Gesprächsziele zu erreichen: Dem Informanten die bestmöglichen Antworten zu entlocken und – bei verschriftlichten Interviews – möglichst viele davon auch autorisiert zu bekommen.

Hat der Top-Verkäufer einen Kaufvertrag abgeschlossen, entfernt sich der Käufer aus seinem Einflussbereich. Dann wird mitunter die »Kaufreue« des Kunden stärker als alle guten Kaufgründe zusammen. Der Verkäufer weiß um die Gefühle seines Kunden und geht auf sie ein – auch nach dem Vertragsabschluss! Das lohnt sich: Erstens reduziert er das Risiko, dass der Kunde vom Kauf zurücktritt. Zweitens ist der Kunde ein potenzieller Käufer weiterer Produkte des Verkäufers. Und drittens wird der Kunde den Verkäufer weiterempfehlen, wenn er sich von ihm fair behandelt fühlt.

Hat der Journalist ein Interview geführt, entfernt sich der Befragte aus seinem Einflussbereich. Dann überdenkt der Interviewpartner seine Antworten – und bereut womöglich einige davon. Der Interviewer weiß um solche Unsicherheiten und geht auf sie ein. Das lohnt sich: Der Journalist reduziert so das Risiko, dass der Informant von seinem »Aussage-Rücktrittsrecht« Gebrauch macht, also die Veröffentlichung untersagt oder einschränkt. Das passiert häufig bei der Autorisierung verschriftlichter Interviews. Sollte der Befragte trotz der »Nachbetreuung« durch den Journalisten aus akzeptablen Gründen bestimmte Aussagen zurückziehen wollen, sollte das der Interviewer auch akzeptieren. Sein Informant wird nach einer fairen Behandlung beim nächsten Gespräch umso kooperativer sein.

Was Interviewer von Top-Verkäufern lernen können

So wie es Top-Verkäufer schaffen, Kunden etwas zu verkaufen, das diese eigentlich nicht kaufen wollten, schaffen es Top-Interviewer, ihren Gesprächspartnern Antworten zu entlocken, die diese eigentlich nicht geben wollten. Dafür benötigen Interviewer aber Fähigkeiten von Top-Verkäufern:

Top-Verkäufer

- verfügen über viel *Menschenkenntnis* und verkaufen deshalb vor allem auf der emotionalen Kommunikationsebene.
  Wenn auch Interviewer Menschenkenntnis und *Empathie* besitzen, kommen sie in ihren Gesprächen viel weiter als lediglich fachkompetente Journalisten ohne emotionales Gespür.

- wollen den Verkaufsprozess von der Kontaktaufnahme bis zur Kundennachbetreuung *selbst steuern*, statt vom Kunden steuern zu lassen. Das erhöht ihre Verkaufschancen.
  Wenn Interviewer das ebenso versuchen, steigen ihre Chancen, mehr aus ihren Gesprächen »herauszuholen«.

- widmen Kunden individuelle Aufmerksamkeit sowie *aufrichtiges Interesse* an ihren Persönlichkeiten. Denn persönliche Wertschätzung begünstigt eine positive Gesprächsatmosphäre.
  Durch aufrichtiges Interesse und Aufmerksamkeit können auch Interviewer ein gutes Gesprächsklima schaffen, das für gute Interviews unabdingbar ist.

- erkennen Ängste und Vorbehalte ihrer Kunden und gehen darauf ein, um sie abzubauen. Denn ängstliche Kunden kaufen nicht.
  Auch Interviewer müssen Ängste und Vorurteile ihrer Informanten ausräumen. Denn ängstliche Gesprächspartner sind nicht ehrlich gesprächsbereit.

- verstehen sich vorteilhaft darzustellen, weil sie wissen, dass ihre *Persönlichkeit* wesentlich zum Verkaufserfolg beiträgt.

Auch Interviewer müssen sich positiv darstellen können, da der Interviewverlauf stark von ihrer Persönlichkeit beeinflusst wird.

Journalisten können ein neues Rollenverständnis entwickeln, wenn ihnen die Analogien zwischen Interviewern und Top-Verkäufern bewusst sind. Das würde ihnen einen erfolgreicheren Umgang mit ihren Interviewpartnern ermöglichen. Denn im Gegensatz zur herrschenden Journalisten-Meinung sind es die Redakteure, die sich zuerst bei ihren Gesprächspartnern positiv »verkaufen« müssen, wenn sie bestmögliche Interviews veröffentlichen wollen. Nicht umgekehrt.

Typisch Informanten

Die Zahl der Interviewpartner von Journalisten ist gewaltig: Schätzungen zufolge berichten hierzulande »jährlich mindestens 80 000 Medien-Laien aus ihrem Privatleben. Insgesamt haben pro Jahr mindestens 320 000 Laien Kontakte zu deutschen Medien.«[1] Hinzu kommen zigtausende Personen, die sich zu allen möglichen (nicht-privaten) Sachthemen äußern.
Im Interviewprozess weisen bestimmte Informantentypen ähnliche Verhaltensmuster auf, die Journalisten kennen sollten. Eine allgemeingültige Gebrauchsanleitung für Interviewpartner gibt es allerdings nicht! Zwar werden sie auf den kommenden Seiten nach Berufsgruppen und Angsttypen kategorisiert. Die Typologien dürfen aber lediglich als *Orientierungshilfe* verstanden werden, die keinesfalls zu Schubladendenken verleiten soll.

Andere Berufe, andere Sitten

Zumeist suchen Journalisten ihre Interviewpartner nach deren Sachkenntnis zu bestimmten Gesprächsthemen aus, die wiederum eng mit deren Berufen zusammenhängt. Deshalb ist eine *berufsbezogene Typologie* für Interviewer besonders nützlich. Hier können Journalisten nachschlagen, um sich erste Vorstellungen davon zu machen, was sie von avisierten Gesprächspartnern erwarten können.
Im Folgenden werden interviewspezifische Merkmale von 15 häufig befragten Berufsgruppen beschrieben. Im Einzelnen geht es um

- Anwälte,
- Beamte/Angestellte im öffentlichen Dienst,
- Entertainer/Schauspieler/andere aus dem Showgeschäft,
- Lehrer,
- Leitende Angestellte (unterhalb der Geschäftsführung),
- Mediziner,
- Militär/obere Ränge,

- Militär/untere Ränge,
- Politiker,
- Polizeisprecher,
- selbstständige Unternehmer,
- Sportler,
- Topmanager wie Geschäftsführer und Vorstände,
- Universitätsprofessoren und
- Wissenschaftler

Sie werden nach fünf Kriterien typisiert:

- welche Relevanz Interviews für diese Berufsgruppen haben,
- welche Motive diese Berufsgruppen haben, Interviews zu geben,
- welche ihre wichtigsten Charakteristika sind,
- wie sie in Interviews mit Journalisten kommunizieren und
- worauf Journalisten im Umgang mit ihnen achten sollten.

Die für Journalisten überaus wichtige Berufsgruppe »Pressesprecher« wird im Beitrag »Vom Wesen des Pressesprechers« (ab Seite 64) gesondert beschrieben.

Anwälte geben in der Regel gern Interviews, weil sie sich davon einen steigenden Bekanntheitsgrad und neue Klienten erhoffen. Viele von ihnen sind geübte Redner, da sie täglich mit Menschen aller Couleur kommunizieren: Tätern, Opfern, Zeugen, Polizisten, Richtern und mehr. Allerdings kommunizieren sie immer mit dem Hintergedanken, ihre Gesprächspartner für ihre Zwecke zu gewinnen. Da kann *Rhetorik* erfolgsentscheidend sein. Die Besten unter ihnen beherrschen die emotionale Gesprächsführung ebenso gut wie Top-Interviewer und Top-Verkäufer, manipulieren dabei aber mitunter skrupellos. Bezeichnend ist, dass viele Politiker und Topmanager studierte Juristen sind.

Gute Anwälte empfinden es als Schmach, wenn sie verlieren. Zumal es ihr Job ist, zu gewinnen. Sie rechnen immer mit Finten gegen sich und sind deshalb meist in Abwehrstellung.

Journalisten sollten mit Anwälten besonders transparent kommunizieren und ihnen ein Gefühl der Überlegenheit gönnen. Dann können sie sehr gute Informanten sein. Anwälte sind meinungsstark. Einige können komplizierte Sachverhalte kurz und knackig auf den Punkt bringen. Viele neigen aber auch dazu, auf einer abstrakten juristischen Ebene zu argumentieren. Solche Juristen müssen zu allgemein verständlichen Aussagen gedrängt werden.

Für alle gilt: Journalisten müssen bei Anwälten genauso scharfsinnig darauf achten, sich nicht mehr als nötig für deren Zwecke einspannen zu lassen, wie bei Entertainern, Politikern und Topmanagern.

Beamte/Angestellte im öffentlichen Dienst empfinden Medieninterviews zumeist eher als gefährlich und äußern sich entsprechend ungern, zumal ihre Handlungs- und Redefreiheit von Vorgesetzten und amtlichen Vorschriften eng begrenzt ist. Sie sind Bürokraten mit ausgeprägtem Sicherheitsdenken, oft wortkarg und rhetorisch ungelenk. Sie müssen im Interviewprozess vom Journalisten gezielt motiviert, genau instruiert und respektvoll geführt werden. Mit Feingefühl, Zurückhaltung und besonderer Freundlichkeit kommen Interviewer hier weiter als mit forschem Auftreten.

Entertainer wie Schauspieler, Sänger und andere (auch Möchtegern-) Promis aus dem Showgeschäft müssen in den Medien präsent sein, um – im wahrsten Sinne des Wortes – im Gespräch zu bleiben. Deshalb haben es Journalisten relativ leicht, Interviews mit ihnen zu bekommen. Doch sie zu führen, ist viel schwerer! Leute aus dem Showgeschäft reden am liebsten nur über sich und ihre Projekte und nutzen die Medien als Selbstvermarktungskanal so exzessiv wie ansonsten nur Politiker.

Da Entertainer von der Gunst des Publikums leben, unterhalten sie es so banal und unkritisch wie möglich. Aber sehr wohl kalkuliert! So meiden sie Streitthemen wie Politik und Religion eher, weil sie entweder keine Ahnung davon haben und/oder sich bei Andersdenkenden nicht unbeliebt machen wollen. Sie sind es gewohnt, überzeugend zu kommunizieren. Journalisten sollten im Gespräch mit ihnen nie vergessen, dass Schauspielern deren Berufung ist.

Lehrer werden beispielsweise oft zur Bildungspolitik und zu Missständen an Schulen interviewt. Sie sehen den Kontakt zu den Medien vor allem als Mittel, ihre (Bildungs-) Mission in die Öffentlichkeit zu tragen. Vor Journalisten sprechen sie oft mit demselben Selbstverständnis wie vor ihren Schülern. Sie sind es gewohnt, vor »Publikum« aufzutreten und antworten oft gewandt und meinungsstark. Dabei belehren viele von ihnen auch gern, weil sie dem ihrer Ansicht nach immer tiefer sinkenden Niveau der Medien etwas entgegensetzen möchten.

Das Schlimmste, was Journalisten im Gespräch mit Lehrern tun können: ihnen ihr Urteil über die Medien verübeln, ihre Kompetenz anzweifeln und Druck ausüben. Das würde geradewegs in Konfrontationen führen. Stattdessen sollten sie Lehrer durch merklichen Respekt vor ihrem Beruf und durch intelligente Fragen zur Kooperation motivieren.

Leitende Angestellte geben in der Regel gern Interviews, weil sie sich durch das Medieninteresse an ihrer Person geschmeichelt fühlen und auf gesteigerte Aufmerksamkeit für sich hoffen. Allerdings erschwert ein Interessenskonflikt die Kommunikation mit ihnen: Leitende Angestellte sind einerseits motiviert, sich von der besten Seite zu zeigen. Andererseits dürfen sie dabei ihren Vorgesetzten nicht die Show stehlen. Sie sind extrem darauf bedacht, ihre Grenzen einzuhalten, um auf keinen Fall die Missgunst ihrer Chefs zu provozieren.

Journalisten sollten es vermeiden, leitende Angestellte durch Fragen, die sie nicht beantworten dürfen oder können, in Verlegenheit zu bringen. Andernfalls verschließt sich dieser Informanten-Typus sehr schnell.

Mediziner sind oft gesprächsbereit, wenn sie helfen können, (Gesundheits-) Themen verständlich zu machen. Die meisten reißen sich aber nicht um Interviews, kommen sie doch auch gut ohne Medienpräsenz aus, wenn sie nicht gerade ihre Schönheitschirurgie-Praxis vermarkten wollen.

Mediziner sollen in ihrem Arbeitsalltag zwar Nicht-Medizinern, also Patienten, komplizierte Zusammenhänge verständlich machen. Aber nicht jeder ist gut darin. Viele verfallen bei Erklärungen schnell in ihr Fachchinesisch und werfen mit Begriffen um sich, die kaum jemand anderes versteht. Journalisten sollten unbedingt diejenigen unter den »Göttern in Weiß« aussuchen, die sich allgemeinverständlich ausdrücken können. Diese können vor allem dann angenehme Interviewpartner sein, wenn sie auch vom Interviewer ein wenig »vergöttert« werden.

Journalisten sollten daran denken, Mediziner mit ihrem akademischen Titel anzusprechen und ihnen gepflegt, intelligent und stilvoll zu begegnen.

Vorsicht bei Interpretationsfragen: Mediziner sind geprägt davon, auf Grundlage genauer Diagnosen zu urteilen. Sie wollen sicher sein, dass ihre Aussagen zutreffen! Da in ihrem Beruf bloße Spekulationen folgenschwere Schäden verursachen können, halten sie sich damit möglichst zurück – auch im Gespräch mit Journalisten.

Die oberen Dienstgrade im Militär (Offiziere) brauchen in der Regel ebenfalls keine Interviews, um erfolgreich zu sein. Im Gegenteil! Sie agieren viel lieber unter Ausschluss der Öffentlichkeit – auch weil sie viele Informationen nicht weiter geben dürfen und dies auch nicht vorhaben. Wenn sie doch mal ein Interview geben, dann vor allem um Kampfeinsätze zu rechtfertigen oder die Lage in Einsatzgebieten zu erörtern.

Sie sind es gewohnt, Befehle zu erteilen, meist streng im Ton und selbstbewusst. Sie beherrschen den verbalen Kanonendonner genauso wie Diplomatendeutsch und rhetorische Ausweichmanöver. Und sie sind es gewohnt, unter Druck zu stehen. Sie können höchst unbequeme Interviewpartner sein, aber auch motivierte Plauderer – je nachdem, ob sie sich angegriffen oder geachtet fühlen.

Journalisten können ihr komplettes Fragenspektrum auf Offiziere feuern, wenn sie nur nicht vergessen, hin und wieder auch deren Kämpferherz zu bewundern.

Die unteren Dienstgrade im Militär (Unteroffiziere und Mannschaftsgrade) dürfen Interviews nur mit Erlaubnis höherer

Dienstgrade geben. Sie sind überwiegend Befehlsempfänger und gewohnt, sich Autoritäten unterzuordnen. Vor Zivilisten (wie Journalisten) geben sie sich wesentlich selbstbewusster als vor ihren Vorgesetzten. Schließlich sehen sie sich als Beschützer der Zivilisten. Journalisten sollten mit ihnen respektvoll und freundlich, aber auch bestimmt umgehen.

Politiker müssen Interviews geben, um im Gespräch zu bleiben, ihre Ansichten und Entscheidungen der Öffentlichkeit zu »verkaufen« und bestimmte Informationen unters Volk zu bringen. Dabei spulen sie meist immer dieselben leicht konsumierbaren und emotional wirkungsvollen Standardbotschaften ab (s. »Die Macht der Wiederholung«, Seite 120).
Inhaltliche Genauigkeit ist Politikern weniger wichtig. Halbwahrheiten sind bei ihnen normal. Und Lügen sind bei vielen zumindest nicht tabu. Politiker verstehen es meisterhaft, unverbindlich, verharmlosend und verklausuliert daherzureden. Sie paraphrasieren gern ohne Punkt und Komma und lassen sich dabei schwer unterbrechen. Vor allem in Fernseh- und Radiointerviews versuchen sie maximal viel Sendezeit für sich zu nutzen.
Journalisten müssen bei Politikern besser als bei allen anderen Berufsgruppen über die Interviewthemen informiert sein, um ihre Instrumentalisierung zumindest begrenzen zu können. Zudem brauchen sie besonders viel Kommunikationsgeschick, um Politikern konkrete Antworten zu entlocken.

Polizeisprecher sind zwar häufig kontaktfreudige Menschen, aber trotzdem extrem vorsichtig – vor allem gegenüber Journalisten. Kein Wunder: Öffentliche Aufmerksamkeit stört Polizeiarbeit meist mehr als sie ihr nützt. Dennoch geben sie gern Interviews, wenn sie das Gefühl haben, damit Ordnung, Recht und Sicherheit zu fördern. Vor Interviews mit Polizeisprechern sollten Journalisten besonders darauf achten, dass die Interviewziele klar abgestimmt sind, um Vertrauen zu schaffen.
Wenn Journalisten den Mut und den Idealismus von Polizisten würdigen, bekommen sie mitunter interessante Anekdoten zu

hören. Polizisten können in der Regel mit allen Fragearten umgehen, da sie selbst gewohnt sind, mit allen Tricks und Kniffen zu kommunizieren.

Selbstständige Unternehmer betrachten Journalisten meist skeptisch, weil sie meinen, die Medien ginge es nichts an, was in ihren Unternehmen passiert. Sie geben vor allem dann Interviews, wenn sie sich davon einen Werbeeffekt für ihre Firmen versprechen. Interviewer sollten ihre Anerkennung für die unternehmerische Leistung von Selbständigen deshalb deutlich durchblicken lassen.

Diese Menschen sind »Macher« – und relativ aggressiv und selbstbewusst in ihrer Denk- und Ausdrucksweise. In der Regel sind sie verbindlicher und meinungsstärker als angestellte Manager, trauen sich anzuecken, lassen sich aber ungern unter Druck setzen. Schließlich sind sie es gewohnt, der Chef zu sein! Journalisten, die selbständigen Unternehmern das Gefühl geben, auch im Interview das Sagen zu haben, können viel aus ihnen herausholen.

Sportler geben gern Interviews, da sich öffentliche Bekanntheit für sie auszahlen kann – beispielsweise in Sponsoringverträgen. Außerhalb des Sportlerlebens sind viele von ihnen schon aufgrund ihrer Jugend relativ unerfahren. Deshalb, oder weil sie unter der Fuchtel von Kommunikationsexperten stehen, kommunizieren sie eher vorsichtig. Der Fußballprofi Lukas Podolski soll einmal gesagt haben, er habe sich die für ihn typischen kurzen, simplen Sätze nur aus einem Grund angewöhnt: damit sie von Journalisten nicht verdreht werden können.

Geistreiche oder provokante Thesen sollten Journalisten von Sportlern nicht erwarten – eher schon Banalitäten. Interviewer müssen bei Sportlern besonders darauf achten, Vertrauen aufzubauen, einen nicht allzu steifen Umgangston zu pflegen und originell zu fragen. Schwache Fragen beantworten Sportler so hohl wie kaum eine andere Berufsgruppe. Das wäre auch für den Interviewer peinlich.

Topmanager im Angestelltenverhältnis (wie Vorstände und Geschäftsführer) nutzen Interviews vor allem, um Behörden, Geschäftspartnern, Investoren, Konkurrenten, Politikern und der Öffentlichkeit ihre Unternehmenspolitik zu »verkaufen«. Dabei spulen sie, wie auch Politiker, viele Standardsprüche ab. Allerdings geht es ihnen meist nicht darum, ihre Botschaften wirkungsvoll zu vereinfachen, wie es vor allem Politiker tun. Topmanager reden eher gern kompliziert daher, um Fachkompetenz zu beweisen oder klare Festlegungen zu vermeiden. Zudem wollen sie unbedingt vermeiden, sich juristisch angreifbar zu machen. Dennoch sind Halbwahrheiten und Lügen für sie nicht tabu – wenn sie deshalb keine juristischen Konsequenzen erwarten.

Topmanager sind ebenso wie Politiker häufig Wortmüllproduzenten. Nichtssagende Antworten wie `Wir sind gut aufgestellt.` oder `Wir orientieren uns nicht an Mitwettbewerbern, sondern haben unsere eigene Strategie.` sind typisch für sie.

Topmanager sind meist konservativ und vorsichtig, manche auch arrogant. Sie werden am liebsten bewundert und lassen sich von Journalisten höchst ungern unter Druck setzen. Interviewer sollten dies berücksichtigen, aber dennoch den Mut haben, hart nachzufragen. Übermäßig respektvolle oder gar obrigkeitshörige Journalisten werden von Wirtschaftsführern gnadenlos als PR-Sprachrohr benutzt.

Universitätsprofessoren geben in der Regel gern Interviews – weil sie der Welt am liebsten die Welt erklären, ihre Relevanz auch an ihrer Medienpräsenz messen oder einfach auch mal ihre Sicht der Dinge loswerden wollen. Sie sind meist konservativ und antworten oft abwägend, detailliert, auch kompliziert – manche gar dozierend. Von Journalisten erwarten sie Respekt und gute Vorbereitung – genau so wie von ihren Studenten.

Journalisten sollten diese Erwartungen erfüllen und Professoren das Gefühl geben, dass sie von ihnen lernen möchten (was ohnehin nicht schaden kann). Sie sollten allerdings auch mutig genug sein, sie zu unterbrechen und vereinfachte Darstellungen einzufordern.

Übrigens: Fachhochschulprofessoren (heute meist Hochschulprofessoren genannt) sind manchmal noch mehr darauf aus, gebauchpinselt zu werden, weil sie schlechter bezahlt sind und sich von vielen Uni-Professoren herablassend behandelt fühlen.

Wissenschaftler, die nicht dozieren, sondern ausschließlich forschen, kommunizieren vergleichsweise wenig mit den Medien. Aber natürlich fühlen auch sie sich geschmeichelt, wenn sie von Journalisten um Statements gebeten werden. Doch Vorsicht: Manche Wissenschaftler billigen Journalisten erschreckend wenig Wissen zu und empfinden sie als oberflächliche Wissenschaftsbanausen.

Journalisten sollten forschende Wissenschaftler genau über die Interviewziele und Publikumsinteressen aufklären, um die emotionale Beziehung nicht durch unnötige Missverständnisse zu belasten. Sie sollten ihnen bereits vor der Frage-Antwort-Situation erklären, welche Vorteile vereinfachte Darstellungen haben, um dem möglichen Vorwurf der Banalisierung von Informationen vorzubeugen. Wenn Interviewer Wissenschaftler komplizierte Zusammenhänge anhand von Beispielen erklären lassen und auch ein anerkennendes Interesse an ihrer Person zeigen, werden sie in der Regel befriedigende Antworten erhalten.

Arbeitslose äußern sich zumeist in den Medien, um auf ihre schlechte Lage aufmerksam zu machen. Oder ein wenig Geld zu verdienen, wenn ihnen ein Interview bezahlt wird. Manche Arbeitslose hoffen gar, durch Medienauftritte aus ihrer Misere herauszukommen. Es könnte ihnen ja jemand, der sie beispielsweise im Fernsehen gesehen hat, einen Arbeitsplatz vermitteln. Journalisten wissen, dass solche Hoffnungen meist enttäuscht werden – und sollten sie deshalb nicht schüren. Typische Merkmale von Arbeitslosen lassen sich aus ihren früheren Berufen ableiten.

Zudem gibt es unzählige andere Medienlaien, die aus verschiedensten Anlässen plötzlich im Rampenlicht der Medien stehen: etwa Angehörige, Kollegen und Nachbarn von Opfern, Straftätern und Prominenten, aber auch Betroffene und Zeugen von Unglücken, anderen ungewöhnlichen Ereignissen und gesellschaftlichen Trends.

Ihre Motive, sich interviewen zu lassen, sind so vielfältig wie die Gründe, aus denen sie dafür angefragt werden. Manche wollen schlicht helfen, bestimmte Entwicklungen zu erklären. Andere die öffentliche Aufmerksamkeit auf aktuelle Ereignisse lenken. Wieder andere machen »PR« für bestimmte Personen (wie etwa die Mutter für ihren Sohn, den aufstrebenden Fußballstar). Und wieder andere fühlen sich einfach nur besonders wichtig, weil Journalisten bei ihnen angeklopft haben, und genießen die öffentliche Aufmerksamkeit.

Es gibt Medienlaien, die reden so souverän mit Journalisten, als hätten sie nie etwas anderes getan. Doch das ist eine Minderheit. Die meisten von ihnen sind in Interviews eher nervös und skeptisch, aber auch stolz auf ihren Mut, sich vor Publikum zu äußern.

Journalisten sollten solch unerfahrenen Gesprächspartnern vor allem Sicherheit vermitteln. Dafür müssen sie respektvoll und empathisch mit ihnen umgehen, ihnen genau erklären, worauf es im Interview ankommt, sie aber auch über die journalistische Arbeitsweise und die Gesprächsziele informieren.

Die Angst als Persönlichkeitsindikator

Ob sich Menschen gern von Journalisten befragen lassen oder nicht: Den meisten ist bange davor. Zwar ist die Angst bei verschiedenen Interviewpartnern mehr oder weniger stark ausgeprägt und äußert sich in unterschiedlichen Reaktionen. Aber unabhängig davon ist sie der *einflussreichste Faktor* im Interviewprozess. Deshalb ist die Angst als weiteres Typologiemerkmal geeignet.

Der Psychologe Fritz Riemann[2] hat vier von ihm identifizierte Angsttypen analysiert: den *depressiven*, den *hysterischen*, den *schizoiden* und den *zwanghaften* Angsttyp. Bei den von Riemann herausgearbeiteten spezifischen Merkmalen dieser Persönlichkeitsstrukturen handelt es sich jedoch um (wissenschaftlich gesehen) gesunde Strukturen.

Der Betriebswirtschaftsprofessor und Hochschuldozent für Personalmanagement Hans Jung[3] hat sie in dem Buch »Persönlichkeitstypologie. Instrument der Mitarbeiterführung« zusammengefasst und bestimmten Berufsgruppen zugeordnet, mit denen auch Journalisten häufig zu tun haben.

Da die Beobachtungen von Riemann/Jung auch Interviewern helfen können, ihre Gesprächspartner einzuschätzen, wurden einige davon für dieses Kapitel übernommen[4]. Auch hierbei gilt, was für alle Persönlichkeitstypologien gilt: Einzelne Personen können Merkmale verschiedener Typen vereinen. Und nicht jeder Angsttyp muss jede der beschriebenen Charakteristika aufweisen. Und nun zur Übersicht:

Eine depressive Persönlichkeit (Angst vor Isolierung, Selbstständigkeit, Einsamkeit) haben laut Riemann/Jung typischerweise Menschen aus sozialen, dienenden und charitativen Berufsgruppen. Zum Beispiel:

- Ärzte
- Ausbilder
- Berater
- Erzieher
- Kranken- und Altenpfleger
- Lehrer
- Pfarrer und Seelsorger
- Psychotherapeuten
- Sanitäter
- Sozialarbeiter

Häufig sind depressive Persönlichkeiten im *positiven* Sinne bescheiden, empfindsam, hilfsbereit, kontaktfähig, tolerant und verständnisvoll. Im *negativen* Sinne aber aufdringlich, empfindlich, entscheidungsschwach, gehemmt, introvertiert, nachgiebig, pessimistisch und schüchtern.

Zu ihren prägenden *Persönlichkeitsmerkmalen* gehören:

- Bescheidenheit
- Motivationsschwäche
- Friedfertigkeit
- Geduld
- Konzentrationsschwäche
- Minderwertigkeitsgefühle
- Naivität
- Selbstlosigkeit
- Vermeidung von Konflikten
- Wunsch nach menschlicher Zuneigung

Denkweisen der Depressiven sind:

- Ich denke erst an die anderen, dann an mich.
- Ich hasse Streit.
- Ich will nicht allein sein.

Nachteile depressiver Persönlichkeiten, die Journalisten im Umgang mit ihnen ebenfalls berücksichtigen sollten:

- Sie idealisieren Menschen.
- Sie können nicht »Nein« sagen.
- Sie sind nicht in der Lage, Forderungen/Wünsche zu äußern.
- Sie werden ausgenutzt.

Visionen der Depressiven sind:

- Alle sind eine große Familie.
- Das Leben ist ungerecht.
- Überall lauern nur Forderungen und Schwierigkeiten.

Eine hysterische Persönlichkeit (Angst vor Unfreiheit, Notwendigkeit, Zwang) haben laut Riemann/Jung typischerweise Menschen aus vorzugsweise kreativen Berufsgruppen und Tätigkeitsfeldern. Zum Beispiel:

- Designer und Künstler
- Hoteliers
- Musiker
- Politiker
- Schauspieler und Animateure

- Tänzer
- Vertreter und Verkäufer
- Werbefachleute

Häufig sind hysterische Persönlichkeiten im *positiven* Sinne charmant, flexibel, gewandt, großzügig, innovationsfreudig, mitreißend, spontan, risikofreudig und überzeugend. Im *negativen* Sinne aber ablenkbar, chaotisch, flatterhaft, launisch, leichtsinnig, narzisstisch, oberflächlich, unrealistisch und unruhig.

Zu ihren prägenden *Persönlichkeitsmerkmalen* gehören:

- Drang nach Abwechslung und Freiheit
- Imponiergehabe
- Spontaneität
- Staralüren
- Unhaltbare Versprechungen

Denkweisen der Hysterischen sind:

- Ich möchte bewundert und anerkannt werden.
- Traditionen und konkrete Konzepte engen mich ein.
- Was gestern war, interessiert mich nicht mehr.

Nachteile hysterischer Persönlichkeiten, die Journalisten im Umgang mit ihnen berücksichtigen sollten:

- Ihr Leben in einer Traumwelt führt zu Problemen in der Realität.
- Sie glauben blind an Fortschritt.
- Sie sind leicht beeinflussbar.
- Sie sind oberflächlich.
- Sie sind unzufrieden mit sich.

Visionen der Hysterischen sind:

- Ewige Jugend.
- Irgendwie kommt alles in Ordnung
- Nur das Hier und Jetzt zählt.

Eine schizoide Persönlichkeit (Angst vor Nähe, Preisgabe, Selbsthingabe) haben laut Riemann/Jung typischerweise Menschen aus exakten und genauen Berufen. Zum Beispiel:

- Bibliothekare
- Diagnostische Psychologen
- Entwickler

- Forscher
- Fotografen
- Ingenieure
- Kritiker
- Mathematiker und Physiker
- Satiriker und Karikaturisten

Häufig sind schizoide Persönlichkeiten im *positiven* Sinne autonom, distanzfähig, entscheidungsfreudig, konsequent, kritisch, selbstsicher und unbeirrbar. Im *negativen* Sinne aber eigenbrötlerisch, gleichgültig, intolerant, kontaktschwach, misstrauisch, psychotisch, störrisch und unsensibel.

Zu ihren prägenden *Persönlichkeitsmerkmalen* gehören:

- Aggressivität
- Arroganz
- außerordentliche Objektivität
- distanziert, kühle und sachliche Urteilsfähigkeit
- Gefühllosigkeit
- Gleichgültigkeit gegenüber Kritik und dem Schicksal
- Unnahbarkeit
- Vermeidung von Emotionen

Denkweisen der Schizoiden sind:

- Die anderen machen alles falsch. Nur ich weiß, was richtig ist.
- Ich will in meiner Welt in Ruhe gelassen werden.
- Ich will unabhängig und autark sein.

Nachteile schizoider Persönlichkeiten, die Journalisten im Umgang mit ihnen berücksichtigen sollten:

- Ihnen fehlt Erfahrung, um Kontakte herstellen zu können.
- Orientierungslosigkeit in der Realität.
- Sie können Illusion und Wirklichkeit kaum trennen.
- Sie sind tendenziell aggressiv und selbstherrlich.

Visionen der Schizoiden sind:

- Sie wollen das Maß aller Dinge sein.
- Sie wollen unbedingt unabhängig sein.
- Sie glauben, dass Kontakt mit anderen nutzlos ist.

Eine zwanghafte Persönlichkeit (Angst vor Veränderung, Unsicherheit, Sterblichkeit) haben laut Riemann/Jung typischerweise Menschen aus Berufsfeldern, die von einer klaren Systematik geprägt sind. Zum Beispiel:

- Buchhalter
- Beamte
- Chirurgen und präzise Handwerker
- Computerspezialisten
- Geistliche
- Juristen
- Pädagogen
- Statistiker und Organisatoren
- Systematiker auf allen Gebieten

Häufig sind zwanghafte Persönlichkeiten im *positiven* Sinne ausdauernd, exakt, fleißig, korrekt, ordentlich, pünktlich, systematisch, vorsichtig und zuverlässig. Im *negativen* Sinne aber engstirnig, herrschsüchtig, kleinlich, langweilig, pedantisch, streberhaft, unflexibel, verbissen und ewig zweifelnd.

Zu ihren prägenden *Persönlichkeitsmerkmalen* gehören:

- Beschäftigung mit unwichtigen Details
- Entschlussunfähigkeit
- fanatischer Dogmatismus
- fehlende Spontaneität
- Traditionsbewusstsein
- Perfektion
- Vorurteile

Denkweisen der Zwanghaften sind:

- Es soll sich nichts ändern in meinem Leben.
- Ich darf mich nicht gehen lassen.
- Ich hasse Risiken.
- Ich will alles ordnen und regeln.
- Wenn ich die Kontrolle verliere, verfällt alles ins Chaos.

Nachteile zwanghafter Persönlichkeiten, die Journalisten im Umgang mit ihnen berücksichtigen sollten:

- Durch ihre Beschlussunfähigkeit wird ihr Umfeld gelähmt.
- Ihre Entwicklung wird durch Angst vor Veränderungen gehemmt.
- Selbst auferlegte Regeln quälen sie und engen sie ein.

Visionen der Zwanghaften sind:
- Älter werden ist schrecklich.
- Ich muss mich gegen die Unwägbarkeiten des Lebens schützen.

»Jeder Mensch nimmt für ihn typische Charakterzüge und Verhaltensweisen wie eine Rolle an, die er nur schwer wieder ablegen kann«, sagt Professor Jung. Viele Menschen würden den eigenen Charakter bewusst oder unbewusst erkennen und versuchen, ihn in der Arbeitswelt zu verstecken.

Journalisten sollten vor allem in personalisierten Interviews versuchen, den versteckten Persönlichkeitsmerkmalen ihrer Interviewpartner auf die Spur zu kommen – auch wenn das häufig sehr schwierig ist.

Die Angst-Typologie können Journalisten wie folgt nutzen:

1. Bevor der Journalist die Fragen für sein nächstes Interview – beispielsweise mit einem Sozialarbeiter – formuliert, sucht er die Berufsgruppe in der Typologie (und findet Sozialarbeiter unter den depressiven Persönlichkeiten).
2. Dann liest er die Merkmale depressiver Persönlichkeiten durch und vergleicht sie mit seinen bisherigen Erfahrungen.
3. Danach berücksichtigt er die Ergebnisse des Vergleichs bzw. die Charaktermerkmale laut Typologie in seiner Kommunikationsstrategie.

Aber Achtung: Die Merkmale sind lediglich eine Orientierungshilfe – und kein Dogma, das zu Schubladendenken verführen soll.

Weiterführende Literatur:

Hans Jung, Persönlichkeitstypologie. Instrument der Mitarbeiterführung (3. vollständig überarbeitete und wesentlich erweiterte Auflage, Oldenbourg Verlag, München, 2009)

Die Interviewanfrage als Erfolgsgrundlage

»Für den ersten Eindruck gibt es keine zweite Chance«, lautet ein Grundsatz, der auch für das journalistische Interview gilt. Erst recht angesichts des Misstrauens, das Journalisten gemeinhin entgegen schlägt. Allerdings beeindruckt der Journalist seinen Informanten im Interviewprozess nicht erst beim Begrüßungshandschlag vor dem Gesprächsbeginn, sondern schon viel eher: mit der Interviewanfrage. Soll die Anfrage kein kommunikativer Fehlstart werden, muss der Journalist sie genauso strategisch planen wie das Interview an sich.

Ein guter Interviewer wird gemeinhin auch so charakterisiert, dass er im Gespräch eine Rolle spielt, die den Interviewpartner zu bestmöglichen Antworten animiert. Das allein reicht aber nicht! Ein Interview gelingt nur bestmöglich, wenn auch die Anbahnung, also die *thematische, emotionale und organisatorische Vorbereitung* des Informanten, gelingt.

Vorbereitung ist nicht alles, aber ohne Vorbereitung ist alles nichts – lautet eine andere Regel. Und die Gesprächsanfrage ist der erste Akt der Vorbereitung. Mit ihr startet der Journalist den Interviewprozess. Auf ihr basieren alle weiteren Kommunikationsstufen. Und bereits hier sollte er drei Dinge beherzigen, wenn er seine Chancen auf eine Interviewzusagen maximieren will: Vertrauen schaffen, Vertrauen schaffen, Vertrauen schaffen. Im Folgenden wird angenommen, dass die Interviewanfrage der erste Kontakt des Journalisten zum Informanten ist. Die beschriebenen Tipps und Tricks bringen aber auch Redakteure weiter, die ihre potenziellen Interviewpartner bereits aus früheren Gesprächen kennen.

Den richtigen Ansprechpartner finden

Bevor der Journalist die Gesprächsanfrage formuliert, muss er den richtigen Empfänger recherchieren. Wählt er den falschen, vermittelt er den Eindruck, schlecht informiert zu sein. Und das kostet Renommee. Zudem wartet der Journalist eventuell länger als nötig auf eine Antwort, weil der falsche Adressat selbst erst den richtigen Ansprechpartner in seiner Organisation suchen muss. Und Zeitverluste bei der *Informantenakquisition* können mit Blick auf den Redaktionsschluss problematisch werden. Bei Nachrichtenagenturen, Onlineportalen und Tageszeitungen erweisen sich manchmal sogar schon wenige verschenkte Minuten als Wettbewerbsnachteil.

Einer der potenziellen Adressaten für eine Interviewanfrage ist der gewünschte Interviewpartner persönlich. Die *Direktansprache* ist beispielsweise bei Personen und Organisationen üblich, die keinen professionellen PR-Apparat unterhalten. Oder wenn der Journalist den Informanten bereits kennt und ihn direkt ansprechen darf.

Andernfalls sind Pressesprecher die richtigen Adressaten. Es gibt sie überall dort, wo die Medienkommunikation professionell organisiert ist: in vielen Bürgerinitiativen, Parteien, staatlichen, sozialen und religiösen Einrichtungen, in Vereinen, Verbänden und Unternehmen. Pressesprecher vertreten aber auch bekannte, unbekannte, reiche oder andere Privatleute. Skurril: Anfang 2007 engagierte sogar der Hartz IV-Empfänger Henrico F. einen Pressesprecher. F. hatte sich als Gast einer Wahlkampfveranstaltung mit dem damaligen SPD-Chef Kurt Beck gestritten. Daraufhin wurde er wochenlang von den Medien als Berichtssubjekt benutzt, sodass er zum bekanntesten Arbeitslosen Deutschlands wurde[1].

Die Zahl der Pressesprecher einzelner Organisationen variiert nach ihrer gesellschaftlichen Relevanz, regionaler Präsenz, Produktvielfalt und beabsichtigter Kommunikationsintensität. So kommunizieren börsennotierte Aktiengesellschaften (AGs) viel intensiver mit den Medien als etwa GmbHs, weil AGs mehr Publizitätspflichten haben, mehr öffentliches Interesse auf sich ziehen und deshalb einen höheren Informationsbedarf befriedigen müssen. Extrembeispiel: Der in fast 200 Ländern agierende Mischkonzern Siemens beschäftigt allein »in Deutschland 55 Pressesprecher in den Bereichen Finanz-, Wirtschafts-, Innovations-, Fach-, Produkt-, Publikums- und Lokalpresse sowie für den TV- und Hörfunk«[2]. Dazu kommen PR-Mitarbeiter, die den Pressesprechern zuarbeiten.

Die Kontaktdaten der Pressesprecher sind meist auf den *Internetseiten* ihrer Organisationen unter dem Link »Presse« zu finden. Dort sind aber meist nicht nur die Ansprechpartner für Pressevertreter zu finden, sondern für Journalisten aller Mediengattungen.

Um unnötigen Ärger zu vermeiden, sollten es Interviewer möglichst unterlassen, Pressesprecher zu ignorieren, indem sie potenzielle Informanten gegen deren Willen direkt kontaktieren (Ausnahme: s. Seite 87). Ansonsten riskierten sie, dass sich die angesprochenen Informanten vom Journalisten belästigt und deren Pressesprecher hintergangen fühlen. Und das würde *Miss*trauen statt *Ver*trauen fördern. So können Interviews schon gelaufen sein, ehe sie begonnen haben, weil der Journalist erst gar keinen Termin dafür bekommt.

Vom Wesen des Pressesprechers

Pressesprecher beeinflussen journalistische Interviews oft ähnlich stark wie die Informanten, denen sie beistehen. Das bedeutet für Journalisten, dass sie mit all ihren Mitteln, die sie für den Gesprächserfolg einsetzen, auch auf die Pressesprecher zielen müssen. Dafür sollten Redakteure wissen, wie diese Berufsgruppe »tickt«.

Pressesprecher sind Lobbyisten, »Türsteher« und »Verkäufer« in einem. Wenn Fernsehjournalisten beispielsweise Fußballer nach Bundesligaspielen interviewen, stehen die Pressesprecher der Vereine – meist unsichtbar fürs Publikum außerhalb des Kamerabildes – dabei. Wenn Journalisten Politiker für ihre Zeitungen interviewen, sitzen deren Pressesprecher daneben. Und befragen Journalisten auf Pressekonferenzen beispielsweise Firmenvertreter, recherchieren deren Sprecher mitunter die Antworten. Pressesprecher müssen

- ihre Organisationen und Vorgesetzten im besten Licht erscheinen lassen.
- ihren Organisationen und Vorgesetzten in der Öffentlichkeit Gehör verschaffen.
- den Kommunikationsprozess mit den Medien im Interesse ihrer Organisationen und Chefs filtern, steuern und überwachen.
- Interviewwünsche von Journalisten, die sie erfüllen möchten, ihren Vorgesetzten überzeugend präsentieren.
- ihren Chefs Zu- oder Absagen auf Interviewwünsche von Journalisten empfehlen und damit
- Journalisten den Zugang zu potenziellen Interviewpartnern öffnen oder blockieren.

Pressesprecher sitzen zwischen allen Stühlen. Oft sollen sie gegensätzliche Selbstdarstellungswünsche verschiedener Vorgesetzter erfüllen, was manchmal unmöglich ist. Etwa die ihrer unmittelbaren Chefs, die von Leitern interner Fachabteilungen, die von Kunden und Partnern. Sie alle erwarten, dass Pressesprecher durch gute Kontakte zu Journalisten allzu kritische Medienbeiträge verhindern.

Dagegen verlangen Journalisten auch ehrliche Antworten auf kritische Fragen. Pressesprecher müssen deshalb in ihren Organisationen oft um Vertrauen für Journalisten werben – obwohl sie denselben Journalisten zugleich misstrauen.

Wenn die mediale Berichterstattung negativ verläuft, werden dafür zumeist die Pressesprecher von ihren Vorgesetzten verantwortlich gemacht. Vor allem von unerfahrenen Chefs, die sich weder mit PR- noch mit journalistischer Arbeit auskennen. Doch selbst wenn die Medien den Wünschen der Organisationen gemäß berichten, erhalten Pressesprecher selten Anerkennung dafür. Ausbleibende Kritik ist meist das höchste Lob.

Es gibt verschiedene Typen von Pressesprechern. Hier werden drei Typen erläutert: Die *Ängstlichen* und die *Verhinderer* erschweren Journalisten den Redaktionsalltag, die *Souveränen* erleichtern ihn eher. Die folgende Typologie kann nur eine grobe Differenzierung sein, zumal die Charakteristika in der Praxis je nach Situation wechseln oder sich vermischen können.

Die ängstlichen Pressesprecher verweisen nach Interviewanfragen am liebsten auf bereits veröffentlichte Pressemitteilungen und wiederholen selbst oder von Vorgesetzten erarbeitete offizielle Sprachregelungen. Sie sind unsichere Kommunikatoren, da ihnen ihre Chefs *kaum Eigeninitiative* in der Medienarbeit zugestehen. Und sie empfinden Journalisten vor allem als Gefahr für ihren Arbeitsplatz. Deshalb halten sich ängstliche Pressesprecher die Medien möglichst vom Leib.
Journalisten sollten mit diesem Typus äußerst vorsichtig, freundlich und empathisch umgehen. Interviewanfragen müssen so formuliert werden, dass sogar dieser Pressesprechertyp keine »Medienfalle« vermutet. Tut er es doch, kooperiert er nicht.

Die Verhinderer haben zwei Gesichter. Wenn sie wissen oder glauben, dass die Berichterstattung in ihrem Sinne verläuft, laufen sie für Journalisten zur Höchstform auf: Dann liefern sie schnell Informationen und vermitteln Gesprächspartner. Bemerken sie jedoch, dass Journalisten über Themen sprechen möchten, die für ihre Organisation unangenehm werden könnten, wollen sie dies unbedingt verhindern. Dann versuchen sie, kritische Redakteure auf solche Interviewthemen zu »drehen«, mit denen sie ihre Chefs vorteilhafter darstellen können. Oder sie beantworten kritische (Hintergrund-)Fragen – wenn überhaupt – phrasenhaft. Und das gern kurz vor Redaktionsschluss, sodass die Redaktion keine Zeit mehr findet, den Wahrheits-

gehalt der Antworten zu prüfen oder nachzuhaken. Interview-
termine vermitteln sie bevorzugt an Journalisten, von denen sie
unkritische Fragen erwarten.

Interviewer sollten Verhinderern das Gefühl geben, dass es
nichts zu verhindern gibt und kritische Themen so »verpacken«,
dass diese von den Pressesprechern zunächst übersehen oder
unterschätzt werden. Eine solche Täuschung sei Journalisten
erlaubt, die davon ausgehen müssen, dass sie bei einer offene-
ren Kommunikation mit den kontaktierten Pressesprechern und
Informanten selbst getäuscht werden.

Die souveränen Pressesprecher bekommen im Vergleich zu
den Ängstlichen und Verhinderern die stärkste Rückendeckung
von ihren Vorgesetzten. Sie beeinflussen das Kommunikations-
verhalten ihrer Chefs relativ stark und agieren auch gegenüber
Journalisten sehr selbstbewusst. Souveräne Pressesprecher
wissen, dass sie durch offensichtliche kommunikative Schönfärberei an Glaubwürdigkeit verlieren. Deshalb kooperieren sie
nicht nur mit ihnen wohl gesonnenen, sondern auch mit kritischen Interviewern.

Die Souveränen kennen und respektieren die Arbeitsweise, Interessen und Zwänge von Journalisten. Und sie versuchen,
einen für beide Seiten akzeptablen *Interessensausgleich* zu erreichen. Das gilt auch in Interviews: Hier ermutigen sie ihre Vorgesetzten, auch kritische Fragen zu beantworten, statt sie zu
verhindern.

Für Journalisten sind souveräne Pressesprecher im Vergleich zu
den anderen Typen dieser Berufsgruppe die beste Alternative.
Mit ihnen können sie relativ offen kommunizieren. Interviewer,
denen die Souveränen vertrauen, bekommen mitunter gar nütz-
liche Fragetipps. Zwar setzen souveräne Pressesprecher ihre re-
lative Offenheit auch als vertrauensbildendes Kommunikationsmittel ein. Dabei kommen sie den journalistischen Interessen
aber viel näher als ängstliche und verhindernde Pressesprecher.

Viele Journalisten werden als Pressesprecher angeheuert.
Denn so wie Top-Interviewer wissen müssen, wie Pressespre-

cher »ticken«, müssen erfolgreiche Öffentlichkeitsarbeiter verstehen, wie Journalisten arbeiten. Und niemand weiß das besser als Ex-Journalisten.

Seitenwechsel von Redakteuren in die PR-Branche sind berufsethisch umstritten. Aber für Journalisten, denen bewusst ist, dass die auf die »andere Seite« gewechselten Ex-Kollegen ihre Medienkontakte für PR-Zwecke nutzen, sind sie dennoch von Vorteil. Ex-Journalisten wissen, worauf es im Redaktionsalltag ankommt, werden dafür von ihren Chefs geschätzt und sind oft souveräne Pressesprecher.

Per Telefon, E-Mail oder Brief anfragen?

Nachdem der Journalist den richtigen Empfänger für seine Interviewanfrage recherchiert hat, kann er ihm die Anfrage auf verschiedenen Wegen übermitteln: per Telefon, per E-Mail oder per Brief. Damit der Einstieg in den Interviewprozess gelingt, sollte der Interviewer vor dem Erstkontakt die Vor- und Nachteile dieser drei *Kontaktmöglichkeiten* abwägen.

Der Journalist kann per Telefon anfragen, wenn mindestens einer der folgenden Punkte zutrifft:

■ Er kennt den Pressesprecher/Informanten bereits, pflegt ein Vertrauensverhältnis mit ihm und ruft ihn regelmäßig an.

■ Er muss schnellstmöglich wissen, ob der gewünschte Interviewpartner zur Verfügung steht.

■ Er will den Pressesprecher/Informanten aus taktischen Gründen beim Erstkontakt mit sensiblen Informationen konfrontieren, die aber nicht elektronisch speicherfähig sein sollen.

■ Er ist unsicher, ob der Adressat einen E-Mail-Zugang hat oder seine E-Mails zeitnah liest.

Vorteile der telefonischen Gesprächsanfrage sind, dass der Journalist

■ wahrscheinlich vergleichsweise schnell erfährt, ob der potenzielle Interviewpartner verfügbar ist.

- durch das persönliche Gespräch schon beim Erstkontakt herausfinden kann, welche Interessen, Ängste und Hoffnungen der Pressesprecher/Informant mit einem Interview verbindet.

Nachteile der telefonischen Anfrage sind, dass der Journalist
- womöglich nicht alle Informationen übermitteln kann, die er für nötig hält, um den Pressesprecher/Informanten zu einer Interviewzusage zu bewegen.
- den Pressesprecher/Informanten in einem ungünstigen Moment, etwa einer Stresssituation anruft, in dem der »Genervte« kurz angebunden ist oder die Anfrage aus einem emotionalen Impuls heraus ablehnt.
- den Pressesprecher/Informanten durch die Direktansprache im Stile eines Haustürgeschäfts zu einer Zusage drängt. Sollte der »Überrumpelte« seine Zustimmung im Nachhinein bereuen, wird er sie entweder widerrufen oder seine Fehlentscheidung im Interview wettmachen wollen – zum Beispiel, indem er dem Interviewer unbefriedigende Antworten gibt.

Der Journalist sollte per E-Mail anfragen, wenn mindestens einer der folgenden Punkte zutrifft:
- Er hat genügend Zeit und Willen, eine aufwändige und empathische Anfrage zu formulieren.
- Er braucht nicht unmittelbar eine Antwort darauf.
- Er geht davon aus, dass der Adressat seine E-Mails regelmäßig liest und beantwortet.

Vorteile der E-Mail-Anfrage sind, dass der Journalist
- eine Art der Ansprache wählt, die formeller und wertschätzender ist als ein »kalter« Telefonanruf.
- ungestört und wohlüberlegt alle Informationen formulieren kann, die er für wichtig hält, um sein erstes Kommunikationsziel, die Interviewzusage, zu erreichen.
- dem Pressesprecher/Informanten Zeit gibt, sich mit der Gesprächsanfrage zu befassen und ihm damit ermöglicht, eine wohlüberlegte Antwort zu geben, die er später nicht bereut.

- dem Empfänger, falls Pressesprecher, eine Argumentation »in den Mund legen« kann, die es diesem erleichtert, den avisierten Interviewpartner von einer Zusage zu überzeugen.
- dem Pressesprecher/Informanten ermöglicht, die Anfrage in Schriftform abzulegen. Das ist besonders wichtig, wenn bis zum avisierten Interview noch Tage oder Wochen vergehen, in denen der Interviewpartner Anfragedetails vergessen könnte.
- beim Nachtelefonieren auf die Mailanfrage verweisen kann. Das erhöht die Chance, zum Adressaten durchgestellt zu werden: ... Ich habe Herrn Mustermann gestern eine Interviewanfrage gesendet und für heute meinen Anruf avisiert. Wären Sie so nett, mich mit ihm zu verbinden? Das Wort avisiert klingt hier, als hätte der Journalist das Telefonat mit Herrn Mustermann vereinbart. In den meisten Fällen wird er daraufhin durchgestellt.

Nachteile der E-Mail-Anfrage sind, dass der Journalist
- nicht »live«, wie beim Erstkontakt per Telefon, feststellen kann, wie der Pressesprecher/Informant auf die Interviewanfrage reagiert.
- womöglich vergeblich auf Antwort wartet, weil die Anfrage beispielsweise im Spam-Ordner des Adressaten gelandet ist und deshalb von diesem erst gar nicht wahrgenommen wird.

Der Journalist sollte per Brief anfragen, wenn er den Erstkontakt schriftlich, aber nicht per E-Mail aufnehmen möchte. Zwar sind Briefe im *Internetzeitalter* aus der Mode gekommen. Aber gerade das gibt dem Journalisten die Chance, sich von anderen abzuheben. Besonders geschätzt werden Briefe
- von Menschen, die keine Affinität zum Internet haben.
- von hierarchisch hochgestellten Personen wie Spitzenpolitikern.
- von Menschen im höheren Lebensalter.
- von Personen, die traditionell und ihrer Erziehung wegen Wert auf eine besonders formelle Ansprache legen, beispielsweise Adlige und andere Mitglieder von Herrschaftshäusern.

Mit einem formellen Brief signalisiert der Journalist, dass er dem potenziellen Interviewpartner besonderen *Respekt* entgegenbringt. Wer würde schon von einem Redakteur erwarten, dass er sich Zeit für einen Brief nimmt und diesen sogar mit einem Füllfederhalter unterzeichnet? Der Empfänger wird das zu schätzen wissen.
Die Vor- und Nachteile der Briefanfrage entsprechen denen der E-Mail-Anfrage.

Immer an die Empfänger denken

Begehrte Gesprächspartner bekommen täglich dutzende Interviewanfragen aus allen Mediengattungen. Da die meisten privaten Personen und Organisationen – im Gegensatz zu staatlichen Institutionen – gegenüber Medien nicht auskunftspflichtig sind, haben Interviewanfragen aus Redakteursperspektive *Bewerbungscharakter* – auch wenn Journalisten dies höchst ungern zugeben. Je unwichtiger eine Redaktion für die Kommunikationsstrategie des angefragten Informanten ist, desto aufwändiger sollte der Interviewer sein »Bewerbungsschreiben« gestalten. Ein »Spiegel«-Journalist bekommt natürlich meist eher ein Interview als beispielsweise ein Redakteur einer Lokalzeitung.

Wenn Journalisten Interviewabsagen kassieren oder ihnen Interviews misslungen sind, obwohl sie sachlich gut vorbereitet waren, haben sie in der Vorbereitung womöglich nur an *sich* gedacht, dabei aber ihre Interviewpartner vernachlässigt.
Ein Top-Interviewer bezieht seinen Informanten nicht nur so viel wie nötig, sondern so viel wie möglich in die Gesprächsvorbereitung ein. Bereits vor dem Erstkontakt versetzt er sich in dessen Lage, um sich klar zu machen, welche Informationen er dem potenziellen Informanten in der Interviewanfrage vermitteln muss. Das Hauptziel seines empathischen Vorgehens ist der Aufbau einer Vertrauensbasis zum gewünschten Interviewpartner. Dabei hilft dem Journalisten ein *Top-Verkäufer-Prinzip*: Be-

antworte die Fragen des Kunden, bevor der sie stellt. Bei der Interviewanfrage ist der Empfänger der »Kunde«. Denn der Journalist will, dass der Empfänger ihm seinen Interviewwunsch »abkauft«.

Um Unsicherheiten beim Adressaten zu vermeiden, sollte der Journalist dessen potenzielle Fragen also beantworten, bevor der sie stellt. Dadurch erzeugt er eine freiwillige *Transparenz*, die vertrauensbildend wirkt. Oder umgekehrt: Je mehr Fragen der Interviewer in der Gesprächsanfrage offen lässt, desto unwissender entscheidet der Adressat über eine Zu- oder Absage. Das Dumme daran: Unwissenheit verunsichert. Und je unsicherer der Angefragte ist, desto unkooperativer verhält er sich auch.

Wenn die Gesprächsanfrage nicht das *Informationsbedürfnis* des potenziellen Informanten befriedigt, riskiert der Journalist, als unprofessionell eingestuft und abgelehnt zu werden. Übermittelt er dagegen alle wichtigen Informationen in einer verständlichen und den Empfänger wertschätzenden Form (s. Seite 75), wird dieser die Anfrage als professionell wahrnehmen. Da die meisten Menschen lieber mit Profis als mit »Amateuren« zusammenarbeiten, ist die Chance des »Interviewprofis« auf eine Gesprächszusage vergleichsweise höher.

In Fernseh- und Radioredaktionen kontaktiert der Interviewer seine Gesprächspartner oft nicht selbst, sondern ein *Planungsredakteur hinter den Kulissen*. Dieser Redakteur muss dem Interviewpartner oder dessen Pressesprecher mindestens erklären,

- welches Interviewziel die Redaktion erreichen will,
- wo und wann sich der Informant zum Interview einfinden muss,
- wer der Ansprechpartner des Informanten vor Ort ist,
- welche Situation der Informant vor Ort vorfinden und
- wer der Interviewer sein wird.

Der Planungsredakteur beeinflusst maßgeblich mit, ob dem Interviewer das Gespräch gelingen wird. Erst recht, wenn dieser vorher keinen Kontakt zum Gesprächspartner hatte. Wenn der vorbereitende Redakteur sich, seine Redaktion und den Interviewer bei der Interviewanbahnung schlecht »verkauft«, riskiert er, den Informanten mit einer negativen Einstellung ans Mikrofon zu schicken. Mögliche Konsequenz: ein schlechtes Gesprächsklima – vielleicht sogar, ohne dass der Interviewer die Ursache erkennt. Das würde ihm die Interviewführung erschweren – mit wiederum negativen Auswirkungen auf die Antwortqualität.

Was eine gute Interviewanfrage ausmacht

Muss der Journalist seine Interviewanfrage nicht unter allzu großem Zeitdruck loswerden, sollte er sie schriftlich in einer E-Mail (eventuell als Brief) verfassen, da die Schriftform, wie auf den Seiten 69 f. erläutert, wesentlich mehr Vorteile als die Telefonanfrage bietet. Hat der Journalist erst einmal einen Mustertext dafür verfasst (konkreter Vorschlag auf den nächsten Seiten), kann er ihn abspeichern und bei künftigen Anfragen auf den jeweiligen Empfänger anpassen. Das spart jede Menge Zeit. Denn die *Textbasis* kann dieselbe bleiben.

Beim Erstkontakt des Journalisten mit dem Adressaten sollte die schriftliche, aber auch die telefonische Anfrage *maximal* aus folgenden Details bestehen:

- Anrede
- Vorstellung des Absenders/der Redaktion
- Grund für die Kontaktaufnahme
- Vertiefende Informationen zum Kontaktgrund
- Nutzen für den Interviewpartner
- Nutzen für den Absender/die Redaktion
- Referenz(en)/Anlagen
- Organisatorische Rahmenbedingungen
- Mahnung für den Fall einer Absage
- Ankündigung des Folgekontakts
- Verabschiedung

Interviewanfragen müssen verständlich und verbindlich formuliert werden – und zwar für jeden Empfänger, also auch für Medienlaien. Diese Grundregel ignorieren Journalisten oft. Nicht umsonst befassen sich ganze Kapitel in PR-Handbüchern mit der Übersetzung von »*Journalistensprache*«. Da werden Interviewanfragen wie `Hallo, wir wollen zu einem Gespräch vorbeikommen. Wann haben Sie Zeit?` und `Lieber Herr Mustermann, wir brauchen eine Stellungnahme. Könnten wir Sie dafür sprechen?` bemängelt. Und zwar zu Recht, bleiben doch die für den gewünschten Gesprächspartner wichtigsten Fragen offen! Um welche Art Gespräch geht es hier? Wird das ein richtiges Wortlaut-Interview? Oder ein Recherchegespräch? Oder soll nur zitiert werden? Und zu welchem Thema? Wann soll das Gespräch stattfinden? Wie lange dauern? Wer hat überhaupt etwas davon? Fragen über Fragen …

Unklare Interviewanfragen verwirren und verunsichern die Empfänger. So schaffen es Journalisten nicht, deren natürliche Abwehrhaltung zu lockern! Wenn sie ein positives Feedback auf ihre Anfrage bekommen möchten, müssen sie bereits beim Erstkontakt dafür sorgen, dass der Adressat das Gefühl bekommt, dass er die Folgen einer Gesprächszusage abschätzen kann. Deshalb nochmals der Verkäufergrundsatz auf die Interviewanfrage bezogen: Beantworte die Fragen des Pressesprechers/Informanten, bevor der sie stellt.

Die Struktur des folgenden Textvorschlags für eine Interviewanfrage ist bei Pressesprechern und Informanten gleichermaßen beliebt, weil sie ihnen (nach eigenen Aussagen) alle Informationen gibt, die sie brauchen. Die Textstruktur hat sich in der Praxis sowohl bei hochrangigen Medienprofis als auch bei unerfahrenen Interview-Laien bewährt. Sie bietet zwar keine Erfolg*sgarantie*, verspricht aber – sofern der Journalist den richtigen Gesprächspartner ausgewählt hat – eine hohe Erfolgsquote sowie einen guten Einstieg in die emotionale Kommunikationsebene.

Zeitungs- und Onlinejournalisten, die oft unter extremen Zeitdruck nach Informanten suchen müssen, mag der Aufwand unpraktisch hoch erscheinen. Aber grundsätzlich gilt auch für sie: Je mehr Informationen Journalisten ihren potenziellen Informanten geben, desto eher erreichen sie ihr Ziel. Und das Ziel einer Interviewanfrage ist es natürlich, den potenziellen Gesprächspartner zu einer Zusage zu bewegen.

Prinzipiell ähneln sich gute Interviewanfragen in allen Mediengattungen, da die zu vermittelnden Informationen ähnlich sind. Im Folgenden werden die Textbestandteile sowie deren *Sinn* und *Wirkung* am Beispiel einer Interviewanfrage des fiktiven Wochenmagazins »Wirtschaft« an die fiktive Dux AG formuliert. Angenommen wird, dass der Pressesprecher des gewünschten Interviewpartners, Herr Dr. Mustermann, der erste Empfänger ist. Online-, Fernseh- und Hörfunkredakteure können den Beispieltext an ihre Erfordernisse anpassen.

Anrede: Sehr geehrter Herr Dr. Mustermann, ...
Eine solch förmliche Anrede sollte der Journalist vor allem bei Erstkontakten bevorzugen. Ein lässiges Hallo ... oder das vertraute Lieber ... sind erst angebracht, wenn man sich kennt und ein freundliches Miteinander pflegt. Hat der Adressat einen akademischen Titel, sollte ihn der Journalist zumindest anfangs damit ansprechen. Damit signalisiert er Respekt – und der Herr Dr. fühlt sich geachtet. Das ist wichtig! Denn Pressesprecher/Informanten reagieren, wie alle anderen Menschen auch, negativ, wenn sie sich nicht gebührend respektiert fühlen.
Die Verfasser von Interviewanfragen sollten auch immer daran denken, dass die meisten Adressaten in ihren Organisationen einen formellen Umgangston gewohnt sind. Viele von ihnen empfinden die häufig laxe Ausdrucksweise von Journalisten schlicht respektlos.

Vorstellung des Absenders: ... mein Name ist Edgar Schreiber. Ich bin Redakteur beim Magazin »Wirtschaft«, das vom Kapitalmarkt-Verlag, Frankfurt/

Main, herausgegeben wird. »Wirtschaft« ist mit einer Auflage von 220 000 Exemplaren das größte wöchentlich erscheinende Wirtschaftsmagazin in Deutschland. ...

Der Journalist stellt sich zuerst mit seinem Namen vor – so wie sich jeder höfliche Mensch einem Fremden gegenüber zuerst mit seinem Namen vorstellt. Ansonsten würde sein Name erst am Ende der Interviewanfrage auftauchen. Mit der Vorstellung seiner Publikation hilft der Journalist dem Empfänger, ihn in die Medienlandschaft einzuordnen. Eine relativ hohe Auflagenzahl belegt eine entsprechende Multiplikatorenwirkung. Superlative wie das größte wöchentlich erscheinende Wirtschaftsmagazin sind legitime PR in eigener Sache.

Journalisten, deren Redaktionen eine vergleichsweise geringe Auflage oder Quote haben, sollten stattdessen mit einem anderen Merkmal für eine Interviewzusage werben. Beispielsweise könnte die regionale Bedeutung einer Zeitung/eines Senders oder die große Relevanz einer Fachpublikation bei einer bestimmten Zielgruppe ausschlaggebend dafür sein, dass der angefragte Informant einem Gespräch zustimmt. Journalisten sollten sich jedoch keine sinnlosen »Alleinstellungsmerkmale« aus den Fingern saugen, um sich wichtiger zu machen als sie sind. Damit würden sie sich eher lächerlich machen.

Grund für die Kontaktaufnahme: ... Ich kontaktiere Sie, weil wir Ihren Vorstandsvorsitzenden, Herrn Dr. Rüdiger Boss, für ein Interview gewinnen möchten. Das Gespräch soll als Wortlaut-Interview im Rahmen eines vier Seiten langen Beitrags über Ihr Unternehmen in unserer übernächsten Ausgabe 47 erscheinen. ...

Jetzt geht's im wahrsten Sinne des Wortes zur Sache: Redakteur Edgar Schreiber erläutert konkret, wen (Ihren Vorstandsvorsitzen, Herrn Dr. Rüdiger Boss) er aus welchem Grund (Wortlaut-Interview im Rahmen eines vier Seiten langen Beitrags) anfragt. Dabei suggeriert er mit positiven Worten wie gewinnen eine gewisse »Begehrlichkeit«, die sowohl dem Pressesprecher als auch dem Informanten schmeichelt.

Je mehr Platz/Sendezeit der Beitrag einnehmen soll, desto bedeutsamer wird er für den Angefragten. Deshalb sind relativ lange Beiträge wie eine Vier-Seiten-Strecke ein wirkungsvolleres »Verkaufsargument« als beispielsweise nur eine Drittelseite. Journalisten, die dem Interviewpartner relativ wenig Präsenzfläche/Sendezeit zu bieten haben, können ihm mehr davon in einem ergänzenden Medium wie dem Internet avisieren. Eine ergänzende Information dazu in einer Kurzinterview-Anfrage könnte lauten: ... Im Magazin steht uns aus layout-technischen Gründen (impliziert, dass leider nicht mehr möglich ist und die Platzbeschränkung nicht im Einflussbereich des Interviewers liegt) nur eine Drittelseite für das Interview zur Verfügung. Sollten die Antworten von Dr. Boss aber genügend Substanz für ein längeres Interview haben, würden wir eine längere Version auf unserer Internetseite platzieren. Sie ist mit vier Millionen Klicks pro Monat hoch frequentiert. ... Mit einer solchen Information kommt der Journalist dem Interesse des Interviewpartners nach einer maximalen Präsenz ungefragt entgegen. Er macht ihm aber auch klar, dass die Antworten genügend Substanz haben müssen, damit er diese Präsenz auch tatsächlich bekommt. Der Interviewer verdeutlicht also bereits bei seinem ersten Kontakt zu dem potenziellen Informanten, dass er keine Phrasen hören möchte. Mit diesem Hinweis sollten Journalisten vor allem Gesprächspartner für personalisierte Interviews auch im weiteren Verlauf des Interviewprozesses immer wieder »impfen«, wenn sie sie in ihrem Sinne konditionieren wollen.

Vertiefende Informationen zum Kontaktgrund: Weiter im Text für die Interviewanfrage von »Wirtschaft«-Redakteur Edgar Schreiber: ... Wir stellen uns vor, dass das Interview (innerhalb des vorher avisierten Vier-Seiten-Beitrags) ein bis zwei Seiten lang wird – je nach inhaltlicher Substanz. Wir möchten die Dux AG thematisieren, da wir das Unternehmen seit Monaten nicht mehr im Heft hatten, aber sich viele Leser dafür interessieren. Unsere Leser sind beispielsweise institutionelle und private Investoren, die Anteile an der Dux AG halten. ...

Informanten möchten immer so präsent wie möglich sein. Je mehr Platz/Redezeit sie in einem Medium bekommen können, desto eher neigen sie dazu, die Gelegenheit zu nutzen. Und wenn der Journalist im Beispieltext klar macht, dass er die Länge des verschriftlichten Interviews von der inhaltlichen Substanz der Antworten abhängig macht, suggeriert er seinem potenziellen Informanten, dass er nichts sagendem Geplapper keinen Platz einräumen will. Schließlich wollen die »Dux«-Aktionäre von ihrem obersten Angestellten, Herrn Dr. Boss, echte Informationen und kein Blabla über ihr Unternehmen hören.

Zudem wird klar, was quantitativ aus dem Gespräch herauskommen soll. Das ist wichtig, um zu vermeiden, dass sich Gesprächspartner zu viel davon versprechen. Wenn sie sich einen halben Tag Zeit für ein Interview und dessen Vorbereitung nehmen, weil sie einen großen Beitrag über sich oder ihre Organisation erwarten, wären nur Drei Fragen an ... eine herbe Enttäuschung für sie. Es gibt immer wieder Informanten, die ein solches Missverständnis als mutwillige Täuschung durch den Journalisten werten und sich beispielsweise im Autorisierungsprozess rächen, indem sie ihm keinen klaren Satz mehr gönnen. Um den Angefragten für das avisierte Interview zu interessieren, kann der Journalist aber auch angeben, dass er Fakten korrekt darstellen, die Unternehmensentwicklung auf dem neuesten Stand abbilden oder nicht nur die Konkurrenten des Angefragten zu Wort kommen lassen will. All das sind legitime journalistische Interessen, aber auch die des Informanten. Und das könnte ihn dazu bewegen, dem Interviewwunsch des Journalisten nachzukommen.

Referenz(en)/Anlagen: ... Damit Sie sich ein Bild davon machen können, wie der Beitrag aussehen könnte, habe ich Ihnen beispielhaft einen Beitrag über die Tix GmbH in den Mailanhang kopiert, der ein Interview mit dem Tix-Chef enthält. Auch dieses Gespräch habe ich geführt. ...

Wenn sich der angefragte Informant den Beispielbeitrag ansieht, kann er sich das journalistische Endprodukt besser vorstellen. Dies erleichtert ihm die Entscheidung über eine Interviewzu- oder -absage. Das Versenden eines beispielhaften Beitrags als pdf ist vor allem dann nützlich, wenn der Pressesprecher/Informant die Publikation des anfragenden Journalisten möglicherweise nicht gut kennt.

Ebenso wichtig ist der Hinweis, dass der Journalist auch schon mit anderen Personen, die auf der Hierarchieebene des angefragten Dr. Boss stehen, gesprochen hat. Mit gewichtigen Referenzen lässt sich jedes Produkt leichter »verkaufen« – auch das journalistische Interview.

Indem der Journalist im Anfragetext vom anfänglichen wir (seiner Publikation) auf das spätere ich (der Interviewer) wechselt, hebt er die Anfrage von der reinen geschäftlichen auf eine persönliche Ebene, über die er dem Empfänger emotional näher kommt.

Organisatorische Rahmenbedingungen: ... In der Hoffnung auf ein positives Feedback Ihrerseits hier einige Informationen zum möglichen Ablauf: Das Interview müsste zwischen dem 9. und 13. November 2009 stattfinden. Redaktionsschluss ist der 14. November, 18 Uhr. Bis dahin muss ich das Interview für die Veröffentlichung fertig haben. Erstverkaufstag der Ausgabe 47 ist der 16. November. Bis zum 22. November liegt sie in den Läden. Der Zeitbedarf für das Interview beträgt etwa 30 Minuten. Ich plane, 10 bis 15 Fragen zu stellen, um genug »Stoff« für die Verschriftlichung zu bekommen. Das ist zu schaffen, wenn Herr Dr. Boss fokussiert antwortet. Die Fragen würde ich Ihnen spätestens drei Werktage vor dem Interviewtermin senden. Würde Ihnen das reichen? ...

Wenn der Journalist alle wichtigen zeitlichen Daten nennt, erleichtert er dem Pressesprecher/Informanten die Terminsuche. Der `Zeitbedarf für das Interview` ist zwar nur `geplant`. Dieser Plan klingt aber so verbindlich, dass er höchstwahrscheinlich befürwortet wird, wenn die Gesprächszeit zur Länge des geplanten Endprodukts passt. Erfahrungsgemäß nehmen sich selbst hochkarätige Interviewpartner für ein verschriftlichtes Interview, das nur 2000 Schriftzeichen lang ist, gern 20 Minuten Gesprächszeit. Diese Zeichenzahl passt im Magazinformat auf nur eine Drittelseite, für die der durchschnittliche Leser kaum mehr als eine Minute Lesezeit braucht.

Kündigt der Journalist in seiner Interviewanfrage zudem an, seine Fragen oder Fragethemen bis zu einem bestimmten Datum an den Informanten zu senden, beweist er damit, dass er nicht nur an seine eigene, sondern auch an die Vorbereitungszeit des Gesprächspartners denkt. Mit der anschließenden Frage (`Würde Ihnen das reichen?`) fordert er den Pressesprecher/Informanten implizit auf, die (An-)Frage zu beantworten.

Mahnung für den Fall der Absage: ... `Wir würden uns freuen, wenn Herr Dr. Boss Zeit für uns findet. Sollte er das Interview ablehnen, müsste ich einen anderen Gesprächspartner anfragen.` ...

Soll heißen: Wenn der angefragte Informant nicht zur Verfügung steht, wird möglicherweise einer seiner Konkurrenten den Interviewplatz bekommen. Das wird der Angefragte vielleicht verhindern wollen.

Die implizite Drohung, die Konkurrenz unter potenziellen Gesprächspartnern auszunutzen, mag für manche Journalisten hart klingen. Aber sie ist legitim, zumal die PR die Konkurrenz unter den Medien ebenso ausnutzt. Journalisten sollten solche versteckten Drohungen allerdings vorsichtig formulieren.

Hat der Journalist für den Beitrag, für den er den Informanten anfragt, bereits einen weiteren Informanten akquiriert, der dem Angefragten hierarchisch gleichgestellt ist, kann er das erwähnen. Dann steigt die Chance, dass auch der Angefragte dabei sein will, um sich in einem »standesgemäßen« Umfeld zu präsentieren. Zudem schwindet seine Skepsis vor einer Interviewzusage, da er sieht, dass auch andere ihm ähnliche Personen mit dem Journalisten reden.

Vorsicht: Wenn andere Gesprächspartner im dem Beitrag hierarchisch niedriger angesiedelt sind, sollte sie der Journalist nicht erwähnen. Vor allem Wirtschaftsbosse sind oft eitel – und sehen sich ungern neben beispielsweise »kleinen« Abteilungsleitern.

Ankündigung des Folgekontakts: ... `Sollte ich bis zum Wochenende nichts von Ihnen gehört haben, rufe ich Sie am Montag auch an, um Ihr Feedback zu erfahren.` ...

Der Journalist setzt dem Informanten freundlich eine Antwortfrist, verlangt aber noch keine Zu- oder Absage. In den meisten Fällen meldet sich der Adressat vor dem Ende der Frist und gibt dem Journalisten zumindest einen Hinweis darauf, ob das Interview befürwortet werden könnte oder ob die Chancen eher schlecht stehen. Oder er sagt sofort ab. Dann kann der Interviewer mit relativ wenig Zeitverlust einen alternativen Gesprächspartner anfragen.

Verabschiedung: ... `Bis spätestens dahin und viele Grüße aus Frankfurt`
`Edgar Schreiber`

Während die Anrede und Vorstellung im Texteinstieg sehr förmlich waren, kann der Journalist bei der Verabschiedung vertrauter und persönlicher werden. Denn inzwischen hat der Adressat im Geiste ein »Bild« vom freundlich und transparent anfragenden `Edgar Schreiber` – und seine emotionale Distanz zu ihm verringert. Zudem begünstigt ein freundlich lockerer Textausstieg einen entspannten Einstieg in das avisierte Telefonat.

Mit den Worten `bis dahin` impliziert `Edgar Schreiber`, dass er den Anfrageempfänger auf jeden Fall anrufen wird. Damit erhöht er den Druck auf den Empfänger, sich mit der Anfrage auch wirklich zu befassen.

Das zusammenhängende Textbeispiel für eine transparente Interviewanfrage, wie sie die Empfänger mögen:

Sehr geehrter Herr Dr. Mustermann,

mein Name ist Edgar Schreiber. Ich bin Redakteur beim Magazin »Wirtschaft«, das vom Kapitalmarkt-Verlag, Frankfurt/Main, herausgegeben wird. »Wirtschaft« ist mit einer Auflage von 220 000 Exemplaren das größte wöchentlich erscheinende Wirtschaftsmagazin Deutschlands. Ich kontaktiere Sie, weil wir Ihren Vorstandsvorsitzenden, Herrn Dr. Rüdiger Boss, für ein Interview gewinnen möchten. Das Gespräch soll als Wortlaut-Interview im Rahmen eines vier Seiten langen Beitrags über Ihr Unternehmen in unserer übernächsten Ausgabe 47 erscheinen. Wir stellen uns vor, dass das Interview ein bis zwei Seiten lang wird – je nach inhaltlicher Substanz. Wir möchten die Dux AG thematisieren, da wir das Unternehmen seit Monaten nicht mehr im Heft hatten, aber sich viele Leser dafür interessieren. Unsere Leser sind beispielsweise institutionelle und private Investoren, die Anteile an der Dux AG halten.
Damit Sie sich ein Bild davon machen können, wie der Beitrag aussehen könnte, habe ich Ihnen beispielhaft einen Beitrag über die Tix GmbH in den Mailanhang kopiert, der ein Interview mit dem Tix-Chef enthält. Auch dieses Gespräch habe ich geführt.
In der Hoffnung auf ein positives Feedback Ihrerseits hier einige Informationen zum möglichen Ablauf: Das Interview müsste zwischen dem 9. und 13. November 2009 stattfin-

den. Redaktionsschluss ist der 14. November, 18 Uhr. Bis dahin muss ich das Interview für die Veröffentlichung fertig haben. Erstverkaufstag der Ausgabe 47 ist der 16. November. Bis zum 22. November liegt sie in den Läden. Der Zeitbedarf für das Interview beträgt etwa 30 Minuten. Ich plane, 10 bis 15 Fragen zu stellen, um genug »Stoff« für die Verschriftlichung zu bekommen. Das ist zu schaffen, wenn Herr Dr. Boss fokussiert antwortet. Die Fragen würde ich Ihnen spätestens drei Werktage vor dem Interviewtermin senden. Würde Ihnen das reichen?

Wir würden uns freuen, wenn Herr Dr. Boss Zeit für uns findet. Sollte er das Interview ablehnen, müsste ich einen anderen Gesprächspartner anfragen.

Sollte ich bis zum Wochenende nichts von Ihnen gehört haben, rufe ich Sie am Montag auch an, um ihr Feedback zu erfahren.

Bis spätestens dahin und viele Grüße aus Frankfurt
Edgar Schreiber

Andere eventuell wichtige Informationen kann der Journalist dem Pressesprecher/Informanten ebenfalls schon in der Interviewanfrage übermitteln. Einige Beispiele:

- Ist der Interviewer *freiberuflich* für mehrere Redaktionen tätig, sollte er sich mit seinen ein, zwei renommiertesten Auftraggebern vorstellen und deutlich machen, für welche Redaktion er das angefragte Interview führen möchte.
- Wenn Pressesprecher/Informanten den anfragenden Journalisten noch nicht kennen, suchen sie wahrscheinlich im Internet nach Informationen über ihn. Hat der Journalist beispielsweise ein Profil bei einem *Online-Businessnetzwerk*

hinterlegt, kann er den Link dahin in seine Anfrage kopieren: Mehr Informationen über mich finden Sie im Internet unter ... Oder er kopiert Links zu anderen von ihm verfassten Beiträgen in seine E-Mail. Auch das signalisiert: Schau mich an! Ich zeige mich offen, habe nichts zu verbergen. Diese freiwillige Transparenz des Interviewers ist umso wichtiger, je skeptischer der Anfrageempfänger ist.

■ Wenn der Journalist technische Hilfsmittel wie Foto-, Aufnahme- und Sendetechnik sowie weitere Mitarbeiter wie *Fotografen*, *Kameraleute* und *Tontechniker* mit zum Termin nehmen will, sollte er dies dem angefragten Informanten mitteilen. Weitere Informationen dazu kann er für das Folgetelefonat ankündigen. So hat er einen Grund mehr, ihn nochmals zu kontaktieren.

■ Bittet der Journalist Menschen um ein Interview, bei denen er überdurchschnittlich viel Unwillen oder Angst vermutet, kann ein scheinbar banaler Satz am Ende der Gesprächsanfrage wahre (Vertrauens-)Wunder bewirken: ... Ich versichere Ihnen, verantwortungsbewusst mit Ihren Worten umzugehen.

In der telefonischen Interviewanfrage sollte der Journalist versuchen, alle Informationen zu vermitteln, die er auch in der schriftlichen Anfrage vermitteln würde. Um zu verhindern, dass er den Pressesprecher/Informanten in einem ungünstigen Moment erwischt, kann der Journalist auch in einem ersten kurzen Anruf ein ausführliches Folgetelefonat vereinbaren: Guten Tag, Herr Dr. Mustermann! Mein Name ist Edgar Schreiber. Ich bin Redakteur beim Wochenmagazin »Wirtschaft« vom Kapitalmarkt-Verlag. Ich würde gern Ihren Vorstandschef Dr. Boss für ein Interview gewinnen. Haben Sie ein paar Minuten Zeit? Dann kann ich Ihnen mehr Informationen geben. Oder darf ich Sie in zwei, drei Stunden noch mal anrufen?

Herr Dr. Mustermann will natürlich wissen, was der Redakteur konkret vorhat und ihn beeinflussen. Zumindest ist das sein

Job als Pressesprecher! Und deshalb wird er sich sehr wahrscheinlich Zeit für ein Telefonat nehmen.

Vielen Journalisten wird das Wort `darf` missfallen, weil es unterwürfig klingt. Aber genau so darf es klingen. Wenn der Anfrageempfänger den Journalisten wegen dessen vermeintlicher Servilität unterschätzt, wird er wahrscheinlich seine Abwehrhaltung gegenüber dem Unterschätzten lockern. Und genau darum sollte es dem Journalisten im gesamten Interviewprozess gehen – nicht jedoch um sein Ego.

Möchte der Journalist lediglich ein Hintergrundgespräch ohne Veröffentlichungsabsicht führen, sollte er dies dem Adressaten unmissverständlich mitteilen. Ansonsten missversteht er die Gesprächsanfrage womöglich als Anfrage für ein zur Veröffentlichung gedachtes Interview.

Hinter vorgehaltener Hand erzählen Informanten meist mehr als in offiziellen Gesprächen. Vorausgesetzt, der Interviewer versichert ihnen, dass er ihre Namen nicht im Zusammenhang mit ihren Aussagen veröffentlicht. Für solche »off-records«-Gesprächsanfragen ist es aus journalistischer Sicht legitim, bestimmte Informanten auch *ohne* Wissen ihrer Pressesprecher zu kontaktieren. Das sollten Journalisten aber für sich behalten, um ihre Quellen zu schützen und sich möglichen Ärger mit den Pressesprechern zu ersparen.

Die Unterscheidung zwischen »off records« und »on records« stammt aus dem angelsächsischen Sprachraum. Während »on records« – wörtlich übersetzt: »im Protokoll« – »offiziell« und »zitierfähig« bedeutet, möchte der Informant bei einer »off records«-Aussage nicht zitiert werden.

Strategien gegen Ignoranten und Interviewabsagen

So wie ein Top-Verkäufer niemals denkt, diesem und jenem Kunden könne er eh nichts verkaufen, sollte der Journalist niemals glauben, von diesem oder jenem potenziellen Informanten werde er niemals ein Interview bekommen. Zwar wollen vor allem begehrte Gesprächspartner aus Politik, Wirtschaft und Unterhaltungsindustrie am liebsten mit den publikumswirksamsten Zeitungen, Magazinen und Sendern sprechen, weil ihnen diese schlicht die maximale Publicity bringen. Aber mit guten Argumenten und Hartnäckigkeit haben auch Journalisten kleinerer und weniger renommierter Redaktionen gute Interviewchancen.

Besonders hartnäckige Journalisten ergattern gar erst nach dutzenden Anfragen an immer denselben Adressaten einen Interviewtermin. Vielleicht will ihnen der Pressesprecher/Informant endlich den Gefallen tun – oder ihn einfach nur loswerden. Im Verkäuferdeutsch wird die penetrante Tour als »Klinken putzen« bezeichnet. Journalisten brauchen sich dazu nicht zu schade sein.

Ein subtiles, aber wirksames Druckmittel gegen Interviewabsagen hat der Journalist in der Hand, wenn er über Informationen verfügt, die dem angefragten Interviewpartner schaden können. Und das kann man ihm so klar machen: `Ich habe Hinweise darauf, dass Sie Ihre politischen Ämter für Privatgeschäfte nutzen. Möchten Sie das wirklich unwidersprochen stehen lassen? Ich würde lieber ausgewogen berichten, als nur zu schreiben, dass Sie sich nicht äußern möchten.`
Der Journalist darf in unbewiesenen Fällen keinesfalls *behaupten*, dass der Angefragte seine Ämter wirklich `missbraucht`. Damit würde er ihn offen *vor*verurteilen und gegen sich aufbringen. Möglicherweise fühlt sich der potenzielle Interviewpartner aber auch durch eine *neutrale Formulierung* wie in dem Beispiel

erpresst. Allerdings argumentiert der Redakteur hier aus journalistischer Sicht völlig korrekt.

Als letzten Versuch, eine Interviewzusage zu bekommen, kann der Journalist eine Regel brechen: Wenn er immer wieder beim Pressesprecher abblitzt und das Gefühl hat, dass sich dieser bei dem gewünschten Interviewpartner nicht für die Gesprächsanfrage einsetzt, sollte er den Informanten notfalls am Pressesprecher vorbei kontaktieren – und auch danach fragen, warum sein Interviewwunsch seit Monaten ignoriert wird.

Wenn der Pressesprecher daraufhin verärgert reagiert, sollte sich der Journalist keinesfalls auf eine Konfrontation einlassen, sondern nochmals in einem freundlichen Ton über seine Anfrage verhandeln.

Tipps für eine erfolgreiche Interviewanfrage:
- Den richtigen Ansprechpartner adressieren.
- Die passende Anfrageart wählen.
- Die Anfrage unmissverständlich und transparent formulieren.
- PR in eigener Sache machen.
- Die Vorteile eines Interviews für den Adressaten darlegen.
- Potenzielle Fragen des Adressaten beantworten.
- Subtil Druck erzeugen.
- Ignoranten ignorieren und hartnäckig weiter anfragen.

Weiterführende Literatur:

Lutz Frühbrodt, Wirtschaftsjournalismus. Ein Handbuch für Ausbildung und Praxis (Journalistische Praxis, Econ, Berlin 2007)

Gut geplant ist halb gewonnen

Wenn der gewünschte Gesprächspartner einem Interview zugestimmt hat, geht der Journalist den nächsten Schritt im Kommunikationsprozess – und plant das konkrete Gespräch. Auch hierfür gilt: Je besser der Interviewer *sich* darauf vorbereitet, desto *selbstsicherer* wird er seinem *Gesprächspartner* begegnen. Je besser er auch seinen Gesprächspartner auf die Begegnung einstellt, desto *kooperationswilliger* wird sich dieser verhalten. Und je kooperativer sich der Interviewpartner verhält, desto leichter kann ihn der Interviewer steuern. Diese essentiell wichtigen *Wechselwirkungen* werden von Journalisten oft unterschätzt.

Schlecht vorbereitete und unsichere Journalisten müssen davon ausgehen, dass ihre Unsicherheit vom Interviewpartner wahrgenommen wird. Ob bewusst oder unbewusst, ist bedeutungslos. Denn die *Konsequenz* ist immer negativ: Auf ohnehin verunsicherte Informanten, wie viele Medienlaien, wirken solche Journalisten *verstärkend* verunsichernd. Dagegen lassen sich Medienprofis zwar selten durch schlecht vorbereitete Journalisten aus ihrem Gesprächskonzept bringen, nehmen sie aber auch selten ernst. Eher nutzen Medienprofis die Schwächen unsicherer Journalisten aus, um sich vorteilhafter darzustellen.

Fazit: In der Regel führen *zwei* sachlich und emotional gut vorbereitete Gesprächspartner ein befriedigendes Interview. Die *Verantwortung* dafür trägt allerdings allein der Journalist. Vernachlässigt er diese Pflicht, überlässt er die Interviewqualität dem Zufall oder seinem Gesprächspartner. Auch André Müller, einer der wenigen hauptberuflichen Interviewer im deutschsprachigen Raum, ist sicher: »Ein Interview spiegelt immer das Niveau des Interviewers, nicht das des Interviewten.« (Müller ist freischaffend tätig und veröffentlicht in Magazinen wie »Der Spiegel« und »Stern« sowie in Zeitungen wie »Die Zeit«.)

Für die unmittelbare Interviewvorbereitung gilt dasselbe wie für die Gesprächsanfrage: Der Journalist muss *vorausschauend* mit seinem Interviewpartner kommunizieren. Denn in der Frage-Antwort-Situation wird es ungleich schwieriger, emotionale »Beziehungsprobleme« zu beheben – wenn nicht gar unmöglich. Die wesentlichen Ursachen für Kommunikationsprobleme sind:

- Der Journalist fühlt sich seinem Interviewpartner unterlegen.
- Der Interviewpartner fühlt sich dem Journalisten unterlegen.
- Der Interviewpartner hat kein ehrliches Interesse am Interview.
- Der Journalist hat keine Gesprächsstrategie.
- Das Interviewteam hat keine gemeinsame Gesprächsstrategie.
- Der Interviewablauf ist unklar, weil er schlecht organisiert ist.
- Die Technik wirkt störend, weil sie nicht perfekt funktioniert oder der Journalist den Informanten nicht auf die Technik vorbereitet hat.

Wenn Journalisten die Tipps aus diesem Kapitel beherzigen, reduzieren sie das Risiko von Kommunikationsstörungen im Interviewprozess.

Gute Interviews sind ebenso aufwändig wie andere gelungene journalistische Beiträge. Da dies von vielen Journalisten anders gesehen wird, bereiten die wenigsten ihre Interviews akribisch vor. Manchmal vernachlässigen sie die Gesprächsvorbereitung, weil sie ihre Informanten bereits kennen und sich mit ihnen »eingespielt« fühlen. Manchmal fehlt ihnen auch die Zeit dafür, vor allem wenn sie in tagesaktuellen Print-, Internet-, Radio- und Fernsehredaktionen arbeiten. Häufig unterschätzen Journalisten den nötigen Vorbereitungsaufwand aber auch, weil sie ihre Gesprächspartner falsch einschätzen.

Nicht zuletzt deshalb schütteln viele Interviewpartner immer wieder den Kopf über schlecht vorbereitete Journalisten – und erwarten schon gar keine anderen mehr. »Echte« Interviewer nutzen das schlechte Journalistenimage, um ihre Informanten durch eine merklich gute Vorbereitung *positiv* zu überraschen.

Auf den folgenden Seiten werden wichtige Aspekte der Gesprächsvorbereitung beschrieben. Welche davon Journalisten in der Praxis berücksichtigen sollten, hängt von der Art ihres Mediums, vom Informantentyp, von der Art des zu führenden Interviews, von den Gesprächsthemen sowie von ihrem Zeitbudget ab.

Was Journalisten über Informanten wissen sollten

Je besser der Interviewer seinen Informanten kennt, desto besser wird er ihn zu nehmen wissen. Das wiederum fördert eine positive Gesprächsatmosphäre und verringert die Gefahr von Fehltritten auf der emotionalen Kommunikationsebene. Zudem fühlen sich die meisten Interviewpartner geschmeichelt, wenn der Interviewer sie nicht nur als austauschbares Gestaltungselement eines journalistischen Beitrags, sondern auch als Persönlichkeit wahrnimmt.

Das Persönlichkeitsprofil, das Umfeld und bisherige Medienauftritte ihrer Interviewpartner können Journalisten zum Beispiel über

- Internet-Suchmaschinen wie Google und Yahoo,
- Internet-Videoanbieter wie YouTube und Flickr,
- Internet-Mediatheken etwa von ARD und ZDF,
- in biographischen Datenbanken wie »Munzinger«,
- in verlags-/sendereigenen Archiven,
- über Pressesprecher oder die Sekretäre der Informanten oder
- bei Journalistenkollegen, die die Personen bereits kennen

recherchieren. Folgende Details über bestimmte Gesprächspartner können von Bedeutung sein:

- Ausdrucksweise
- Bildungsgrad/Beruf/Titel
- Familiensituation
- Hobbys

- Krankheiten
- Kultur/Religion
- Meinungsführer/Mitläufer
- Netzwerk beruflich/sozial
- Position in ihren Organisationen
- politische Meinungen
- Schicksalsschläge
- Sozialstatus
- Straftaten
- Veröffentlichungen wie Kommentare, Bücher, CDs und Filme
- verschlossener/zugänglicher Typ

Nachdem der Interviewer genügend Informationen zu den vorgenannten Punkten recherchiert hat, dürfte er sich folgende Fragen beantworten können, die für die nächsten Schritte in der Gesprächsvorbereitung, für das »Warm up« unmittelbar vor der Frage-Antwort-Situation (s. Seite 143) und für die Gesprächsführung wichtig sind:

- In welcher Form könnte der Informant vom Interview profitieren?
- Welche Erfahrungen prägen den Informanten?
- Worüber wird er gern sprechen, was lieber verschweigen?
- Gibt es Tabuthemen?
- Welche Empfindungen hegt er gegenüber den Medien?
- Welche Positionen wird der Informant wahrscheinlich vertreten?
- Welche Standpunkte wären glaubwürdig – und welche nicht?

Realistische Interviewziele definieren

Nun weiß der Journalist in der Regel zumindest ungefähr, mit wem er es zu tun bekommt – und kann seine Interviewziele definieren. Diese müssen im Einklang stehen mit einer *realistischen Einschätzung* über

- die sachlichen und emotionalen Zwänge des Informanten,
- die sich daraus ergebenden Interviewziele des Informanten,

- das Publikumsinteresse,
- das Redaktionsinteresse und
- die mit dem Informanten umsetzbaren Gesprächsinhalte.

Im Folgenden werden die genannten Punkte erläutert:

Die Zwänge und Ziele des Interviewpartners erkennt der Journalist, wenn er überlegt, welche der möglichen Interviewfragen sein Informant in welcher Tiefe beantworten kann, ohne *negative Konsequenzen* zu riskieren. Ignoriert der Journalist bei der Formulierung seiner Fragen die Zwänge seines Informanten, darf er sich nicht wundern, wenn er später im Gespräch unbefriedigende oder gar keine Antworten darauf bekommt.

So wäre es naiv, den Vertreter einer Aktiengesellschaft kurz nach dem Geschäftsjahresende über den konkret erreichten Umsatz und Gewinn zu befragen, wenn die Firma die gesetzlich vorgeschriebene Ad-hoc-Nachricht zur gleichzeitigen Information aller Interessenten noch nicht veröffentlicht hat. Sollte der Firmenvertreter dem Journalisten die Zahlen trotzdem verraten, würde er sich strafbar machen. Und das will der Interviewte natürlich nicht.

Anderes Beispiel: Der Interviewer fragt den Anwalt eines Straftäters nach dessen Prozesstaktik. Welches Interesse hätte dieser Anwalt, sich in die Karten schauen lassen? Vielleicht antwortet er dennoch – um den Anwalt des Opfers durch seine öffentliche Verlautbarung auf die falsche Fährte zu locken. Dieses mögliche Interviewziel muss der Journalist in der Gesprächsvorbereitung einkalkulieren, wenn er sich vom Täter-Anwalt nicht für dessen Taktik einspannen lassen will.

Im Publikumsinteresse ist zu beachten, dass die verschiedenen Print- und Onlinepublikationen sowie Fernseh- und Hörfunksender unterschiedliche Zielgruppen bedienen. Der Interviewer muss deshalb abschätzen: Was interessiert seine Zielgruppe? Und wie tief darf das Interview gehen, ohne dass es das Publikum *überfordert*?

So muss ein Börsenreporter beim Nachrichtensender »n-tv« seine Interviews über komplizierte Finanzmarktthemen meist relativ kurz und oberflächlich halten, da die meisten »n-tv«-Zuschauer eher allgemein interessiert sind. Dieselben Interviews würde das Fachpublikum des Börsensenders »Bloomberg TV« eher *unterfordern*. Oder im Sportbereich: Der Journalist eines Wirtschaftsblatts befragt den Chef eines Fußballbundesligavereins eher über die Auswirkungen teurer Spieler auf die Geschäftsbilanz, während der Interviewer einer Sportsendung vor allem hinterfragt, ob die Spieler ihre Millionengehälter durch ihre Leistungen auf dem Fußballplatz wirklich verdienen.

Es gibt Journalisten, die mit betont »klugen« Fragen vor allem die Informanten und konkurrierende Journalisten anderer Redaktionen beeindrucken wollen. Interviews, die aus einer solchen Motivation heraus geführt werden, verfehlen das Publikumsinteresse meist – weil es dem Journalisten dabei vor allem um die eigene Profilierung als Fachmann geht.

Im eigenen und im Redaktionsinteresse sollte der Interviewer sein Publikum *sachlich, aber keinesfalls emotional* vertreten. Wenn etwa die Zielgruppe einer Regionalzeitung wütend gegen einen in der Region ansässigen Energiekonzern demonstriert, weil in dessen Atomkraftwerk ein Unfall passiert ist, sollte der Interviewer nicht mit derselben Wut den Konzernvertreter befragen. Erstens kommen »Gesinnungsjournalisten« (s. Seite 200) in Interviews meist nicht weit. Und zweitens ist die Redaktion nach dem Gespräch auf weitere Informationen angewiesen, die ihr der Konzern aus Verärgerung über den sichtlich parteiischen Redakteur verweigern könnte. Zudem tauschen sich Pressesprecher verschiedener Organisationen regelmäßig über Journalisten aus, sodass auch andere potenzielle Gesprächspartner künftige Interviewanfragen des Wüterichs »vorsichtshalber« ablehnen könnten.

Manche Interviewtrainer empfehlen, Informanten *aggressiv* in die Enge zu treiben, um bestimmte Antworten zu erzwingen. Aber das kann bestenfalls für einmalige Gesprächspartner gelten! Denn wenn der Journalist dafür sorgt, dass sein Infor-

mant das »Gesicht verliert«, riskiert er, ihn als künftigen Interviewpartner zu verlieren. Und das kann beispielsweise für Politik-,
Wirtschafts- und Sportredaktionen, die immer wieder auf dieselben Informanten angewiesen sind, *geschäftsschädigend*
sein. Nochmals zur Klarstellung: Journalisten können, ja müssen, ihre Interviewpartner *sachlich kritisch* befragen, sollten sich
aber dabei emotional neutral geben.

Bezüglich des Gesprächsinhalts ist zu planen, welche Interviewart, welche Sachthemen und welche Emotionen damit dar-
stellbar sind:

- Eignen sich der Informant und der Interviewanlass für ein
  Sach-, ein Meinungs- und/oder ein personalisiertes Inter-
  view?
- Wie viele Fragen kann der Interviewer in der verfügbaren
  Zeit stellen, ohne zu oberflächlich oder zu detailliert zu
  werden?
- Welche Themen soll der Informant sachlich neutral erklären
  und bei welchen Themen auch Meinungen äußern?
- Welche Charaktereigenschaften des Interviewpartners will
  der Journalist in dem Gespräch offenbaren?
- Soll der Interviewer als reiner Fragensteller auftreten oder
  das Gespräch phasenweise auch diskutiv führen?

Über die zentrale Bedeutung der Interviewfragen

Nachdem der Journalist seine Gesprächsziele definiert hat, gestaltet er das zentrale Interviewelement: seine Fragen. Mit ihnen
signalisiert er dem Informanten seine sachliche und emotionale
(In-)Kompetenz. Die Fragen zeigen aber auch, ob er einen ge-
wissen »Biss« hat oder ein harmloser Langweiler ist.
Die Interviewfragen sind also kein Selbstzweck, sondern ein
essentielles Mittel, das Gespräch auf die Interviewziele hin zu
entwickeln. Die Anzahl der Fragen, deren Formulierungen und
Inhalte hängen im Wesentlichen von drei Einflussfaktoren ab:
von

- der verfügbaren Gesprächszeit,
- den geplanten Gesprächsthemen und
- dem Informantentyp.

Interviews dürfen bestimmte Zeitrahmen meist nicht überschreiten, weil sie in den eng terminierten Tagesablauf des Informanten oder in Fernseh- und Hörfunkprogramme eingepasst sind. Durch die Anzahl der Interviewfragen sollte sich der Gesprächspartner nicht beim Antworten gehetzt fühlen, seine Aussagen aber auch nicht künstlich in die Länge ziehen müssen, um die Gesprächszeit auszufüllen. Zudem muss sich der Journalist genügend Zeit lassen, um bei unbefriedigenden Antworten unterbrechen und nachhaken (s. Seite 195) zu können.

Die Länge der Antworten unterscheidet sich je nach Interviewart und Informantentyp. Bei reinen Sachinterviews antworten die Informanten gemeinhin *kürzer* als bei Meinungs- und personalisierten Interviews, sodass der Journalist bei Sachinterviews in einer bestimmten Zeit vergleichsweise mehr Fragen stellen kann.

Bei Meinungs- und personalisierten Interviews antworten die Informanten meist *ausführlicher*, da sie ihre Ansichten ausführlich begründen wollen. So versuchen sie mitunter, unerwünschten Interpretationen ihrer Worte vorzubeugen oder schlicht mehr Zeit für ihre Botschaften zu schinden.

Wenn für Interviews sehr wenig Zeit ist – Extremfälle sind einminütige Gespräche in Nachrichtensendungen oder TV- und Hörfunkreportagen – sollte der Journalist im Publikumsinteresse besser nur einen Aspekt mit mehreren Fragen vertiefen als mehrere Themen mit jeweils nur einer Frage anzureißen. Vorab muss er natürlich genau überlegen, was der Informant schildern, vertiefen und einordnen soll.

Ein Richtwert für Printjournalisten: Wenn in einer Zeitung oder in einem Magazin 2 000 Zeichen Interviewtext (inklusive Leerzeichen) zu füllen sind, genügen dafür nach guter Vorbereitung in der Regel *zehn Minuten* Gesprächszeit, in der fünf bis sieben Fragen und Antworten realistisch sind.

Von einem *einstündigen* Gespräch, in dem 25 bis 35 Fragen und Antworten realistisch sind, bleiben gewöhnlich mindestens 12 000 verschriftlichte Textzeichen übrig. Zum Vergleich: Tatsächlich sprechen die Gesprächspartner, also der Journalist und der Interviewte, in einer Stunde insgesamt 35 000 bis 50 000 Zeichen! Je nachdem, wie temperamentvoll und auskunftsfreudig der Informant ist.

Fragefehler gefährden die Reputation des Interviewers und damit seine Interviewziele. Beispiele für solche Fehler: Herr Dr. Boss, Sie haben als junger Mann Biologie studiert. Heute führen Sie einen Rohstoffkonzern. Was hat Sie zu dem Richtungswechsel motiviert? **Antwort:** Ich habe nicht Biologie, sondern Geologie studiert. Insofern gab es keinen Richtungswechsel. **Je emotionaler die Interviewthemen sind, desto schwerwiegender werden die Fragefehler:** Frau Schmidt, vor zwei Jahren haben Sie Ihren Sohn und vor zwei Wochen Ihren Ehemann jeweils durch einen Verkehrsunfall verloren. Wie leben Sie mit solchen Verlusten? **Antwort:** Das vor zwei Jahren war meine Tochter.

Interviewer müssen ihre Fragen unbedingt korrekt recherchieren und ausformulieren. In Interviews für Print- oder Internetpublikationen bleiben Fragefehler immerhin vor den Lesern verborgen, da der Journalist die Fehler vor der Veröffentlichung korrigieren kann. Dagegen zählen in Fernseh- und Radiointerviews nur die Minuten des Dialogs, in denen die Kamera oder das Aufnahmegerät läuft. Da müssen die Fragen meist auf Anhieb »sendereif« sein. Andernfalls blamiert sich der Journalist öffentlich. Im schlimmsten Fall wirkt er dadurch *inkompetent* und *unglaubwürdig*. Ein Verbalduell mit einem Medienprofi ginge so auf jeden Fall peinlich verloren.

Für den inhaltlichen Aufbau von Interviews gibt es kein pauschales Schema. Allerdings ist es sinnvoll, zusammengehörende Aspekte auch *zusammenhängend* abzufragen. Dabei sollte der Interviewer seine Gesprächsthemen in Unterthemen aufteilen und bei jedem Unterthema erst nach dem Allgemeinen und dann im Speziellen fragen.

Dieses Vorgehen wird durch das Bild eines *Trichters* am besten veranschaulicht: oben weit offen, nach unten zu enger (s. Seite 170). Der Interviewer kann den Trichter auch umdrehen. Dann beginnt er mit einem interessanten Detail und öffnet es zum Allgemeinen hin. Die Trichter-Methode bewahrt den Interviewer davor, mit einzelnen Fragen mal in diesem und mal in jenem Thema herumzustochern. Solches »Themenhopping« verwirrt nicht nur den Informanten, sondern auch das Publikum. Dagegen erleichtern es logisch getrichterte Fragen

- dem Interviewten, logisch strukturiert zu antworten,
- dem Interviewer, das Gespräch später leichter verschriftlichen/schneiden zu können sowie
- dem Publikum, das Gesagte inhaltlich besser zu verstehen.

Die Interviewdramaturgie sollte der Journalist ebenso bereits vor dem Gespräch entwerfen. Dazu gehört vor allem

- die Planung des Gesprächsein- und -ausstiegs,
- die sachliche Reihenfolge der Interviewthemen und
- die Fragestrategie.

Bei der *Fragestrategie* geht es vor allem darum, welche *Botschaften* der Journalist dem Gesprächspartner, aber auch dem Publikum durch den *Inhalt* und die *Art* seiner Fragen vermitteln und ob er ein harmonisches oder konfrontatives *Gesprächsklima* schaffen will.

Besonders wichtig ist das »Drehbuch« in Live-Interviews für Funk und Fernsehen, da dort das gesprochene Wort gilt. Dagegen können Printjournalisten ihre Dramaturgien in der Verschriftlichung (s. Seite 206) der Frage-Antwort-Situation noch im Nachhinein verbessern.

In der Fragekürze liegt die Antwortwürze. Vor allem für Fernseh- und Radiointerviews sollten die Fragen möglichst einfach und kurz formuliert werden. Je komplizierter sie beispielsweise durch *Informationsverkettungen* werden, desto komplizierter werden auch die Antworten darauf sein. So sollten Journalisten niemals in diesem Stil fragen: Herr Boss, Sie haben bereits vor einem Jahr fast 2 000 Mitarbeiter entlassen, weil die Nachfrage nach Ihren Produkten aufgrund des Konjunkturabschwungs in den USA eingebrochen ist und der steigende Euro-Kurs gegenüber dem US-Dollar ihre Gewinne milderte. Nun entlassen Sie nochmals 2 000 Mitarbeiter. Welche Gründe haben Sie diesmal?
Der Journalist hat hier sechs Informationen in eine Frage gepackt!
1. ... vor einem Jahr 2 000 Mitarbeiter entlassen ...
2. ... Nachfrage nach Produkten eingebrochen ...
3. ... Konjunkturabschwung in den USA ...
4. ... steigender Euro-Kurs gegenüber dem Dollar ...
5. ... Gewinnrückgang im Unternehmen ...
6. ... entlassen Sie nochmals 2 000 Mitarbeiter ...
Der Befragte wird sehr wahrscheinlich all diese Informationen aus seiner Sicht schildern wollen. Das hätte eine extrem lange und komplizierte Antwort zur Folge, ehe er irgendwann endlich auch über den Fragekern, die Gründe für die neuerlichen Entlassungen, redet. Wenn er dies überhaupt tun würde! Denn je länger er seine Antworten formulieren kann, desto leichter hat er es, ihm unliebsame Themen einfach zu überspringen. In diesem Fall kommt der Interviewte »vom Hölzchen aufs Stöckchen« und zerreißt damit – bewusst oder unbewusst – den »Gesprächsfaden« des Journalisten.

Auf die Kernfragen beschränken sollten sich vor allem Fernseh-, Radio- und Videojournalisten. Im obigen Beispiel lautet sie: `Warum entlassen Sie 2000 Mitarbeiter?` Die hier im Vergleich zur verwirrenden ersten Frageversion weggelassenen Zusatzinformationen kann der Journalist auch in Zwischenfragen oder in einen ergänzenden Bericht verlagern. Wenn die Sendezeit dafür zu knapp ist, muss er eben auf Zusatzfragen verzichten.

In Interviews für Print- und Internetpublikationen sollte der Journalist seine Fragen nur dann mit vorangestellten Informationen unterfüttern, wenn er wirklich Aussagen dazu erhalten oder dem Informanten die *Herleitung* seiner Fragen belegen möchte. Solche Kernfragen verwässernden Herleitungen sind aber auch eine Möglichkeit, harte Fragen zu entschärfen, ohne ihnen die inhaltliche Brisanz zu nehmen. Dennoch darf der Journalist mit Fakten überfrachtete Fragen nicht allzu oft stellen. Sechs Informationen in einer Frage sind mindestens drei zu viel.

Die Diktion der Interviewfragen sollte an die Ausdrucksweise der Zielgruppen und Gesprächspartner angepasst werden. Das heißt: Der Journalist sollte so *fachgemäß* oder *laienhaft* fragen, wie es seine Leser, Hörer oder Zuschauer am besten verstehen. Interviewt er beispielsweise einen Wissenschaftler für ein Branchenmagazin, darf er dessen Fachsprache eher übernehmen als in einem Interview fürs breite Publikum. Aber Vorsicht! Je mehr Fachwörter der Journalist im Gespräch mit dem Fachmann verwendet, desto mehr davon verwendet auch dieser. Schließlich geht der Informant davon aus, dass der Interviewer die *Sprache des Publikums* spricht.

Bei Medienlaien sollte sich der Interviewer immer leicht verständlich ausdrücken. Mit Fachbegriffen, die Laien nicht verstehen, würde er diese Leute nur unnötig verunsichern. Oder gar verärgern, wenn sie sich »dümmer« als der Journalist fühlen oder ihn als aufgeblasenen *Wichtigtuer* wahrnehmen. All dies würde dem Gesprächsklima und der Antwortqualität schaden.

Wer originell fragt, bekommt auch originelle Antworten –
und umgekehrt. Besonders Fachleute, Politiker, Manager und
Prominente, die gewöhnlich immer wieder dieselben oder ähnliche Fragen gestellt bekommen, sind dieser überdrüssig.
Manchmal missfällt solchen Interviewpartnern ihre Eintönigkeit
sogar, sodass sie mitunter dankbar dafür sind, wenn sie vom Interviewer durch originelle Fragen, die beispielsweise mit Zita-
ten, Anekdoten und Zusammenhängen verknüpft sind, zu ungewöhnlichen Antworten herausgefordert werden.

Jede Frage, die dem Informanten schaden könnte, droht
auch dem Gesprächsverlauf zu schaden. Dennoch braucht der
Interviewer *nicht* auf Kritik verzichten. Er muss sie nur geschickt
»verpacken«! Dafür bieten sich zwei Methoden an:

- Er überlässt kritische Wertungen dritten Personen. Oder
- er verzichtet auf bestimmte Wertungen.

Wenn der Journalist seinen Gesprächspartner nicht bewusst provozieren will, wäre eine Frage wie die folgende fatal: Herr Boss,
in den vergangenen Monaten hatten Sie Gerüchte um
weitere Stellenstreichungen stets dementiert.
Angesichts der gestern veröffentlichten Entlassungspläne war das glatt gelogen. Macht Ihnen Ihr
Glaubwürdigkeitsverlust überhaupt nichts aus?
Hier verurteilt der Journalist seinen Gesprächspartner offen als
Lügner. Eine unkluge Provokation! Herr Boss wird sie ihm verübeln und das Interview nur widerwillig fortführen wollen. Das
ist eine schlechte Basis für weitere Fragen.

Viel besser funktioniert dieselbe Frage mit einer Wertung
durch Dritte: Herr Boss, in den vergangenen Monaten
hatten Sie Gerüchte über weitere Stellenstreichungen stets dementiert. Dennoch veröffentlichten Sie gestern Entlassungspläne. Mitarbeiter Ihrer Firma werfen Ihnen vor, Sie hätten sie
angelogen und stellen deshalb Ihre Glaubwürdigkeit in Frage. Zu Recht?
Hier hält sich der Interviewer neutral, indem er Mitarbeiter

`Ihrer Firma` zitiert. Dadurch kann der Befragte ihm den Vorwurf der Lüge nicht anlasten. Schließlich hat der Interviewer lediglich seine journalistische Pflicht erfüllt, die Sache von verschiedenen Seiten, also auch aus Mitarbeitersicht, zu betrachten. Zudem stellt er mit der Kernfrage `Zu Recht?` auch die Glaubwürdigkeit der `Mitarbeiter` in Frage. Damit wahrt der Befragte sein Gesicht. Und das Gesprächsklima bleibt gesund.

Nun noch die Beispielfrage gänzlich ohne Wertung: `Herr Boss, in den vergangenen Monaten hatten Sie Gerüchte über weitere Stellenstreichungen stets dementiert. Dennoch veröffentlichten Sie gestern Entlassungspläne. Haben Sie nun ein Glaubwürdigkeitsproblem?`
Hier hat der Interviewer zwar auf diskreditierende Worte wie `gelogen` und `Glaubwürdigkeitsverlust` verzichtet, impliziert sie aber durch die Fakten in der Frage. So signalisiert er dem Publikum deutlich, dass der Befragte nicht die Wahrheit sagt, formuliert diese Botschaft aber neutral. Der Interviewpartner wahrt sein Gesicht. Und die Gesprächsatmosphäre dürfte intakt bleiben.

Konkrete Fragen oder nur Themenblöcke versenden?

Viele Journalisten senden ihren Gesprächspartnern vor den Interviews lieber drei grobe Themenblöcke als 15 konkrete Fragen dazu. Dafür sprechen ihrer Meinung nach vier wesentliche Argumente. *Angeblich*
- beschränken vorab versendete konkrete Fragen die Möglichkeiten des Journalisten, den Interviewpartner zu überraschen.
- beschränken vorab versendete konkrete Fragen auch die Flexibilität des Interviewpartners, weil sich dieser vorab auf bestimmte Antworten festlegen würde.
- kostet das Verfassen konkreter Fragen vergleichsweise viel Zeit.

Diese vermeintlichen Nachteile erweisen sich als *falsch*, wenn der Interviewer den Sinn und die Wirkung von Fragenlisten *richtig* versteht. Dann überwiegen die *Vorteile* vorab versendeter konkreter Fragen die möglichen Nachteile bei weitem:

Konkrete Fragen ermöglichen eine konkrete Vorbereitung. Kein Interviewpartner kennt sich aus dem Stehgreif in allen Details aus, nach denen der Journalist theoretisch fragen könnte. Wenn der Informant vor dem Interview manche Fakten nicht recherchieren kann, bleibt ihm nur, unkonkret, falsch oder gar nicht zu antworten. Und das kann kaum im Interesse des Journalisten sein – es sei denn, er möchte den Interviewten bewusst vorführen.

Auch für den Journalisten ist es von Vorteil, wenn er seine Fragen vorab ausformuliert. Dann wird es ihm im Gespräch leichter fallen, sie präzise vorzutragen.

Die Interviewpartner erfahren zudem, wie viele Fragen sie in der geplanten Interviewzeit mindestens beantworten sollen. Der Journalist sollte sich in Bezug auf die Anzahl der avisierten Fragen unbedingt in den Vorbereitungsgesprächen (s. ab Seite 113) *commitments* von seinem Gesprächspartner holen – also dafür sorgen, dass dieser dem Fragenpensum zustimmt. In der Regel ist das kein Problem.

Das englische Wort »commitment« bedeutet »Bekenntnis«, »Verbindlichkeit« und »Verpflichtungserklärung«. *Commitments* sind ein höchst effektives Mittel zur Steuerung des menschlichen Handelns. Der Psychologie-Professor Robert B. Cialdini von der Arizona State University (USA) sagt:»Seit längerer Zeit ist man sich in der Psychologie darüber im Klaren, dass die meisten Menschen ein Bedürfnis haben, in ihren Worten, Überzeugungen und Taten konsistent zu sein. ... In Bezug auf Willfährigkeit (die Bereitschaft zu tun, was jemand anderes will) haben *commitments* eine große Bedeutung. Menschen sind, haben sie einmal ein

---

commitment gemacht ... eher bereit, Bitten oder Aufforderungen nachzukommen, die mit diesem *commitment* im Einklang stehen. Daher versuchen viele Überzeugungsprofis, die Leute dazu zu bringen, erst einmal eine bestimmte Position einzunehmen, die dann mit dem Verhalten konsistent ist, das später von ihnen erbeten wird. Am effektivsten sind *commitments*, wenn sie aktiv, öffentlich ... und als nicht erzwungen betrachtet werden.«[1]

Überzeugungsprofis gibt es vor allem in Berufen, in denen der Erfolg stark von der emotionalen Intelligenz der dort engagierten Personen abhängt: etwa bei Anwälten, Hochstaplern, Marketingexperten, Politikern, Pressesprechern, Schauspielern, Verhörprofis der Polizei und Wirtschaftsmanagern. Aber auch Top-Verkäufer und Top-Interviewer sind Überzeugungsprofis.

Interviewer sollten sich, um ihre journalistischen Ziele zu erreichen, im gesamten Kommunikationsprozess so viele *commitments* wie möglich von ihren Gesprächspartnern holen. Auch mehrfach auf dieselben Sachen! Und vor allem von unsicheren Interviewpartnern.

Bemerkt der Interviewer zum Beispiel in einem Vorbereitungstelefonat, dass sein Informant die Gesprächzusage am liebsten zurückziehen würde, muss er ihn aufs Neue darauf festlegen: `Wir werden das Interview schon hinkriegen, oder?` Und wenn der Informant in einem späteren Telefonat wieder »wackelt«, sollte der Journalist noch konkreter werden: `Ich kann doch davon ausgehen, dass Sie bei Ihrer Zusage für den 10.11. bleiben, nicht wahr?` Frei nach dem Motto: Doppelt (oder mehr) hält besser.

Je öfter sich der Gesprächspartner auf bestimmte Sachen festlegt, desto stärker fühlt er sich daran gebunden. Ganz wichtig: Der Interviewer muss natürlich immer die Antwort auf sein erfragtes *commitment* abwarten.

Der Journalist kann sich das commitment des Interviewpartners zur Anzahl der Fragen beispielsweise in einem Telefonat vor dem Gesprächstermin einholen: Herr Mustermann/Herr Boss, wir haben 45 Minuten Zeit für das Interview. Ich werde Ihnen 15 konkrete Fragen notieren, damit Sie sich gut vorbereiten können. Ist das OK für Sie? **Das commitment wird in der Regel** Ja! lauten. Zumal der Informant durch die Fragen zu erfahren meint, was der Journalist alles von ihm wissen will. Darauf wieder der Interviewer: Ich werde nicht noch mehr Fragen aufschreiben, damit genügend Zeit für Zwischenfragen bleibt – nur falls ich Verständlichkeitsprobleme habe oder sich interessante Details ergeben. Sind Zwischenfragen in Ordnung für Sie? Das commitment auf diese Frage wird sehr wahrscheinlich wiederum positiv sein.

Damit hat sich der Interviewpartner festgelegt, dass er alle Fragen auf der Liste beantworten und sich innerhalb des Interviewzeitrahmens jederzeit für Zwischenfragen unterbrechen lässt. Wunderbar! Spontanen, überraschenden und vertiefenden Fragen steht somit nichts mehr im Wege.

Die Fragenliste darf jedoch niemals ein Dogma sein. Sie dient dem Interviewer vor allem als vertrauensbildendes Element zum Informanten sowie als Leitfaden in der Gesprächssteuerung. Unflexibel kann der Interviewer durch eine Fragenliste nur werden, wenn er darin zu viele Fragen notiert hat. Denn dann bliebe ihm zu wenig Zeit für *Überraschungsfragen* und spontanes *Nachhaken*. Schätzt der Journalist zum Beispiel, dass er in 30 Minuten Gesprächszeit maximal 20 Fragen beantwortet bekommt, sollte er nur zehn bis zwölf vorab versenden – und den Interviewpartner vorab auf »Zwischenfragen« vorbereiten.

Die unter Journalisten verbreitete Befürchtung, der Interviewpartner könnte sich anhand einer Fragenliste krampfhaft an *vorformulierten* Antworten »festklammern«, ist berechtigt. Das passiert jedoch nur, wenn er unsicher ist. Das Hauptziel der Gesprächsvorbereitung durch den Interviewer muss deshalb sein, dem Informanten die *Unsicherheit* zu nehmen!

Leider klappt das nicht immer. Vor allem TV- und Radiointerviewer sowie Videojournalisten haben immer wieder mit hypernervösen Medienlaien zu tun, die sich kaum beruhigen lassen. Bei solchen müssen die Interviewer mit besonders viel Fingerspitzengefühl entscheiden, ob eine detaillierte Fragen- oder eine grobe Themenliste geschickter ist.

Bezüglich der Spontaneität und Dramatik sind Print- und Internetjournalisten gegenüber ihren Kollegen aus Funk und Fernsehen im Vorteil. Denn sie können ihre Interviews im Nachhinein *umschreiben* (s. Seite 210). Verschriftlichte Interviews von Journalisten mit einer hohen Textkompetenz haben meist viel mehr Esprit als die zugrunde liegenden Original-Gespräche.

Auch unter Zeitdruck müssen Fragen formuliert werden. Deshalb taugt das Argument, dass die Formulierung konkreter Fragen im Vergleich zur Ausarbeitung von Themenblöcken für unter Zeitdruck stehende Journalisten zu aufwändig ist, ebenfalls nicht. Früher oder später müssen sich auch gestresste Journalisten konkrete Fragen überlegen.

Zwar steigt mit dem Zeitdruck auch das Risiko von Fragefehlern. Aber dieses wird durch einen weiteren Vorteil von Fragelisten gemindert: Wenn der Interviewer seine Fragen vorab an den *Pressesprecher* des Informanten schickt, fungiert dieser als *Kontrolleur* und wird den Journalisten in der Regel auf Fragefehler hinweisen, damit der sie korrigieren kann. Würde der Journalist dem Gesprächspartner die fehlerhaften Fragen stellen, würde ihn das Renommee kosten.

Die Fragen-/Themenliste professionell gestalten

Heutzutage ist es Sitte, per E-Mail zu kommunizieren, ohne dabei gesteigerten Wert auf *Grammatik*, *Orthographie*, *Übersichtlichkeit* und *Formalitäten* zu legen. Da sind selbst Journalisten keine Ausnahme. Auch und gerade wegen dieser um sich greifenden *Schludrigkeit* können sich Journalisten, die es besser machen, von der Masse abheben. Mit einer formell gestalteten Fragen- oder Themenliste erarbeiten sie sich bei ihren Interviewpartnern in jedem Fall mehr Pluspunkte als mit einer eiligen E-Mail.

Mit einer Fragen- oder Themenliste, die ebenso formell gestaltet ist wie zuvor schon die Interviewanfrage, beweist der Journalist Professionalität und Respekt. Dafür erntet er *Sympathie*. Und je sympathischer der Interviewer seinen Gesprächspartnern ist, desto belastbarer wird ihre emotionale Beziehung. Dies gilt in der Kommunikation mit hochrangigen Personen, die *formelle und respektvolle Umgangstöne* gewohnt sind. Und erst recht für Personen, die es nicht gewohnt sind, von anderen Menschen respektiert oder gar als etwas Besonderes behandelt zu werden.

»Menschen haben eine höhere Bereitschaft, sich von jemandem überzeugen zu lassen, den sie *kennen* und *sympathisch finden*. Dessen sind sich viele Überzeugungsstrategen bewusst und viele von ihnen erhöhen ihre Überzeugungskraft, indem sie verschiedene Faktoren in den Vordergrund stellen, welche wiederum ihre Attraktivität und Beliebtheit bei ihrem Gegenüber steigern«[2], sagt der Psychologieprofessor Robert B. Cialdini.

Journalisten sollten ihre Möglichkeiten nutzen, um Interviewpartner davon zu überzeugen, sich kooperativ zu verhalten. Im Folgenden werden verschiedene Faktoren erläutert, die laut Cialdini dabei hilfreich sein können:

- *körperliche Attraktivität:* Forschungsergebnisse belegen, dass gut aussehenden Menschen automatisch positive Eigenschaften wie Begabung, Freundlichkeit, Ehrlichkeit und Intelligenz zugeschrieben werden. Journalisten sollten also auf ihr Erscheinungsbild achten, um nicht abstoßend zu wirken.
- *Gemeinsamkeiten*: Wir mögen Leute, die uns ähnlich sind. Und wir sind eher bereit, zu tun, was uns ähnliche

Menschen verlangen – oft ohne uns dessen bewusst zu sein. Dies gilt unabhängig davon, ob die Ähnlichkeit im Bereich von Meinungen, Charaktereigenschaften, Herkunft oder Lebensstil besteht. Journalisten sollten also auch nach Gemeinsamkeiten zwischen sich und ihren Gesprächspartnern suchen, die sie gezielt kommunizieren können.

■ *Lob/Anerkennung*: Komplimente fördern die Sympathie und damit auch die Bereitschaft zu tun, was der andere von einem verlangt. Journalisten sollten ihre Gesprächspartner also auch hin und wieder für bestimmte Dinge loben.

■ *Vertrautheit durch wiederholte Kontakte*: Auf Grund der emotionalen Wirkung spielt der Grad der Vertrautheit mit Dingen oder Personen eine wichtige Rolle im Verhalten von Menschen. Vertrautheit ruft unbewusst Zuneigung hervor. Für Interviewer bedeutet dies, dass sie ihre Gesprächspartner vor allem während der Interviewvorbereitung lieber zu oft als zu wenig kontaktieren sollten.

Mit all diesen Tricks und Kniffen stärken allerdings mitunter auch Medienprofis wie Politiker, Pressesprecher, Wirtschaftsmanager und Showstars ihre Überzeugungskraft gegenüber Journalisten. Interviewer sollten das nicht nur wissen, sondern dieses Wissen auch nutzen und die Sympathiefaktoren Aussehen, Gemeinsamkeiten, Lob/Anerkennung und Vertrautheit im gesamten Interviewprozess immer wieder bewusst einsetzen, um die Abwehrhaltung ihrer Informanten zu lockern.

Zur Gestaltung des Fragen- oder Themendokuments: Darin sollten neben den Interviewfragen auch die wichtigsten organisatorischen Details vermerkt werden:

■ Name der Publikation/des Senders, für den der Interviewer arbeitet (mit Logo wirkt der Dokumentenkopf »gewichtiger«)

■ Konkreter Anlass der Fragen-/Themenübermittlung (Interview oder Hintergrundgespräch)

- Name und Funktion des Informanten (inklusive akademischer Titel und konkreter Bezeichnung der Organisation)
- Name und Funktion des Interviewers (kleiner geschrieben, damit sich der Informant »größer« fühlt)
- Zeit und Ort des Gesprächs (oder Kommunikationsmittel wie Telefon und Video, wenn sie bereits festgelegt wurden)

Beispiel für den Kopf eines Fragen- oder Themendokuments des fiktiven Magazins »Wirtschaft«:

Wirtschaft

Interview
für Ausgabe 47/2009 (Erstverkaufstag 16.11.2009)
Dr. Rüdiger Boss, Vorstandschef Dux AG
mit Edgar Schreiber, Redakteur »Wirtschaft«/
Dienstag, 10.11.2009, 11 Uhr, in Hamburg

Fragen:
1. Herr Dr. Boss, warum ...

Zum Sinn einer solchen Gestaltung: Alle Empfänger werden durch die Daten im Dokumentenkopf daran erinnert, wann das Interview stattfindet. Oft schicken Pressesprecher und Informanten die Fragen- und Themenlisten von Journalisten vor dem Gesprächstermin durch verschiedene *Fachabteilungen*, um Antworten recherchieren zu lassen. Ein detaillierter Dokumentenkopf verringert die Gefahr, dass Mitarbeiter des Interviewpartners die Antworten nicht rechtzeitig recherchieren und er oder sein Pressesprecher das Interview deshalb verschieben will.

Ebenso gewissenhaft muss der Interviewer auch die Fragen/Themen unter dem Dokumentenkopf formulieren, damit er einen professionellen Gesamteindruck vermittelt. Hier geht es vor allem um *inhaltliche*, *grammatikalische* und *orthographische*

Genauigkeit. Der Journalist sollte seinem Informanten mit der Fragenliste aber keinesfalls seine Gesprächstaktik offenbaren. Am besten formuliert er deshalb die meisten darin notierten Fragen in der offenen Form (s. Seite 163).

Die Fragen, die der Interviewer für sich selbst formuliert, können kürzer als die für den Informanten sein. Wenn sich der Journalist beispielsweise nur *Stichworte* notiert, kommt er nicht in Gefahr, zu lange Sätze von seinem Zettel abzulesen und dabei den Informanten aus den Augen zu verlieren. Dies müssen insbesondere Fernseh-Interviewer vermeiden. Sie würden sich auch gegenüber dem Publikum ein *Armutszeugnis* ausstellen, wenn sie ständig mit ihren Augen am Fragebogen klebten, während der Interviewte frei antwortet.

Grundsätzlich muss jeder Journalist für sich entscheiden, ob er seine Fragen auf *A4-Blättern* ausformuliert, Stichworte auf *Karteikarten* schreibt oder die Fragen gänzlich aus dem Kopf stellt. Das hängt auch davon ab, wie viele Fragen er stellen kann, wie lange das Interview dauert und ob beispielsweise ein Tisch zur Verfügung steht, auf dem er seinen Fragen- oder Stichwortzettel ablegen kann.

Das Begleitschreiben zur Fragenliste sollte der Interviewer wie bei allen anderen Kommunikationsschritten mit der Absicht verfassen,
- potenzielle Unklarheiten beim Empfänger auszuräumen,
- commitments einzuholen,
- Sympathiepunkte zu sammeln,
- Vertrautheit zu schaffen und
- den Verlauf des Interviewprozesses nach den eigenen Vorstellungen zu steuern.

Bei eingespielten Interviewpartnern genügt als Begleitschreiben vielleicht ein `Hallo Herr Mustermann, anbei die Fragen für das Interview mit Herrn Boss nächste Woche. Viele Grüße und bis dahin! Edgar Schreiber`

Psychologisch geschickter ist eine formellere und faktenreichere Variante.

Der folgende Begleittext für eine Fragenliste ist beispielhaft an den Pressesprecher des Interviewpartners adressiert und kann von Journalisten verschiedener Mediengattungen nach ihren spezifischen Anforderungen angepasst werden. Unter den Briefzeilen wird deren Sinn und Wirkung erklärt:

`Lieber Herr Dr. Mustermann, ...`

Wenn die emotionale Distanz zum Adressaten seit der Interviewanfrage (wie vom Interviewer beabsichtigt) geschmolzen ist, kann der Journalist vom formellen `Sehr geehrter Herr ...` auf das vertraute `Lieber ...` wechseln. Und weiter:

`... in dem Word-Dokument im E-Mail-Anhang sende ich Ihnen meine Fragen für das Interview mit Herrn Dr. Boss am 10.11.2009, 11 Uhr, bei Ihnen in Hamburg. ...`

Diese formell korrekte Einleitung erklärt den Kontaktgrund und zementiert den Interviewtermin zum wiederholten Male.

`... Ich habe die Fragen konkret formuliert, damit sich Herr Boss vorbereiten kann. ...`

Der Journalist geht natürlich davon aus, dass der Pressesprecher das Interview auch vorbereiten würde, wenn er keine konkreten Fragen vorab gesendet bekäme. Doch das spielt hier keine Rolle. Bei diesem Satz geht einzig darum, zu signalisieren, dass der Interviewer auch die Belange des Informanten berücksichtigt. Das kann wichtige Sympathiepunkte bringen.

`... Freuen würde ich mich, wenn ich auch Zwischenfragen stellen darf, sofern sich interessante Aspekte ergeben oder mir etwas unklar ist. ...`

Dieser Satz ist besonders wichtig! Damit holt sich der Interviewer wiederholt das commitment, auch nach allen möglichen anderen Themen zu fragen zu dürfen, die nicht in der Fragenliste stehen. Es ist nahezu ausgeschlossen, dass der Empfänger nach einem solchen Satz seine Erlaubnis für `Zwischenfragen` verweigert. Die meisten Gesprächspartner lassen Zwischenfragen zu, da sie ein Interesse daran haben, dass die Journalisten ihre Botschaften verstehen und interessant finden. Da der Interviewer im obigen Beispiel einräumt, möglicherweise etwas nicht zu verstehen, gibt er dem Informanten zudem ein Gefühl der Überlegenheit.

Mit den Worten Ich würde mich freuen, wenn ich ... darf ... gibt sich der Interviewer zwar leicht unterwürfig, was vielen Journalisten widerstrebt. Dies macht er hier aber wie immer gezielt, um die Abwehrhaltung des Empfängers zu lockern!

Nächster Satz des Begleitschreibens: ... Ich habe die Fragen etwas länger formuliert, damit Herr Dr. Boss die Herleitung kennt. ...

Hier signalisiert der Interviewer wiederholt, dass er für den Informanten mitdenkt und seine journalistischen Absichten transparent machen will. Und weiter:

... In der Verschriftlichung des Interviews werde ich die Fragen und Antworten voraussichtlich stark kürzen und umformulieren müssen, um den Lesern einen gut lesbaren und unterhaltsamen Dialog zu bieten. ...

Dieser Satz ist für Interviews in Print- und Internetpublikationen höchst relevant. Der Journalist räumt damit bereits Einwände aus, die der Informant im späteren Autorisierungsprozess anbringen könnte. Um so eher, öfter und geschickter der Interviewer den Informanten auf seine Arbeitsweise einstimmt, desto weniger Probleme wird er bei der Umsetzung haben. Das gilt auch hinsichtlich der späteren Verschriftlichung und Autorisierung. Nun noch der Ausstieg aus dem Begleitschreiben:

... Ich rufe Sie morgen Nachmittag noch einmal kurz an, um einige organisatorische Dinge zu besprechen.
Danke und Grüße
Edgar Schreiber

Damit avisiert der Journalist dem Empfänger der Fragenliste noch mindestens ein vorbereitendes Gespräch (die Themen dafür werden auf den kommenden Seiten beschrieben) und sagt schon mal Danke dafür. Hier ist es wichtig, dass der Journalist den Anruf von sich aus ankündigt, statt einen Anruf vom Empfänger zu erbitten. So behält er den weiteren Ablauf im Griff.

Das zusammenhängende Textbeispiel für ein strategisch formuliertes Anschreiben für den Versand der Fragenliste an den Informanten:

Lieber Herr Dr. Mustermann,

in dem Word-Dokument im E-Mail-Anhang sende ich Ihnen meine Fragen für das Interview mit Herrn Dr. Boss am 10.11.2009, 11 Uhr, bei Ihnen in Hamburg.
Ich habe die Fragen konkret formuliert, damit sich Herr Boss vorbereiten kann. Freuen würde ich mich, wenn ich auch Zwischenfragen stellen darf, sofern sich interessante Aspekte ergeben oder mir etwas unklar ist.
Ich habe die Fragen etwas länger formuliert, damit Herr Dr. Boss die Herleitung kennt. In der Verschriftlichung des Interviews werde ich die Fragen und Antworten voraussichtlich stark kürzen und umformulieren müssen, um den Lesern einen gut lesbaren und unterhaltsamen Dialog zu bieten.
Ich rufe Sie morgen Nachmittag noch einmal kurz an, um einige organisatorische Dinge zu besprechen.

Danke und Grüße
Edgar Schreiber

Vorbereitende Gespräche mit der »anderen Seite«

Gute Interviewer lockern die Abwehrhaltung ihrer Interviewpartner mit zunehmender Gesprächsdauer immer mehr auf. »Nach 30 Minuten hatte ich ihn endlich aufgetaut! In den restlichen 15 Minuten hat er dann mehr erzählt, als in der halben Stunde zuvor.« Solche Sätze hört man von Journalisten öfter.

Damit die Interviewten aber nicht erst nach einer halben Stunde, sondern möglichst schon ab der ersten Minute der Frage-Antwort-Situation wirklich gesprächsbereit sind, sollten Journalisten größtmögliche Teile der emotionalen »Aufwärmphase« in die Interviewvorbereitung legen. Und hierbei gilt: Je unsicherer der Pressesprecher oder der Interviewpartner ist, desto mehr Zeit sollten sich die Journalisten für sie nehmen, um bis zur ersten Interviewfrage ein Maximum an Vertrauen und Transparenz aufzubauen.

Das natürliche Mittel zur Steuerung des Interviewprozesses heißt *Metakommunikation*. »Meta« entstammt dem Griechischen und bedeutet »jenseits«, »über«, »oberhalb«. Damit ist die Kommunikation über die Kommunikation gemeint – also darüber, wie Gespräche verlaufen und wie sie besser verlaufen sollten. Gemeinhin wird Metakommunikation in journalistischen Interviews für Situationen *während* der Frage-Antwort-Runde empfohlen, in denen Kommunikationsstörungen oder gar Eskalationen behoben werden müssen.

Das ist Top-Interviewern allerdings zu spät. Sie metakommunizieren – ganz nach dem Motto »Vorbeugen ist besser als heilen« – möglichst schon *vor* der Frage-Antwort-Runde mit ihren Informanten. Ob per E-Mail, per Telefon oder Auge in Auge hängt davon ab, welche Priorität sie dem Interview geben, wie viel Zeit sie dafür investieren können und wie (un-)kompliziert der jeweilige Gesprächspartner ist.

Was nicht in Vorgespräche gehört[3]:

- Hinweise auf Fragen, mit denen der Journalist den Gesprächspartner im Interview überraschen will,
- Fakten, die der Journalist zum Nachhaken braucht und von denen der Informant nicht weiß, dass der Journalist sie kennt,
- die Vorbesprechung von Interviewfragen zu Gefühlen wie Ängsten und Hoffnungen. Die Antworten darauf sollten möglichst spontan sein. Denn der zweite Aufguss schmeckt oft fade.
- lange Erklärungen des Interviewers zum Interviewziel und schon gar nicht seine Meinung zu den Gesprächsthemen. Meist langweilt das die Informanten. Und immer kostet es Zeit.

Um die bestmöglichen Voraussetzungen für das Interview zu schaffen, muss der Journalist in den Vorbereitungsgesprächen die *Formalitäten* und *Spielregeln* dafür klären sowie seine emotionale Beziehung zum Informanten so *belastbar* machen, dass sie auch Konfrontationen aushält. Konfrontationen können vor allem während der Frage-Antwort-Situation und – bei Print- und Onlinejournalisten – in der späteren Interviewautorisierung entstehen.
Wie schon bei der Interviewanfrage und beim Fragen- oder Themenlistenversand geht es auch in den Vorbereitungsgesprächen darum, vorausschauend zu kommunizieren, um das Risiko potenzieller Kommunikationsstörungen von vorn herein zu minimieren.

Achtung: Jeder Ansprechpartner ist gleich wichtig. Wird der Informant in der Interviewvorbereitung durch seinen Pressesprecher oder einen anderen »Beistand« vertreten, sollte der Interviewer diesen mit derselben Intensität vorbereiten wie er es mit dem Informanten persönlich tun würde. Denn meist überträgt der »Beistand« seine Anti- oder Sympathien gegenüber dem Journalisten auf den Gesprächspartner.

Der Interviewer tut gut daran, seinem Informanten in den Vorbereitungsgesprächen zu suggerieren, dass er dessen *Interessenslage* akzeptiert und durch das Gespräch auch *dazulernen* will. Das mag einigen Journalisten zuwider sein, weil sie sich dadurch nicht mehr auf Augenhöhe wähnen. Aber es sollte ihnen in der strategischen Kommunikation während des Interviewprozesses eben nicht darum gehen, die eigene Eitelkeit zu befriedigen, sondern ihre Informanten zur Kooperation zu motivieren.

Ein Journalist, der seinem Interviewpartner von vorn herein signalisiert, dass er sich ohnehin nicht von ihm beeinflussen lässt, schadet sich selbst, weil er seinen Gesprächspartner demotiviert. Wozu sollten PR-getriebene Informanten überhaupt mit ihm reden, wenn sie keine Hoffnung haben, ihn von ihren Botschaften überzeugen zu können?

So mancher Medienprofi gibt hinter vorgehaltener Hand zu, genervt davon zu sein, dass sich manche Journalisten als unbelehrbare Meinungsmacher aufspielen. Clevere Interviewer spielen genau das Gegenstück dazu – und gestehen gegenüber ihren Gesprächspartnern gezielt Wissenslücken. Aber mit Fingerspitzengefühl! Sie sollten dabei sympathisch, ehrlich, aber nicht inkompetent oder naiv wirken.

Mögliche vom Journalisten gesetzte Vorgesprächsthemen, ihre Wirkung auf den Gesprächspartner und ihr Nutzen für den Interviewer werden im Folgenden beschrieben:

Grundsätzlich lernt der Journalist seinen Informanten durch eine gute Interviewvorbereitung besser kennen (sofern der Informant nicht ohnehin eine ständig in den Medien präsente, öffentliche Person ist), beispielsweise

- sein *Temperament* (Ist er etwa laut und aggressiv oder leise und zurückhaltend?),
- seine *Rhetorik* (Spricht er kurz, knackig und auf den Punkt oder fabuliert er lange um den heißen Brei herum?),
- seine *sachlichen Bedürfnisse* (Wie reagiert er auf die Fragen-/Themenliste?) und

- seine *emotionalen Bedürfnisse* (Hat er ein ausgeprägtes Geltungsbedürfnis? Redet er viel und gern über sich oder hält sich damit lieber zurück?).

Wenn Verkäufer ihre Kunden bewusst häufig kontaktieren, um sie besser einschätzen zu können, nennen sie das auch *»Temperatur fühlen«*. Journalisten sollten bei ihren Interviewpartnern auch öfter das »Thermometer« anlegen.

Den möglichen Nutzen des Interviews für den Informanten hat der Journalist ihm idealerweise zwar schon in der Gesprächsanfrage erläutert. Aber oft beginnen die Interviewpartner am Nutzen zu zweifeln, wenn sie in der Fragenliste sehen, dass der Interviewer sie mit kritischen Themen konfrontiert. Schlimmstenfalls erwägen sie deshalb eine Terminabsage. Dem kann der Interviewer vorbeugen, indem er seine kritischen Fragen in der Gesprächsvorbereitung offensiv anspricht: `Herr Mustermann, ich hoffe, Herr Dr. Boss akzeptiert, dass die meisten meiner Fragen recht kritisch sind. Ich könnte verstehen, wenn er davon nicht begeistert ist. Aber das sind nun mal die Fragen, die sich die Öffentlichkeit momentan stellt. Und unsere Leser erwarten natürlich, dass ich Herrn Boss einige davon weiterleite. Da habe ich doch Ihr Verständnis, oder?`

Auf diese Frage bekommt der Journalist wahrscheinlich eine bejahende Antwort. Damit ist klar: Er ist lediglich Mittelsmann eines kritischen Publikums und tut nur seine Pflicht. Die Wahrscheinlichkeit, dass ein Pressesprecher den Interviewer seine Pflicht nicht tun lässt, in dem er ihm kritische Fragen verweigert, ist gering. Er würde sich ansonsten als ängstlicher Verhinderer (s. Seite 66) entblößen und den Unmut des Journalisten riskieren. Beides wollen Pressesprecher in der Regel vermeiden. Damit es ihnen gelingt, die kritischen Fragen an ihre Chefs weiter zu »verkaufen«, sollte der Interviewer ihnen die passenden Argumente dafür gleich mitliefern: `Dr. Boss` aus dem obigen Fallbeispiel hätte in dem Interview beispielsweise die Chance,

- die Sachlage aus seiner Sicht darzustellen,
- mit Vorurteilen des Publikums aufzuräumen und
- eventuelle Falschinformationen richtig zu stellen.

Welcher Pressesprecher wird ein solches Angebot offen ablehnen? Zumal er das Interview schon zugesagt hat und bei einer Absage damit rechnen muss, dass der Redakteur die kritischen Themen in einer anderen Darstellungsform thematisiert, die der Pressesprecher oder der Informant im Gegensatz zum avisierten Interview nicht beeinflussen könnte?

Auch den Wahrheitsgehalt seiner Informationen kann der Journalist in den Vorbereitungsgesprächen prüfen. Häufig werden Journalisten von so genannten Einflüsterern, die gute Kontakte in die Redaktionen haben und deren Hauptjob es ist, die Medien im Sinne ihrer Auftraggeber zu instrumentalisieren, inoffiziell mit heiklen Informationen versorgt. Aber Vorsicht: Manche dieser Leute lancieren mitunter gezielt *Lügen*, um Konkurrenten ihrer Aufraggeber zu schaden. Aber auf Desinformationen basierende Fragen machen den Interviewer beim Informanten unglaubwürdig. Und auch beim Publikum, wenn es die Fragefehler bemerkt.

Journalisten sollten sich auch nicht scheuen, substanzielle Antworten einzufordern: Herr Mustermann, wahrscheinlich sind Herrn Dr. Boss manche meiner Fragen nicht ganz angenehm. Es wäre dennoch gut, wenn er in solchen Fällen etwas Substanzielles sagen würde. Ich glaube, klare Worte würden das Publikum eher überzeugen, als wenn er ausweicht. Diese positiv formulierten Sätze sollen deutlich machen: Herr Mustermann, mir ist klar, dass Herr Dr. Boss versuchen wird, bei kritischen Fragen viel zu antworten, aber dabei nichts zu sagen. Allerdings ist das Publikum nicht so blöd, wie er hofft. Und ich übrigens auch nicht. Also sagen Sie ihm bitte, dass es seiner Glaubwürdigkeit besser bekommt, wenn er die übliche Phrasendrescherei diesmal bleiben lässt.

Wenn der Interviewer von dem Pressesprecher/dem Informanten ernst genommen wird, sollte die offene Forderung nach substanziellen Antworten zumindest bewirken, dass er weniger Nonsens von seinem Interviewpartner zu hören bekommt, als ein Journalist, von dem die »andere Seite« glaubt, dass er Phrasen kaum von klaren Sätzen unterscheiden kann.

Um Kompetenz zu beweisen, können Journalisten neuen Informanten mitteilen, welche anderen Informanten sie bereits interviewt haben. Je eindrucksvoller die *Referenzliste* ist, desto besser. Aber Vorsicht: Journalisten sollten sich niemals wie Angeber präsentieren! Es darf einem Interviewer lediglich darum gehen, seinen Gesprächspartnern zu suggerieren, dass sie sich bei ihm in professionelle Hände begeben.

Auch andere Referenzen können positive Reaktionen bei Informanten auslösen: Wenn der Interviewer beispielsweise eine besondere Position innehat – etwa *Ressortleiter, Chefreporter oder Leiter des Korrespondentenbüros.* Je höher der Interviewer hierarchisch angestellt ist, desto wichtiger fühlt sich der Informant. Allerdings macht eine gehobene Stellung noch längst keinen Top-Interviewer aus. Es gibt viele Redakteure, die geschickter mit Interviewpartnern umgehen als ihre Ressortleiter oder Chefredakteure.

Praktikanten und Volontäre befürchten oft, dass sie von älteren oder ranghohen Interviewpartnern nicht ernst genommen werden, weil sie noch relativ jung sind und auf der niedrigsten Stufe der Redaktionshierarchie stehen. Zu Recht. Viele Medienprofis, vor allem aus Politik und Wirtschaft, sind eitel und wollen am liebsten nur mit leitenden Redakteuren sprechen.
Um deren negativen Vorurteilen zu entgehen, können Praktikanten und Volontäre in der E-Mail-Kommunikation vor der Frage-Antwort-Situation einfach ihren Redaktionsstatus aus der Mailsignatur heraus lassen. Es genügt, wenn dort beispielsweise steht:

... Mit freundlichen Grüßen
Steffen Jung
Redaktion »Wirtschaft«
Kapitalmarkt-Verlag ...

Wenn Praktikanten und Volontäre von Pressesprechern und Informanten nach ihrem Redaktionsstatus gefragt werden, sollten sie selbstbewusst die Wahrheit sagen: Ich bin Volontär ... Und sich das nächste commitment holen: ... Das macht Ihnen doch hoffentlich nichts aus, oder? Dann dürfte das Thema erledigt sein – vorausgesetzt der Auszubildende erledigt seinen Job ordentlich und ist dem Interviewpartner sympathisch. Dann wird ihm der Informant eventuelle Fehler und Wissenslücken sogar eher verzeihen als erfahrenen Redakteuren.

Dass manche Informanten jungen Journalisten weniger Kompetenz zutrauen als den Älteren, kann für die Jungen ein weiterer Vorteil sein: Wenn sie aufgrund ihrer vermeintlichen Unerfahrenheit unterschätzt werden, reden sich unvorsichtige Gesprächspartner womöglich um Kopf und Kragen. Journalisten dürfen sich also auch bewusst *unterschätzen* lassen.

Die Rollenverteilung ist ein weiteres Thema, das der Journalist in der Vorbereitung ansprechen sollte. Herr Mustermann, bitte berücksichtigen Sie im Interview, dass unsere Leser von mir erwarten, dass ich auch kritische Fragen stelle. Bitte denken Sie daran: Jeder von uns hat seine Rolle: Herr Boss vertritt Ihr Unternehmen, ich das Publikum. Ist das so OK für Sie? Der Angesprochene wird antworten: Aber natürlich!

Dieses *wiederholte commitment* scheint banal, ist es aber nicht! In der Praxis versuchen Interviewte gern, Journalisten als ihre »Pressesprecher« zu benutzen. Deshalb ist der subtile Hinweis des Interviewers, dass er dieses Spielchen kennt, wichtig, um sich *Respekt* zu verschaffen. Souveräne Pressesprecher haben übrigens durchaus Interesse daran, dass ihre Vorgesetzten auch kritisch befragt werden, da sie durch kritische Fragen auch glaubwürdiger wirken können. Journalisten sollten dies ausnutzen.

Die Macht der Wiederholung hat der französische Arzt, Soziologe und Begründer der Massenpsychologie, Gustave Le Bon, bereits 1895 beschrieben: »... Die Behauptung hat aber nur dann wirklichen Einfluss, wenn sie ständig wiederholt wird, und zwar möglichst mit denselben Ausdrücken. Napoleon sagte, es gäbe nur eine einzige ernsthafte Redefigur: die Wiederholung ...«[4]
Wie das commitment und die Sympathie wird auch die schlichte Wiederholung bestimmter Aussagen von vielen PR-getriebenen Interviewpartnern genutzt, um Journalisten und die Öffentlichkeit zu manipulieren. Für Journalisten ist es legitim, Medienprofis mit deren eigenen Mitteln entgegen zu treten. Auch Interviewer sollten deshalb ihre Anliegen gegenüber Pressesprechern und Interviewpartnern möglichst oft wiederholen, um sie derart in deren Köpfen zu verankern, dass sie sich an die Forderungen des Interviewers gewöhnen und sie als normal und akzeptabel empfinden.

Um psychischen Druck von Informanten zu nehmen, vor allem von nervösen Medienlaien, sind Blutdruck senkende Worte nützlich: Frau Schmidt, wir führen fast täglich Interviews mit Menschen, die das wie Sie zum ersten Mal machen. Und danach staunen die Leute immer, wie gut sie das hingekriegt haben. Ihnen wird es genau so gehen. Versprochen! Also machen Sie sich keine Sorgen.
Solche verbalen Beruhigungspillen sind allerdings widersinnig, wenn der Journalist gar kein Interesse daran hat, dass der Interviewte überzeugend wirkt.

Rhetorisch schwache Interviewpartner können vor allem Fernseh- und Radiointerviews zur Qual machen. Deshalb muss der Journalist vor allem unsichere Kandidaten und Experten für komplizierte Sachverhalte wie Wissenschaftler vor den Interviews darauf hinweisen, worauf es im Gespräch ankommt. Folgende Punkte sollte er in diesem Zusammenhang einfordern:

- Konzentration auf Kernaussagen,
- kurze und logisch strukturierte Antwortsätze,
- möglichst wenige Fach- und Insiderbezeichnungen,
- veranschaulichende Beispiele,
- prägnante Meinungen und
- deutliche Aussprache.

Autorisierung anbieten? Ja! Ob Print- und Internetredakteure ihren Interviewpartnern *freiwillig* und von vorn herein die nachträgliche Autorisierung des Interviews anbieten sollen, ist unter Journalisten umstritten. Schließlich missbrauchen viele Interviewte die Autorisierung, um ihre Aussagen im Nachhinein zu verändern oder gar komplett zu streichen. Der Interviewer sollte aber bedenken: Wenn er seine Gesprächspartner im Unklaren darüber lässt, ob sie nach dem Gespräch noch Einfluss auf ihre Worte haben, werden sie sich im Interview

- viel vorsichtiger äußern,
- bestimmte Aussagen penibel vermeiden, sich also
- emotional verschließen, dadurch für den Interviewer
- schwerer steuerbar sein und letztlich
- unbefriedigend antworten.

Fernseh- und Radiointerviewer, bei denen die Autorisierung unüblich ist, können davon ein Lied singen.

Viel bessere Antworten kann der Journalist herauskitzeln, wenn seine Gesprächspartner schon vor dem Interview wissen, dass sie es nachher noch beeinflussen können. Ein Satz wie der folgende entspannt viele Informanten derart, dass sie sich später im Gespräch mitunter sogar zu brisanten Informationen hinreißen lassen:

Herr Mustermann, Sie und Herr Boss können ganz entspannt sein. Schließlich bekommen Sie das Interview vor der Veröffentlichung ohnehin noch zur Autorisierung von mir.

Selbst wenn der Interviewpartner oder sein Pressesprecher im Nachhinein bestimmte Informationen wieder aus dem Text streichen: Aus dem Kopf des Interviewers können sie ihre Aussagen nicht mehr löschen! Der Journalist kann solche Aussagen immerhin für andere Beiträge oder als Basis für weitere Recherchen verwerten! Und das ist allemal besser, als diese Informationen gar nicht zu bekommen.

Mit der Autorisierung bietet der Journalist lediglich an, was die meisten Interviewpartner in Deutschland ohnehin verlangen.

Auf Diskrepanzen zwischen dem Wortlaut des Originalgesprächs und der Schriftform zur Veröffentlichung sollten Printjournalisten ihre Informanten besser zu viel als zu wenig hinweisen. Andernfalls ist das Risiko höher, dass sich ihre Gesprächspartner bei der Autorisierung darüber beschweren, dass sie dieses und jenes nicht so gesagt hätten, wie es vom Interviewer formuliert wurde. Meist müssen solche Korrekturen aber sein, um die Antworten der Interviewten zu »entmüllen« und verständlich zu machen.

Der reine Wahnsinn sind rhetorische Irrgeister wie der ehemalige bayerische Ministerpräsident Edmund Stoiber. Beispiel für eine völlig »verstoiberte« Original-Aussage:

Wenn Sie vom Hauptbahnhof in München mit zehn Minuten ohne dass Sie am Flughafen noch einchecken müssen dann starten Sie im Grunde genommen am Flughafen am am Hauptbahnhof in München starten Sie ihren Flug zehn Minuten schauen Sie sich mal die großen Flughäfen an wenn Sie in Heathrow in London oder sonstwo meine Charles de Gaulle in äh Frankreich oder in Rom wenn Sie sich mal die Entfernun-

---

gen ansehen, wenn Sie Frankfurt sich ansehen dann werden Sie feststellen, dass zehn Minuten Sie jederzeit locker in Frankfurt brauchen um ihr Gate zu finden – Wenn Sie vom Flug- äh vom Hauptbahnhof starten Sie steigen in den Hauptbahnhof ein Sie fahren mit dem Transrapid in zehn Minuten an den Flughafen in an den Flughafen Franz-Josef Strauß dann starten Sie praktisch hier am Hauptbahnhof in München – das bedeutet natürlich dass der Hauptbahnhof im Grunde genommen näher an Bayern an die bayerischen Städte heranwächst weil das ja klar ist weil aus dem Hauptbahnhof viele Linien aus Bayern zusammenlaufen.[5]
Ironie des Wirrwarrs: Journalisten, die solchen Nonsens für ein Interview in sinnvolle Sätze umschreiben müssen, müssten eigentlich von den Wortmüllproduzenten als Redenschreiber vergütet werden.

So kann der Printjournalist überzeugend kommunizieren, dass er den originalen Wortlaut seines Gesprächspartners im Nachhinein umschreiben wird: Herr Mustermann, ich werde wohl in der Verschriftlichung einiges umstellen müssen, weil gesprochene Sätze selten druckreif sind und der Text auch ins Layout passen muss. Sind Sie damit einverstanden? **Und nochmals:** Sie bekommen den Text ja eh noch mal zur Autorisierung. Wenn der Printjournalist seinen Interviewpartnern schon vor der Frage-Antwort-Situation erklärt, dass er ihre Worte danach umschreiben wird, beugt er potenziellem Ärger darüber im Autorisierungsprozess vor.

Ein weiterer Aspekt in der Gesprächsvorbereitung von Fernseh- und Radiointerviews sollte die Aufnahme- und Sendetechnik sein. Von ihr werden die Journalisten als auch die Interviewten manchmal so sehr in Anspruch genommen, dass die eigentlichen Gesprächsthemen zur Nebensache schrumpfen. Das gilt auch für *Video-Journalisten*, so genannte VJs, die für TV- und Internetmedien unterwegs sind. VJs filmen und interviewen zugleich.

Um das Störpotenzial durch die Aufnahmetechnik zu reduzieren, sollten Journalisten ihre Interviewpartner über die technischen Bedingungen am Interview-Ort aufklären. Sollte der Ort vom Informanten ausgewählt werden, muss ihm der Interviewer erklären, welche Voraussetzungen dort erfüllt sein müssen. Im Wesentlichen geht es dabei um die

- Raumgröße (damit die Technik hinein passt),
- Raumausstattung (damit die Technik installiert werden kann),
- Raumgestaltung (damit im TV der optische »Rahmen« stimmt),
- Lichteinflüsse (um eine optimale Belichtung zu schaffen) und
- Lautstärkeeinflüsse (um im Gespräch nicht von unerwünschten Nebengeräuschen übertönt zu werden).

Arbeitet der Interviewer mit Bild- und Tontechnikern, einem Fotografen oder einem Maskenbildner zusammen, sollte er dem Informanten auch deren Aufgaben erklären. Dadurch gewöhnt ihn der Journalist weiter an die bevorstehende Frage-Antwort-Situation und kann sich dabei nach Absprache mit den Kollegen als »*Teamchef*« positionieren. Dieser (gespielte) Rang wertet den Journalisten aus Sicht seines Gesprächspartners auf.

Der Interviewer sollte auch sein Technikteam über die von ihm gewünschte Rollenverteilung vor Ort vorbereiten, damit im Beisein des Informanten keine Unstimmigkeiten aufkommen. Dies könnte unprofessionell wirken und den Befragten verunsichern.

Die Wahl des Interview-Ortes überlassen Top-Interviewer gern ihrem Gesprächspartner, sofern das Gespräch nicht aus Kosten-, Zeit- oder technischen Gründen in der Redaktion stattfinden muss. Die Möglichkeit der Ortswahl macht insbesondere

aufgeregte Medienlaien etwas sicherer, da sie einen Ort aus-
wählen können, an dem sie sich wohl und im *»Heimvorteil«* fühlen – beispielsweise die eigene Wohnung.
Der Nachteil daran: Der Interviewer kann potenzielle Störfaktoren wie Lärm und Mitarbeiter oder Angehörige des Informanten
kaum vorab ausschließen.

**Wenn der Journalist seinen Informanten aus dessen Be-
rufsumfeld** locken kann, wirkt das häufig positiv auf die Antwortqualität. Beispielsweise muss der Abgeordnete nicht hinter
seinem Schreibtisch, der Sportler nicht auf dem Sportplatz, der
Arzt nicht in der Klinik und der Wissenschaftler nicht im Labor
interviewt werden! Es sei denn, der Journalist will sie *bewusst* in
ihrer gewohnten Umgebung befragen. Der Nachteil dabei: Dort
bewegen sich Interviewpartner schwerer aus ihren gewohnten
Positionen heraus. Journalisten können ihnen neue Ansichten
eher an Orten entlocken, an denen sich die Informanten unbe-
fangener als am Arbeitsplatz fühlen: in ihrem Tennis- oder Golf-
club, in ihrem Lieblingsrestaurant, bei einem Spaziergang oder
nach Feierabend auf dem Heimweg.

Interviewmarathons auf Pressekonferenzen oder Messen,
in denen sich Gesprächspartner mehreren, zeitlich eng aneinan-
der getakteten Interviews stellen, sollten Journalisten möglichst
meiden. Sollten sie dort dennoch ein Gespräch führen müssen,
ist ein Termin zu Beginn der Veranstaltung besser als einer kurz
vor dem Ende. Denn je später es wird, desto müder und lustlo-
ser werden die Interviewten.

Findet das Interview in der Redaktion statt, hat der Journalist für eine *störungsfreie* und *angenehme* Umgebung zu sorgen. Getränke und Knabbereien sollten ebenso bereit stehen
wie Schreibutensilien. Telefone müssen vor Gesprächsstart ab-
geschaltet, die Aufnahme- und Sendetechnik richtig positioniert
und gestestet werden.
Sicherheitshalber sollten Printjournalisten ein zweites Aufnah-
meset (Aufnahmegerät, Ersatzbatterien, eventuell Kassetten

und Mikrofon) bereithalten. Dann brauchen sie nicht mitschreiben, falls eines kaputt geht.

Manche Printredakteure schreiben während ihrer Interviews bewusst nichts mit und nutzen auch kein Aufnahmegerät, weil sich viele Interviewpartner freier fühlen, wenn sie ihre Worte nur im Kopf des Interviewers gespeichert wissen.

Das so genannte *Gedächtnisprotokoll* ist aber nur bei Sachinterviews sinnvoll, in denen sich der Interviewer thematisch sehr gut auskennt. Ansonsten riskiert er, den Gesprächspartner in der Verschriftlichung unvollständig oder falsch wiederzugeben. Oder der Interviewer zitiert ihn korrekt, aber der Informant will es so nicht gesagt haben. Und wenn solche »Missverständnisse« zu Streitfällen werden, steht noch nicht mal ein Tonband zur Verfügung, das die Wahrheit belegt.

Telefoninterviews sind sinnvoll, wenn der Aufwand gering gehalten werden soll oder nur ein relativ kurzes Gespräch und keine Bildaufnahmen nötig sind. Dennoch gilt für die Vorbereitung von Telefoninterviews dieselbe Sorgfaltspflicht wie für Gespräche, in denen sich der Journalist und der Befragte Auge in Auge begegnen.

Da sich die beiden im Telefoninterview nicht sehen, kann der Journalist seinen Gesprächspartner unmöglich per Körpersprache steuern. Vor allem Radio- und Fernsehjournalisten sollten ihren Telefon-Interviewpartnern deshalb in den vorbereitenden Gesprächen klar machen, dass deren Antworten nicht zu lang sein dürfen, aber präzise sein müssen. Zwar könnte der Interviewer seine Telefon-Interviewpartner verbal steuern, indem er sie beispielsweise unterbricht. Aber das kostet Zeit und wirkt in Funk und Fernsehen störend.

Schriftliche Antworten auf Interviewfragen sollten Journalisten, wenn irgend möglich, ablehnen. Pressesprecher und Informanten bieten das manchmal an, wenn sie das Interview geben möchten, aber zum gewünschten Termin nicht verfügbar sind. Doch Vorsicht: Schriftliche Antworten gleichen meist Texten aus der *Eigenwerbung*, sind häufig mit *Fachbegriffen* durchsetzt und wirken gestelzt. Deshalb fehlt ihnen in der Regel die natürliche Gesprächsatmosphäre, von der insbesondere personalisierte Interviews leben.

Zudem reagieren »schriftliche Informanten« oft extrem gereizt, wenn der Journalist ihre Antworten umschreibt, beispielsweise um sie verständlicher zu formulieren oder zu kürzen. Schließlich haben sich die meisten Informanten ihre Formulierungen genau überlegt – leider oft nicht im Sinne des Journalisten.

Kleider machen Leute

Bevor der Interviewer seinem Informanten begegnet, sollte er auch sein äußeres Erscheinungsbild planen. Sowohl der körperliche Zustand als auch die Kleidung des Journalisten können Kommunikationsbarrieren auf- oder abbauen. Attraktivität macht sympathisch und Sympathie macht gefügig. Der Umkehrschluss gilt ebenso.

Die Vorstellungen, was attraktiv ist und was nicht, differieren nach der Erziehung, dem Alter, dem sozialen und beruflichen Milieu, der Volksgruppenzugehörigkeit und der Weltanschauung von Menschen. Einige optische Merkmale werden jedoch gemeinhin als attraktiv angesehen: gepflegte *Fingernägel* und *Zähne*, gekämmte *Haare* und saubere *Kleidung*. Das klingt banal, aber längst nicht jeder Journalist achtet darauf.

Ein gepflegter Interviewer vermittelt seinen Gesprächspartnern, dass sie sich mit einem soliden und vertrauenswürdigen Journalisten einlassen. In ungepflegtem Zustand riskiert er, seine Gesprächspartner abzustoßen. Und das würde wiederum die emotionale Beziehung zwischen den beiden belasten.

Die Wahl einer angemessenen Kleidung erfordert wieder den Blick auf den Interviewpartner. Grundsätzlich gilt: Der Journalist sollte an sich dessen Kleidungsgewohnheiten anpassen – auch wenn er dafür über seinen Schatten springen muss. Psychologen haben erforscht, dass die *Hilfsbereitschaft* von Menschen gegenüber anderen Menschen besonders groß ist, wenn diese anderen so angezogen sind wie sie selbst – und wenn sie sich ihnen *gleich gesinnt* wähnen. »Kleidung ist ein Autoritätssymbol, das mechanische *Willfährigkeit* auslösen kann«[6], sagt beispielsweise der US-Psychologieprofessor Robert B. Cialdini. Im Interview muss der Journalist dieser gleich gesinnte Andere sein, damit sein Gesprächspartner willig ist, ihm gute Antworten zu geben.

Viele Journalisten verstehen sich als Künstler und kleiden sich entsprechend planlos und ungezwungen. Es mag einige geben, denen ihr Schlabberlook sogar von geschniegelten Investmentbankern verziehen wird. Aber das sind Ausnahmen, die allein mit ihrer natürlichen Aura andere von sich einnehmen können.

Ein dunkler Anzug, ein passender Schlips und geputzte Schuhe sind zum Beispiel das richtige Outfit für Interviews mit Bankern, führenden Politikern und Wirtschaftsmanagern. Bei Obdachlosen oder dem Leiter der Drogenberatung sollte der Interviewer aber nicht so geschniegelt antreten. Ansonsten würde er wohl Vorurteile und Ablehnung gegen sich provozieren. Unauffällige Alltagskleidung würde hier schon eher passen.

Bei beispielsweise Bauleitern, Unfallgutachtern oder Wissenschaftlern kann der Journalist den Schlips weglassen, wenn er weiß, dass diese Gesprächspartner auch meist ohne Krawatte unterwegs sind. Bei Interviews mit Rockmusikern kann er sich durchaus eine Lederjacke überstreifen und für Gespräche mit Sportlern auch eine lässige Kapuzenjacke.

Bild- und Tontechniker, Fotografen und Maskenbildner sollten ebenso gepflegt und passend gekleidet zum Interview gehen. Das ist in der Praxis noch weniger üblich als bei Redakteuren. Mancher Kameramann bekleidet sich sogar für Termine mit Konzernchefs, Staatsführern und Aristokraten mit einer verschlissenen Jeans, einem T-Shirt und Turnschuhen.

Interviewer sollten deshalb ihre am Gespräch beteiligten Mitarbeiter vorab informieren, mit welchem Informantentyp sie es zu tun bekommen und welche Kleidung angemessen ist, um gegenüber dem Gesprächspartner nicht respektlos zu erscheinen.

Die Kleidung des Interviewpartners ist aus journalistischer Sicht vor allem bei Fernseh- und Videoaufnahmen wichtig. So können karierte Stoffmuster von Krawatten, Hemden und Sakkos oder scharfe Farbkontraste *Bildflimmern* verursachen. Nicht jedem Interviewpartner steht ein Pressesprecher bei, der auf solche Details achtet. Das muss bei Bedarf der Journalist übernehmen – wenn er das Interview perfekt vorbereiten will.

Wie Interviewteams (nicht) zum Ziel kommen

Wer Journalisten fragt, warum sie mit mehreren Redakteuren einen Gesprächspartner interviewen, bekommt zumeist die gleiche Antwort: Mehrere Interviewer seien aufmerksamer und schlagfertiger als einer – vor allem bei kontroversen Gesprächen. Das klingt wie ein Naturgesetz – ist aber keins. Oft ist ein zahlenmäßig überlegenes Interviewteam seinem einzigen Gesprächspartner sogar unterlegen.

Im Folgenden werden die Gründe dafür, aber auch wichtige Tipps und Tricks für mehrköpfige Interviewerteams beschrieben:

Das personelle Verhältnis zwischen Journalisten und Gesprächspartnern in Fernseh- und Radiointerviews ist in den meisten Fällen eins zu eins oder eins zu zwei. In so genannten *TV-Talkshows* befragt ein Interviewer sogar bis zu sechs Gesprächspartner. Die zurzeit bekanntesten TV-Interviewer in Deutschland sind Reinhold Beckmann, Johannes B. Kerner, Maybrit Illner, Sandra Maischberger und Anne Will. Zwar werden sie häufig dafür kritisiert, dass sie ihren Gesprächspartnern zu viel Redezeit für PR-lastige Selbstdarstellungen ließen. Allerdings gehört ihr relativ sanfter Fragestil zu den Sendungskonzepten. Wollten sie härter zu Werke gehen, wären sie natürlich imstande dazu.

Ein aggressiveres Interviewkonzept liegt der ARD-Sendung »Hart, aber fair« zu Grunde. Dies signalisiert schon der Titel. Hier nimmt der Interviewprofi Frank Plasberg seine fünf Gesprächspartner pro Sendung teils derart in die Mangel, dass Phrasendrescher unter ihnen schnell auffallen. Plasberg beweist: Nicht die *Anzahl* der Interviewer ist entscheidend dafür, wie aufmerksam und schlagfertig Informanten befragt werden können, sondern die *Qualität* des Interviewers. Zwei Plasbergs pro Sendung wären wohl kaum besser als einer.

Konzeptlos agieren dagegen die meisten Zeitungs-, Magazin- und Onlineredaktionen. Das liegt vor allem an der vermeintlich fehlenden Not zu professionellen Gesprächskonzepten, da ihre Leser im Gegensatz zu Fernsehzuschauern und Radiohörern *nicht* live verfolgen können, wie die Interviews *tatsächlich* verlaufen. *Welche* Journalisten von Print- und Onlineredaktionen bestimmte Gesprächspartner interviewen dürfen, richtet sich in der Regel nicht nach deren Kommunikationsgeschick, sondern viel mehr nach ihrer Ressortzugehörigkeit sowie nach der Ranghöhe und Prominenz des Gesprächspartners.

Während beispielsweise bei Printmedien *ein* Medienlaie oder *ein* »einfacher« Sachverständiger meist auch von nur *einem* Journalisten interviewt wird, setzen sich *einem* hochrangigen oder besonders begehrten Interviewpartner oft zwei, manchmal sogar *bis zu fünf* Redakteure gegenüber. Diese Konstellation ist aber auch üblich, wenn die Interviewthemen Zuständigkeiten mehrerer Redakteure streifen.

So könnten bei einem Interview mit dem Vertreter einer Fluggesellschaft mindestens die zuständigen Redakteure für die Branchen Luftfahrt und Tourismus dabei sein. Je nach Gesprächspartner gesellen sich gern auch ein Ressortleiter und/oder Vertreter der Chefredaktion hinzu.

Interviewteams führen oft schlechtere Interviews als Einzelinterviewer. Das kann an der mangelnden kommunikativen Sensibilität einzelner Teammitglieder liegen. Aber auch an persönlichen Eitelkeiten, die einzelne Journalisten über den gemeinsamen Gesprächserfolg stellen.

Im Folgenden werden Fehler von Interviewteams beschrieben, die der Interviewqualität aus journalistischer Sicht schaden, aber dem Gesprächspartner zugute kommen:

- Schlimmstenfalls hat das *Interviewteam* keine gemeinsamen Interviewziele und somit auch keine einheitliche Gesprächsstrategie. Zwar hat sich vielleicht jeder Redakteur für sich vorbereitet. Doch als Team sind sie unorganisiert. Einem cleveren *Gesprächspartner* dürfte es dadurch leicht fallen, die Redakteure gegeneinander auszuspielen, angenehme Fragen ausschweifend und ungenehme Fragen gar nicht zu beantworten. Denn das Journalistenteam hat keinen gemeinsamen Plan, wie es das verhindern könnte.

- Das *Interviewteam* hat sich immerhin gemeinsame Interviewziele, aber keine gemeinsame Strategie überlegt, wie es seine Ziele erreichen könnte. Ein cleverer *Gesprächspartner* braucht auch ein solches Team nicht fürchten.

- Das *Interviewteam* hat zwar gemeinsame Gesprächsziele sowie eine gemeinsame Strategie entwickelt. Aber die einzelnen Journalisten verfügen nicht über den gleichen Kenntnisstand zu den Gesprächsthemen und über den Interviewpartner. Wenn ein Teammitglied unbewusst durch naive Fragen Wissenslücken offenbart, wird ein geschickter *Gesprächspartner* versuchen, hauptsächlich mit diesem »Schwachpunkt« des Teams zu kommunizieren. Durch eine bewusst einseitige Kommunikation mit nur einem Journalistenteam-Mitglied kann der Informant den/die andere/n Journalisten neutralisieren und dadurch ihre gemeinsame Strategie zunichte machen.

- Der ranghöchste Redakteur im *Interviewteam* will sich als Chef profilieren und ist auch noch schlechter vorbereitet als seine Fachredakteure. Im Gesprächsverlauf reißt er die Rolle des Fragenden an sich, um sich vor seinem Journalistenteam, aber vor allem vor dem Interviewpartner aufzuspielen. Dadurch degradiert er die anderen Teammitglieder zu Statisten. Sie verlieren gegenüber dem *Gesprächspartner* an Renommee, weil sie offenbar nicht einmal vom eigenen Chef respektiert werden. Zudem macht sich der Chef ob seines Geltungsdrangs beim Interviewpartner lächerlich. Das gesamte Team droht deshalb vom Interviewpartner nicht mehr richtig ernst genommen zu werden.

■ Die Journalisten im *Interviewteam* kommen sich beim Fragen ins Gehege oder konkurrieren um die meisten und »klügsten« Fragen. Sie konzentrieren sich mehr auf sich und ihr »Standing« innerhalb des Teams als auf den *Gesprächspartner*, der sie dadurch auch wieder leicht gegeneinander ausspielen kann.

Die Entscheidung darüber, welcher Journalist in welcher Rolle am Interview teilnimmt und wie die Teilnehmer ihre Rollen spielen müssen, sollte sich einzig danach richten, wie man das Maximale aus dem Gespräch »herausholen« kann. Und: Jeder beteiligte Journalist muss seine Rolle von Anfang bis Ende des Interviews durchhalten!

Zu viele Köche verderben den Brei! Diese Metapher gilt auch für journalistische Interviews. Deshalb sollten Interviewteams aus höchstens zwei Journalisten bestehen. Sie können sich beim Fragen, Nachdenken, Zuhören und Mitschreiben abwechseln. Das funktioniert aber nur, wenn sie sich hinsichtlich ihrer Interviewstrategie einig sind, persönliche Eitelkeiten ablegen und somit an einem (Gesprächs-)Strang ziehen.

Die Rollenverteilung muss selbstverständlich bereits in der Interviewvorbereitung geplant werden. Beim Warten auf den Informanten unmittelbar vor Gesprächsbeginn ist es dafür zu spät. Interviewer, die ihre Rollen gekonnt spielen wollen, brauchen

■ ein umfangreiches *Wissen* über die Interviewthemen,
■ ein sehr gutes *Gespür* für das Verhalten anderer Menschen,
■ Talent zur *Schauspielerei*,
■ die Fähigkeit zur emotionalen *Selbstkontrolle*,

- den Willen zur *Zurückhaltung* der eigenen Person und
- *Mut* zur kontrollierten Konfrontation.

Das folgende Beispiel zeigt, wie sich zwei Interviewer ihre Rollen aufteilen können. Oberste Priorität hat auch hier die emotionale Beziehung der beiden zu ihrem Gesprächspartner. Los geht's:

Interviewer A mimt den Teamchef, Interviewer B den Adjutanten. Diese *emotionale Rollenverteilung* orientiert sich an der so berühmten wie wirkungsvollen good cop/bad cop – Verhörmethode, die aus unzähligen Filmen bekannt ist. Im hier beschriebenen Beispiel ist der Teamchef der »Gute« und der Adjutant der »Böse«. Das bedeutet für den »guten« Interviewer A, dass er als Wortführer auftritt: Er

- begrüßt den Gesprächspartner vor dem Interviewer B,
- übernimmt im »Warm up« mehr Gesprächsanteile als B,
- stellt im Interview mehr Fragen als B,
- darf B unterbrechen und ergänzen und
- verabschiedet sich erst nach B vom Gesprächspartner, um auch das letzte Wort des Teams zu haben.

Für Interviewer B bedeutet die Adjutantenrolle also, dass er während der gesamten Interviewzeit scheinbar hinter A »zurückbleibt«. Die *Wirkung* dieser Rollenverteilung: Der Informant wird

- Interviewer A als starken, wichtigeren Mann im Team ansehen, auf den er sich konzentrieren muss.
- Interviewer B als harmloses Hilfspersonal unterschätzen, den er dagegen nicht zu fürchten braucht.

Die beiden Journalisten können das Interview wie folgt führen:

- A sorgt dafür, dass das Gesprächsklima im Sinne ihrer Strategie positiv bleibt. Er kann alle offenen und geschlossenen Fragen (s. ab Seite 162) stellen, solange sie seine gute emotionale Beziehung zum Gesprächspartner nicht gefährden. Er bleibt also immer der »Freund« des Gesprächspartners.
- Sobald B merkt, dass das Gesprächklima zwischen Interviewer A und dem Informanten wegen bestimmter Fragen ins

Negative abgleitet, springt er ein und stellt anstelle von A die heiklen Fragen: `Entschuldigung Kollege, wenn ich auch kurz etwas fragen dürfte: Herr Dr. Boss, ich finde ihre Ausführungen interessant. Aber uns läuft die Zeit davon. Werden die betroffenen Mitarbeiter nun schon zum 1.1. entlassen oder nicht?` B ist also vor allem für die in Bezug auf die emotionale Beziehung gefährlichen Fragen zuständig. Er soll den Informanten mit Augenmaß »festnageln«, reizen und aus dem Konzept bringen.

Weitere wichtige Tipps dazu:

- Wenn Interviewer B so hart fragt, dass sich der Informant verzweifelt windet, sollte Interviewer A *Blickkontakte* mit dem Informanten *vermeiden*. Stattdessen sollte er scheinbar neutral und unbeteiligt zum Beispiel auf seinen Fragenzettel schauen oder am Aufnahmegerät fummeln. Denn Gesprächspartner, die sich in die Enge getrieben fühlen, suchen oft *Hilfe*, um sich aus dieser Zwangslage zu befreien. Und wenn der »gute« Interviewer A dem Informanten per Blickkontakt die Kommunikation anbietet, wäre A eine solche Hilfe. Damit der Informant aber nicht einfach auf A ausweichen kann, sondern sich vom »bösen« B »bearbeiten« lassen muss, sollte ihn A sozusagen mit B allein lassen. Umgekehrt muss B dem Informanten den Blickkontakt verwehren, wenn A ihn verbal zu packen versucht.

- Interviewer B, der in diesem Beispiel vom Interviewpartner unterschätzte Adjutant, sollte trotz seiner in der Sache harten Fragen immer etwas naiv und brav klingen, um die Fragen über den Ton zu entschärfen. So reduziert er die Gefahr, dass der Informant das Gefühl bekommt, sich völlig in B getäuscht zu haben und auf Distanz zu ihm geht. Die emotionale Rollenverteilung des Interviewteams muss während des gesamten »Spiels« konsistent bleiben.

- Wenn der »böse« B zu weit geht und seine emotionale Beziehung zum Gesprächspartner irreparabel belasten könnte, sollte sich wieder der »gute« Kollege A einschalten und mit offenen, entspannenden Fragen die Situation entschärfen.

■ Kommen die beiden Interviewer in bestimmten Momenten nicht weiter, weil sich der Befragte doch emotional verschließt, sollten sie schnell und unauffällig auf ein für ihn angenehmeres Fragethema schwenken. An das heikle Thema sollten sie erst wieder anknüpfen, wenn der Informant seine Abwehrhaltung wieder gelockert hat.

Alternativ zum oben geschilderten Beispiel könnte Interviewer A nachdenklich und feinsinnig und Interviewer B spontan und kumpelhaft fragen. Oder A fragt zur Sache und B zur Person. Allerdings ist eine rein *sachliche Rollenverteilung*, in der jeder Journalist nur jene Fragen stellen könnte, die sein Fachgebiet betreffen, nicht empfehlenswert, da sie ihre emotionale Beziehung zum Gesprächspartner vernachlässigt.

Ein weiterer nützlicher Vorbereitungsbestandteil kann die Probe von Frage-Antwort-Runden sein – vor allem für Live-Interviews im Radio und Fernsehen, da dort jedes Wort auf Anhieb passen muss.
Der Journalist könnte mit einem »Sparringspartner« wahrscheinliche Antworten des Informanten durchspielen und dadurch sein Gefühl, seine Reaktionsschnelligkeit und seine Selbstsicherheit für das »richtige« Interview verbessern.

Die wichtigsten Tipps für eine optimale Interviewvorbereitung:
■ Möglichst viele Informationen über den Gesprächspartner recherchieren, um ihn bestmöglich kennen zu lernen.
■ Auf den Informanten zugeschnittene, realistische Interviewziele sowie die passende Gesprächsstrategie dazu definieren.
■ Unmissverständlich, verbindlich und fehlerfrei mit der »anderen Seite« kommunizieren, um Professionalität zu vermitteln.

- Originelle Fragen recherchieren, diese dem Informanten aber nur zum Teil vorab übermitteln, um ihn im Interview noch überraschen zu können.
- Möglichst viele commitments vom Informanten auf die vom Journalisten gewünschte Vorgehensweise im gesamten Interviewprozess einholen.

Weiterführende Literatur:

Robert B. Cialdini, Die Psychologie des Überzeugens. Ein Lehrbuch für alle, die ihren Mitmenschen und sich selbst auf die Schliche kommen wollen (5. Auflage, Verlag Hans Huber, Bern 2007)

Walther von La Roche, Einführung in den praktischen Journalismus. Mit genauer Beschreibung aller Ausbildungswege Deutschland, Österreich, Schweiz (18. Auflage, Journalistische Praxis, Econ, Berlin 2008)

Walther von La Roche/Axel Buchholz (Hrsg.), Radio-Journalismus. Ein Handbuch für Ausbildung und Praxis im Hörfunk (9. Auflage, »Journalistische Praxis, Econ, Berlin 2009)

Gustave Le Bon, Psychologie der Massen (15. Auflage, Alfred Kröner Verlag, Stuttgart, 1982)

Ele Schöfthaler, Die Recherche. Ein Handbuch für Ausbildung und Praxis (»Journalistische Praxis«, Econ, Berlin 2006)

Gerhard Schult/Axel Buchholz (Hrsg.), Fernseh-Journalismus. Ein Handbuch für Ausbildung und Praxis (7. Auflage, Journalistische Praxis, Econ, Berlin 2006)

Einführen, verführen, hinführen

Die Vorbereitung ist vorbei, der Journalist am Ort des Interviews. Jetzt kommt's drauf an! In diesem Kapitel wird beschrieben, wie sich der Journalist in die Begegnung mit seinem Gesprächspartner *einführt*, ihn zur Kooperation *verführt* und ihn positiv gestimmt zur Frage-Antwort-Situation *hinführt*. Im Fokus steht die verbale Kommunikation *von* Angesicht zu Angesicht – wieder mit dem Ziel, dass der Journalist (und nicht der Informant) den Ton angibt.

Ein gutes Interview beginnt auf der Toilette. Je länger das Gespräch dauern soll, desto wichtiger ist es, vorher einen Abstecher aufs WC zu machen. Das klingt banal, ist aber wichtig. Denn ab sofort gilt eine weitere Verkäuferregel: Lasse einen Gesprächspartner *niemals* allein. Hält sich der Journalist nicht daran, verliert er die Kontrolle über ihn.
Würde der Journalist während des Gesprächs den Raum verlassen, um beispielsweise zur Toilette zu gehen, könnte der Informant in aller Ruhe den bisherigen Interviewverlauf überdenken und sich auf eine neue Strategie besinnen. Auch könnte ein »Beistand«, etwa der Pressesprecher, die Abwehrhaltung seines Chefs erneuern und damit das Interview negativ beeinflussen. Und ehe es der Journalist fortführen kann, hat sich die »andere Seite« schon kommunikationsstrategisch neu formiert.
Der Interviewer macht sich also, bevor er den seinen Gesprächspartner begrüßt, noch kurz frisch und checkt sein Erscheinungsbild – auch um sich wohl in seiner Haut zu fühlen und optisch fit für eventuelle Kamera- oder Fotoaufnahmen zu sein.

Danach hat der Journalist idealerweise noch ein paar Sekunden Zeit bis zur Begrüßung, um
- sich ungestört auf die nahende Begegnung zu konzentrieren (»OK, gleich geht's los.«),
- die eigene Anspannung abzubauen (»Locker bleiben! Das wird hier nur ein Interview.«),

- das eigene Selbstbewusstsein zu stärken (»Ich bin vorbereitet und gut drauf!«) und
- eine positive Einstellung zum Gesprächspartner einzunehmen (»Der wird mir ein super Interview geben!«).

Dann ist es soweit: Der Interviewpartner kommt.

»Ich grüße Sie!« – auf Augenhöhe

Der Interviewer hat es bei der Begrüßung umso leichter, je besser seine bislang aufgebaute Beziehung zum Informanten ist.
Aber auch wenn die Gesprächsvorbereitung nicht wie gewünscht geklappt hat, muss er sich nun freundlich und professionell verhalten. Denn einem offenen, sympathischen Menschen
können selbst Muffelköpfe, arrogante oder auch unsichere Gesprächspartner kaum auf Dauer widerstehen.

Wenn der Gesprächspartner erscheint, sollte ihm der Interviewer charmant lächelnd entgegen gehen und zur Begrüßung
dessen Hand selbstbewusst drücken (nicht »erdrücken«). Die
offensive Körpersprache soll signalisieren: »Selbst wenn Sie
meinen, ich bin Ihr Gegner: Das bin ich nicht. Aber ich bin auf
Augenhöhe mit Ihnen.« Der Interviewer sollte versuchen, sich
kraft seiner *Ausstrahlung* den Gesprächspartner schon bei der
Begrüßung zum »Freund« zu machen. Dann wird ihm dieser
eher vertrauen als einem Journalisten, der uncharismatisch
oder verunsichert daher kommt.

Zwar mimen viele Interviewpartner gegenüber Journalisten
ebenso den Vertrauten. Aber das macht nichts. Tun beide, als
wären sie Freunde, wird der Gesprächsstart viel besser gelingen, als wenn sie von Anfang an ihr *Konfrontationspotenzial*
durchblicken lassen.

Die nächste Weiche für eine gute Gesprächsatmosphäre
muss der Interviewer mit dem ersten Begrüßungssatz stellen.
Im folgenden Beispiel begrüßt der fiktive Journalist Schreiber

den Chef der Dux AG, den er zuvor noch nie gesprochen hat:
Ich grüße Sie, Herr Dr. Boss, und freue mich,
Sie endlich auch persönlich kennen zu lernen!
Oder: Guten Tag, Herr Dr. Boss! Ich freue mich,
dass Sie sich Zeit für mich nehmen.
Dass der Interviewer Herrn Dr. Boss **wie schon in der In-**
terviewanfrage und in der Vorbereitung mit Titel und Namen anspricht, signalisiert wiederholt Wertschätzung. Und ich freue
mich wirkt wie ein Kompliment von Herzen.

Schon ab dem ersten Begrüßungssatz sollte der Journalist
versuchen, sich dem *Temperament* des Begrüßten anzupassen.
Eine zu laute und zu offensive Begrüßung könnte unsensibel
wirken und einen ruhigen, introvertierten oder unsicheren Gesprächspartner verschrecken. Dagegen könnte der Journalist
dem Informanten mit einem allzu reservierten Guten Tag …
ein *Überlegenheitsgefühl* vermitteln, das er ihm vielleicht gar
nicht vermitteln möchte.

Mit demselben Respekt sollte der Interviewer auch Personen begrüßen, die den Interviewpartner begleiten. Keinesfalls
darf er beispielsweise den Pressesprecher plötzlich links liegen lassen, nur weil nun dessen Chef da ist. Pressesprecher
wollen ihren Chefs gern zeigen, dass sie die Journalisten »im
Griff« haben. Und wenn der Interviewer seine gute Beziehung
zu ihnen nicht gefährden will, gönnt er ihnen diesen Eindruck.
Ansonsten können Pressesprecher allein schon durch ge-
kränkte *Eitelkeit* zum Störfaktor werden. Und dies würde sich
spätestens während der Autorisierung für den Journalisten
rächen.

Einen altbewährten Verkäufertrick können Interviewer vor
allem bei unerfahrenen und unsicheren Interviewpartnern an-
wenden: die *Drei-Phasen-Begrüßung*. Sie funktioniert am ein-
fachsten bei Informanten, die anlässlich des Interviews in die
Redaktion gekommen sind. Für diese Art der Begrüßung lässt
der Interviewer seinen ängstlichen Gesprächspartner etwa zehn

Minuten früher erscheinen, als er es bei einem routinierten Gast tun würde, um genügend Zeit für die drei Phasen zu haben:

- **Phase 1:** Als erstes begrüßt der Journalist den Gesprächspartner nur kurz. Dann bringt er ihn an einen Ort, von dem aus der Gast den Interviewplatz sehen kann – oder direkt dorthin. Danach lässt ihn der Interviewer unter einem Vorwand erstmal allein: Entschuldigen Sie mich bitte noch zwei Minuten. Ich muss noch ein Telefonat führen, bin aber gleich wieder bei Ihnen. Ich habe uns Kaffee und Wasser bereitgestellt. Bitte nehmen Sie sich doch schon davon.

Wirkung: Beim Informanten lassen Anspannung und Erwartungsdruck nach, weil er eine solch entspannte Atmosphäre nicht erwartet hat. Zudem kann er aktiv werden, indem er sich Kaffee oder Wasser nimmt, statt in ängstlicher Passivität zu erstarren. So gewöhnt er sich in aller Ruhe an die fremde Situation. Höchstwahrscheinlich lockert das seine Abwehrhaltung bereits etwas.

- **Phase 2:** Nach zwei Minuten kehrt der Journalist wie versprochen zum Interviewpartner zurück, setzt sich zu ihm und verführt ihn zu einem lockeren Vorgespräch, bei dem er auch lockere, belanglose Fragen stellt: Hatten Sie eine angenehme Anreise? ... Und wie fühlen Sie sich jetzt? ... Nach weiteren zwei, drei Minuten entfernt sich der Interviewer nochmals unter einem Vorwand. Beispiel: Oh, ich habe mir gar keinen Kugelschreiber eingesteckt. Ich hole mir noch schnell einen.

Wirkung: Durch den Smalltalk hat sich der Gesprächspartner nun auch an den Journalisten gewöhnt. Und das bereits in einer Frage-Antwort-Situation! Dies sollte seine Schutzhaltung weiter lockern.

- **Phase 3:** Nach weiteren ein, zwei Minuten geht der Interviewer wieder zum Informanten zurück und startet die richtige »Aufwärmphase« (Warm up, s. Seite 143).

Wirkung: Die Interviewumgebung und der Journalist sind dem Gesprächspartner nun viel vertrauter als noch vor wenigen Minuten. Aus diesem Grund hängt sein emotionaler Schutzschild im Normalfall inzwischen viel tiefer als vor der Drei-Phasen-Begrüßung. Das ist gut für ihn – und den Interviewer.

Findet das Interview nicht in der Redaktion, sondern beim Gesprächspartner statt, kann die Methode auch funktionieren. Dann begrüßt der Interviewer den Informanten beispielsweise kurz an dessen Wohnungstür und geht zunächst wieder weg, um sein Auto richtig einzuparken oder die Technik und den Fotografen zu holen. Der Interviewer muss sein Team natürlich vor der Begegnung mit dem Informanten über die Drei-Phasen-Begrüßung informieren, damit es mitspielt.

Von der Person auf die Persönlichkeit schließen

Von Anfang an sollte der Journalist offene Ohren für die Worte seines Interviewpartners haben – aber auch offene Augen für dessen *Äußeres* und für den *Gesprächsort*. Dann kann er besser beurteilen,

■ ob sein bisheriger Eindruck von dem Informanten realistisch ist,

■ welche Themen er im Warm up ansprechen könnte,

■ ob die Aussagen des Interviewpartners glaubwürdig sind und

■ wo es sich lohnen könnte, ihm intensiver auf den Zahn zu fühlen.

Besonders bei personalisierten Interviews ist es wichtig, die Antworten des Interviewten anhand von weiteren Informationen aus dem Interviewumfeld zu hinterfragen.

Findet das Interview beim Gesprächspartner statt, etwa in dessen *Büro* oder *Wohnung*, kann der Journalist meist relativ leicht auf dessen Persönlichkeit schließen – wenn er sich ein paar Fragen dazu beantwortet:

■ Führt ihn der Interviewpartner in einen luxuriösen oder schlichten Raum? Das könnte darauf hindeuten, ob er gern protzt oder lieber bescheiden auftritt.

- Ist der Interviewraum aufgeräumt oder herrscht dort Durcheinander? Das könnte darauf hinweisen, ob der Informant ein aufgeräumter oder ein chaotischer Typ ist.

- Was sagen die Ausstellungsstücke in den Vitrinen, die Bilder an den Wänden oder die Bücher in den Regalen über seine kulturellen und religiösen Neigungen oder über Hobbys aus?

Oder wenn das Interview in einem *Restaurant* stattfindet:

- Hat der Gesprächspartner den Journalisten in eine einfache Eckkneipe eingeladen oder in die noble Trattoria seines Tennisklubs? Das indiziert womöglich, welchem sozialen Milieu er angehört oder zugeordnet werden will.

- Verkehren in dem Restaurant während des Interviews Bekannte von ihm? Das könnte bedeuten, dass er sich vor denen wichtig machen und mit dem Journalisten gesehen werden will.

- Hat er für das Interview gar ein Sternerestaurant gewählt, in dem Knigge-Manieren wichtig sind? Dann könnte er den Journalisten auch verunsichern wollen, wenn er meint, dass sich dieser mit Knigge nicht auskennt.

Aus dem Umfeld des Informanten sollte der Journalist so viele Informationen wie möglich aufsaugen. Denn jedes Detail kann im Gesprächsverlauf wichtig werden. Beispiele: Der Journalist interviewt einen Arbeitslosen, der darüber klagt, dass ihm Hartz IV kaum zum Leben reicht. Aber in dessen Wohnzimmer flimmert der modernste Flachbildschirm-Fernseher. Ist er also wirklich so arm dran?

Oder der Journalist interviewt einen Firmenchef, der seiner Belegschaft »aus Spargründen« eine Lohnerhöhung verweigert. Allerdings posiert er auf einem Schreibtischfoto vor seinem 200 000 Euro teuren Dienstwagen. Ist das ein Indiz dafür, dass der Autonarr am liebsten auf Kosten anderer spart?

Findet das Interview in der Redaktion, im Studio oder auf neutralem Terrain statt, offenbart sich auf den ersten Blick weniger Persönliches vom Informanten. Dann muss sich der Journalist zunächst an dessen Erscheinung orientieren.

- Erscheint der Informant in einem perfekt sitzenden Anzug und akkurat geputzten Schuhen? Trägt er eine teure, auffällige Uhr und eine Designer-Brille? Dann ist er vielleicht eitel.

- Oder trägt er einen abgewetzten, schlecht sitzenden Anzug, eine unpassende Krawatte und abgetragene Schuhe? Dann ist er entweder uneitel, kann sich keine besseren Sachen leisten oder hat keine Übung darin, sich Schlips und Kragen anzuziehen.

- Ist der Informant akkurat gekleidet, hat aber ungepflegte Zähne, abgeknabberte Fingernägel und zuckt ständig mit den Augen? Dies könnte auf eine widersprüchliche Persönlichkeit hindeuten, die es zu hinterfragen lohnt.

- Ist er mit einem Luxusauto oder mit einer Klapperkiste zum Gespräch gekommen? Daraus könnte der Journalist ableiten, ob sein Interviewpartner Wert auf Statussymbole legt, in Geldnot oder nur uneitel ist.

Trägt er den neuesten Blackberry mit sich herum oder nur einen Taschenkalender? Kleidet er sich extravagant oder unauffällig? Benimmt er sich manierlich oder flegelhaft? Es gibt viele Indizien, die von einer Person auf ihre Persönlichkeit schließen lassen. Aber Vorsicht! Journalisten sollten äußerliche Merkmale nie für sich allein, sondern immer im Kontext mit möglichst vielen anderen Informationen sehen. Ansonsten laufen sie Gefahr, ihre Gesprächspartner falsch zu beurteilen.

Den Interviewpartner zum Reden »erwärmen«

Manche Journalisten meinen, nachdem sie ihren Interviewpartner begrüßt haben, sei jegliches weitere »Vorgeplänkel« verschenkte Zeit. Das ist – zumindest wenn sich die Beiden noch nicht gut kennen – ein Irrtum. Tatsächlich gelingen die meisten Interviews erst nach einer gelungenen *Aufwärmphase* – dem so genannten *Warm up*.
Sollte der Journalist vom Interviewpartner nach der Begrüßung immer noch als Interviewgegner empfunden werden, muss er ihm dieses Gefühl im Warm up auszureden versuchen.

Sinnloses Geschwätz taugt dafür aber nicht. Vielmehr muss der Interviewer das Warm up ebenso *strategisch* führen wie das Interview selbst. Im Warm up verfolgt er deshalb folgende Ziele:

- Die Abwehrhaltung des Interviewpartners (weiter) lockern.
- Mehr über den Interviewpartner erfahren.
- Die eigene Anspannung lösen.
- Die gewünschte Gesprächsatmosphäre herstellen.

Der Gesprächspartner muss *spüren*, dass es *Spaß* machen kann, mit dem Interviewer zu sprechen. Journalisten, die im Warm up unaufmerksam sind und/oder auf die falschen Themen setzen, treten schnell in »Fettnäpfchen«, die Sympathiepunkte kosten.

Wie lange dauert ein gelungenes Warm up? Top-Verkäufer sagen: So lange wie es dauert. Soll heißen: Sie beginnen ihr Verkaufsgespräch erst, wenn sie ihre Warm-up-Ziele erreicht haben. Bei journalistischen Interviews ist die Antwort nicht ganz so einfach: Denn die Zeit fürs Warm up geht meist von der Interviewzeit ab.

Ein Journalist, der die »andere Seite« gut vorbereitet hat, sollte maximal 20 Prozent der Interviewzeit für das Warm up verwenden. Bei geplanten 15 Minuten Interviewzeit wären das höchstens drei Minuten. Bei einer Stunde Gesprächszeit müssten zehn Minuten reichen. Stimmt die Chemie schon früher, kann der Interviewer seinen Gesprächspartner auch schon früher in die Frage-Antwort-Situation überführen (s. Seite 155).

Aber wie locker und freundlich es im Warm up auch zugehen mag – eines sollten Interviewer nie vergessen: Nicht nur sie, sondern auch ihre Gesprächspartner haben eine Strategie dafür. Vorsicht ist bei Informanten angebracht, die sich auffällig einschmeicheln (Ich lese Ihr Magazin jede Woche, Herr Schreiber. Die Beiträge von Ihnen gefallen mir ehrlich gesagt immer am besten.) oder Journalisten angeblich zu »Geheimnisträgern« machen wollen (Das

sage ich jetzt nur Ihnen! Haben Sie schon gehört, dass ...). Medienprofis wissen eben auch, wie man
Journalisten manipuliert.

Worüber spricht man im Warm up? Die Interviewthemen sollte
der Journalist in der Aufwärmphase noch weitgehend meiden –
und stattdessen Themen ansprechen, die den Gesprächspartner ansonsten interessieren. Im folgenden Beispiel für eine *drei-
phasige Warm-up-Strategie* wird angenommen, dass der der
fiktive Journalist Edgar Schreiber vom Magazin »Wirtschaft«
aus Frankfurt nach Hamburg gereist ist, um den Chef der Dux
AG, Herrn Dr. Boss, zu interviewen. In der Gesprächsvorbereitung hatte Schreiber immer nur mit Boss' Pressesprecher Mustermann zu tun.

- **Phase 1:** Nach der Begrüßung beginnt der Interviewer einen
  Smalltalk über Themen, die weder mit der Person des Informanten noch mit den Interviewthemen zu tun haben: ... Da
  haben wir uns ja einen schönen Tag ausgesucht,
  Herr Dr. Boss. Ich bin die gesamte Strecke von
  Frankfurt im Schneegestöber gefahren und froh,
  heil bei Ihnen angekommen zu sein. Schneit es
  hier in Hamburg auch schon seit Tagen?

Wirkung: Der Interviewpartner dürfte seine Abwehrhaltung
lockern, weil der Interviewer nicht direkt auf ihn »losgeht«,
sondern freundlich und unverfänglich die Kommunikation er-
öffnet.

- **Phase 2:** Jetzt lenkt der Interviewer den Smalltalk gezielt auf
  Themen, die immer noch nichts mit den Interviewfragen,
  aber nun schon mit dem Informanten persönlich zu tun haben. Spätestens hier profitiert der Journalist davon, dass er
  sich auch auf dessen Persönlichkeit vorbereitet hat und beispielsweise Hobbys und Vorlieben des Gesprächspartners
  kennt. So weiß Redakteur Schreiber, dass der Lieblingsfuß-
  ballklub von Dr. Boss der Hamburger Sportverein (HSV) ist
  und nutzt dies, um Sympathiepunkte zu sammeln: ... Aber
  trotz der Kälte ist es ja am Wochenende heiß
  hergegangen bei Ihnen hier. Das war ja ein su-

per Spiel, das der HSV da abgeliefert hat! Oder er thematisiert den Alpen-Urlaub, von dem der Informant gerade zurückgekommen ist: ... Herr Mustermann hat mir erzählt, dass Sie zwei Wochen lang Bergsteigen waren! Ich würde das ja auch gern mal probieren. Allerdings würde ich mich das nicht im Winter trauen. Oder er nutzt einen gemeinsamen Bekannten für die zweite Warm-up-Phase: ... Ich soll Sie von meinem Kollegen Schulze grüßen. Der hat Sie vor zwei Wochen interviewt.

Wirkung: Der Interviewer tastet sich auf einer unkritischen Ebene weiter an den Informanten heran und verführt ihn, sich mitzuteilen. So kommt das Gespräch in Gang. Tipp: Wenn der Interviewer auch etwas über *sich* preisgibt, fällt es dem Informanten leichter, sich zu öffnen.

- **Phase 3:** Der Interviewer fragt den Informanten einiges über Dinge, die weiterhin nichts mit den Interviewthemen zu tun haben, ihn aber zur Kommunikation motivieren. Zum Beispiel: ... Welche Berge haben Sie denn sonst noch bestiegen? **Oder:** ... Glauben Sie, dass der HSV auch den FC Bayern schlagen kann? **Oder:** ... Sie haben ja hier tolle Bilder hängen. Woher haben Sie die?

Wirkung: Der Interviewer gewöhnt den Gesprächspartner durch seine unkritischen Fragen an die bevorstehende »echte« Befragung.

Nie vergessen: Der Interviewer darf im Warm up nur Themen ansprechen, die *positiv* für den Interviewpartner sind, um keine negative Stimmung herbei zu führen. Der HSV sollte also nach einer Niederlage als Warm-up-Thema eher vermieden werden. Bergsteigen auch, wenn der Informant dabei fast abgestürzt wäre. Und Journalist Schulze wäre tabu, wenn dieser den Interviewpartner verärgert hätte. Auch eventuell heikle Themen wie die Familie, Krankheiten, Misserfolge sowie politische und religiöse Ansichten des Informanten sollten – wenn überhaupt – nur mit größter Vorsicht angesprochen werden.

Thematisiert der Interviewer im Warm up nur Positives, ist es kein Problem, wenn er sich bei den Themen nicht auskennt. Viele Menschen reden umso mehr, je mehr sie das Gefühl haben, anderen etwas beibringen zu können.

Besonders gute emotionale »Eisbrecher« sind Gemeinsamkeiten. Idealerweise ist der HSV also auch der Lieblingsklub des Interviewers. Der Interviewer würde wirklich gern Bergsteigen lernen. Und den Kollegen Schulze kennt er tatsächlich. Der Journalist sollte allerdings *nicht lügen*, um Gemeinsamkeiten zu *konstruieren*. Das könnte der Interviewpartner bemerken, was wiederum dem Gesprächsklima schaden würde.

Herrscht nach der maximalen Warm-up-Zeit noch immer eine kühle Atmosphäre, sollte der Journalist trotzdem mit dem Interview beginnen – und währenddessen weiter versuchen, den Gesprächspartner zur Kooperation zu bewegen. Denn nach einem allzu langen Warm up bliebe ihm womöglich zu wenig Zeit für die Interviewfragen. Außerdem könnte es den Interviewpartner nerven.
Beim Warm up muss der Interviewer immer zwischen *Aufwand* und *Nutzen* abwägen. Hierbei sind einmal mehr Empathie und Menschenkenntnis gefragt.

In guter Stimmung ernster werden

Durch seine selbstbewusste Begrüßung und ein geschicktes Warm up hat der Interviewer die Gesprächsführung übernommen. Um sie zu behalten, sollte er den Interviewpartner nun aktiv, aber vorsichtig in die Frage-Antwort-Situation überführen. Auch hier machen Wortwahl, Ton und Taktgefühl die Musik.

Es bleibt immens wichtig, dass der Interviewer den Informanten unauffällig daran gewöhnt, ihn als »Dirigenten« zu akzeptieren. Dann wird es dem Informanten später schwerer fallen, die Gesprächsführung an sich zu reißen. Ein beispielhafter »Überführungssatz«: Herr Dr. Boss, es ist sehr interessant, mit Ihnen zu plaudern. Aber ich glaube, wir sollten mit dem Interview beginnen, damit wir Ihre Zeit nicht überstrapazieren. Herr Mustermann schaut schon auf die Uhr. Nicht, dass er mich wieder nach Frankfurt schickt, ohne dass wir alle Fragen geschafft haben.

Wirkung: Da der Interviewer so tut, als ließe er sich von Boss' Pressesprecher leiten, fällt es Boss leicht, sich vom Interviewer leiten zu lassen. Positive Nebeneffekte: Der Pressesprecher fühlt sich wichtig genommen. Und der Interviewer hat einmal mehr die Belange der »anderen Seite« berücksichtigt, was ihn aus Sicht des Informanten sympathisch macht.

Hat der Journalist seit der Interviewanfrage alles richtig gemacht, sollte der Interviewpartner nun in etwa so reagieren: Na dann legen wir mal los. Wenn wir ein paar Minuten länger brauchen, macht das aber auch nichts. Welch ein commitment! Entspannung pur. Jetzt beginnen sich zwei Schachzüge des Interviewers auszuzahlen: Dass er dem Informanten sympathisch geworden ist und er sich in der Vorbereitungsphase vom Interviewpartner versprechen lassen hat, dass dieser alle Fragen beantworten wird.

In der Regel planen gut organisierte Interviewpartner ein paar Minuten mehr Gesprächszeit als offiziell vereinbart. Ob sie den »*Überziehungspuffer*« nutzen, hängt erfahrungsgemäß auch davon ab, ob sie sich in Gegenwart des Journalisten wohl fühlen oder nicht. Top-Interviewer schaffen es manchmal, die ursprünglich geplante Gesprächszeit so stark zu überziehen, dass der Interviewpartner zu seinem nächsten Termin zu spät kommt – und das sogar gern.

Mit der Überführung des Informanten vom Warm up zur Befragung geht häufig auch ein *Standortwechsel* einher – meist zu einem Tisch mit Stühlen und eventuell Sendetechnik oder zu einem Gesprächsort vor einer bestimmten Kulisse (wie bei vielen TV-Interviews).

Warum die Sitzordnung Fronten klärt

Die räumliche Positionierung des Journalisten und seines Interviewpartners kann *harmonie- bis konfrontationsfördernd* wirken. Deshalb sollte der Interviewer die Vor- und Nachteile bestimmter Steh- und Sitzordnungen nicht nur kennen, sondern die Positionierungen auch möglichst so organisieren, dass sie

- die emotionale Distanz zwischen ihm und seinem Gesprächspartner verringern,
- potenzielle Störfaktoren aus dem örtlichen Interviewumfeld ausschließen, sowie
- dem Gesprächspartner und dessen »Beistand« die heimliche Verständigung miteinander erschweren.

Das ist oft leichter gesagt als getan. Vor allem dann, wenn das Interview an Orten stattfindet, an denen der Informant im Heimvorteil ist. Oder wenn die Sendetechnik nur eine bestimmte Positionierung der Beteiligten zulässt. Allerdings werden Journalisten häufig bereits vor der Begrüßung von einem Mitarbeiter des Gesprächspartners in den Interviewraum geführt: Setzen Sie sich doch schon, Herr Schreiber. Herr Dr. Boss kommt in zwei Minuten.

Sehr gut! Dadurch steigt die Chance, dass der Interviewer die Sitzordnung auch auf dem fremden Terrain bestimmen kann. Er braucht sich einfach nur dorthin setzen, wo er es für geschickt hält, und beispielsweise Fragebogen und Aufnahmegerät vor sich auf dem Tisch ausbreiten.

Auf den Platz, den er für den Interviewpartner vorsieht, kann er schon einmal seine Visitenkarte und beispielsweise die aktuelle Ausgabe seiner Publikation legen. Idealerweise wird dadurch auf den ersten Blick deutlich, welcher Stuhl für den Interviewpartner »reserviert« ist. Dann wird der sich wahrscheinlich von selbst dort niederlassen.

Achtung: Manche Leute haben beispielsweise in ihrer Wohnung oder in ihrem Besprechungsraum einen Stammplatz. Nach einem solchen sollte der Interviewer den Pressesprecher oder den Informanten fragen, bevor er sich daran macht, die Plätze zu präparieren. Setzt er sich einfach so auf den Stammplatz des Interviewpartners, kann er allein dadurch dessen Laune vermiesen.

In der Praxis ist es für den Interviewer häufig leichter, den Gesprächspartner auf einen bestimmten Platz zu steuern, als dessen Beistand. Auch gute Pressesprecher kennen die Vor- und Nachteile bestimmter Sitzordnungen – und versuchen häufig subtil, die für sich beste Position einzunehmen. Und diese ist meist nicht ideal für den Interviewer.

Sollte der Journalist den Interviewraum gemeinsam mit seinem Gesprächspartner betreten, sodass er die Plätze nicht ungestört präparieren kann, bieten sich dafür eventuell technische Vorwände an – vorausgesetzt, der Interviewer hat seinen Fotografen/sein Technikteam vor dem Interview über die favorisierte Sitzordnung aufgeklärt. Dann könnte sogar der Fotograf/Techniker die Positionierung inszenieren: `Herr Dr. Boss, würden Sie sich bitte auf diesen Stuhl setzen. Hier wirken Sie optisch am besten, auch wegen des Lichts ... Und Sie, Kollege Schreiber, bitte dorthin ...`

TV-Journalisten, die stehend interviewen und deutlich kleiner als ihre Gesprächspartner sind, sollten sich auf einen Hocker stellen (wenn der Hocker im Kamerabild nicht sichtbar ist). So interviewen sie physisch auf Augenhöhe. Andernfalls müsste ein kleinerer Journalist auf seinen Interviewpartner aufschauen, während dieser auf den Journalisten »von oben herab« schaut. Diese ungünstige *physische Konstellation* würde das Streben des Journalisten nach einem mindestens ausgeglichenen psychologischen Kräfteverhältnis konterkarieren.

Ist dagegen der Journalist größer als sein Interviewpartner, braucht er diesem nur dann eine Erhöhung anbieten, wenn der

Größenunterschied im Kamerabild lächerlich wirkt. In diesem Fall könnte der Informant den physischen Unterschied als *psychischen Nachteil* empfinden. Möglicherweise wird er dieses Manko wettzumachen versuchen, indem er sich im Interview gegen den Journalisten »aufspielt«.

Wer im Sitzen interviewt, braucht selten auf Körpergrößen zu achten. Dafür um so mehr auf den *Sitzabstand*. Grundsätzlich gilt: Je größer der räumliche Abstand zwischen dem Interviewer und seinem Gesprächspartner ist, desto größer ist auch die *emotionale Distanz* zwischen ihnen.

Der Umkehrschluss gilt aber nicht unbedingt. Denn je näher der Interviewer dem Informanten kommt, desto aufdringlicher könnte er wirken. Dies wiederum könnte den Gesprächspartner zum *Rückzug* bewegen. Ein typisches Signal dafür: Nachdem der Journalist dem Informanten zu nahe gekommen ist, indem er zum Beispiel seinen Oberkörper vorgebeugt hat, stellt der Informant den alten Abstand wieder her, indem er sich zurücklehnt. In diesem Fall ist der Interviewer zu weit gegangen.

Im Fernsehen lassen sich unterschiedliche Abstände beobachten: In Interviewsendungen wie »Anne Will«, »Maybrit Illner« und »Hart aber fair« (Interviewer: Frank Plasberg) sitzt/steht der jeweilige Interviewer oft mehrere Meter von seinen Gesprächspartnern entfernt. Dagegen »kriecht« beispielsweise der aggressive Interviewer Michel Friedman manchmal so nah an die Gesichter der Interviewten heran, dass sie seinen Atem spüren. Derlei Penetranz kann allerdings Gegenstrategien provozieren: So erzählt man sich, dass der SPD-Grande Franz Müntefering vor einem Auftritt in der Sendung »Vorsicht Friedman« extra ordentlich knoblauchgesättigten Tsatsiki beim Griechen verdrückt habe.

Zwischen den Extremen »Plasberg« und »Friedman« bleibt beispielsweise der seichte Reinhold Beckmann, der in seiner gleichnamigen Interviewshow den Befragten nur so nahe kommt, wie es Mitteleuropäer gemeinhin als angenehm empfinden: auf 120 bis 150 Zentimeter.

Manche Interviewtrainer sagen, dass Journalisten mitteleuropäischen Interviewpartnern (je nach Kulturkreis variieren die als angenehm empfundenen Abstände) keinesfalls näher als etwa anderthalb Meter kommen sollten. Doch das ist zu pauschal. Der Anderthalb-Meter-Abstand sollte für Interviewer lediglich eine Ausgangsposition, aber *kein Dogma* für das gesamte Gespräch sein!

Viele Redakteure halten die anderthalb Meter fast krampfhaft ein, weil sie höflich sein möchten oder sich nicht trauen, ihrem Gesprächspartner näher zu kommen. Doch genau das sollten sie versuchen! Indem der Journalist zum Beispiel immer wieder versucht, sich an den Interviewten heran zu »pirschen«, indem er seinen *Oberkörper* vorbeugt, kann er dessen emotionale Verfassung testen. Je näher der Journalist dem Interviewpartner körperlich kommen darf, ohne dass dieser Abwehrsignale aussendet, desto näher sind sich die beiden auch emotional.

Aber Vorsicht: Dieser *Test* erfordert Feingefühl, Beobachtungsgabe und Reaktionsvermögen. Schließlich provoziert der Journalist damit geradezu, abgelehnt zu werden. Dazu sollte es natürlich nicht kommen.

Ebenso wichtig wie der räumliche Abstand sind die Positionen der am Interview Beteiligten zueinander. Vor allem, wenn sie sich an einem *Tisch* unterhalten. Während die Sitz- und Stehpositionen bei Radio-, Fernseh- und Videojournalisten meist durch technische Notwendigkeiten vorgegeben werden, sind sie bei Printjournalisten häufig flexibel.

Bei den folgenden Ausführungen wird angenommen, dass der Journalist seinen Gesprächspartner an einem eckigen Tisch interviewt. Zudem ist ein Pressesprecher im Raum. Beschrieben wird, was der Interviewer bei der Positionierung

- des Journalisten zum Befragten,
- des Journalisten zum Pressesprecher und
- des Pressesprechers zum Befragten

beachten sollte.

Position des Journalisten zum Befragten: Die beiden sollten im Idealfall zunächst höchstens anderthalb Meter voneinander entfernt *über Eck einander zugewandt* sitzen. Diese Sitzweise fördert – im Gegensatz zum frontalen Gegenübersitzen – *Kooperationsbereitschaft* und *Wohlwollen*. Achtung: Wendet sich der Befragte dem Journalisten aber nur mit dem Kopf zu, statt mit dem gesamten Körper, signalisiert er damit meist Abneigung. Dann sollte der Journalist auf der emotionalen Kommunikationsebene »nacharbeiten«.

Um das Ablenkungspotenzial für den Interviewpartner zu reduzieren, sollte ihn der Journalist so positionieren, dass sich potenzielle Störfaktoren wie herumlaufende Personen *hinter* dem Gesprächspartner befinden. Auch Störfaktoren in *Blickrichtung* zum Journalisten sollten möglichst ausgeschaltet werden. Wenn den Interviewten zum Beispiel die Sonne blendet, sollte der Interviewer schon vor dem Interviewstart vorausschauend die Jalousie schließen. Sein Gesprächspartner wird es ihm danken.

Position des Journalisten zum Pressesprecher: Der eventuell anwesende Pressesprecher sitzt idealerweise so, dass ihn der Journalist während des Interviews im seitlichen *Blickwinkel* behalten kann. Damit verhindert der Interviewer, dass sich die »andere Seite« *heimlich* verständigt. Denn der Pressesprecher wird sich verkneifen, seinen Chef beispielsweise durch heftiges *Kopfschütteln* oder *Augenaufreißen* vor unvorteilhaften Antworten zu warnen, wenn er damit rechnen muss, schnell dabei ertappt zu werden. Schließlich wüsste dann auch der Journalist, dass er gerade ein heikles Thema behandelt.

Position des Pressesprechers zum Befragten: Idealerweise platziert der Interviewer seinen Gesprächspartner so, dass dieser erst gar keine nonverbalen Zeichen seines »Beistands« empfangen kann.

Aus diesem Grund sollte der Pressesprecher so weit weg von seinem Chef sitzen, dass er ihn nicht warnend berühren kann, indem er ihn etwa unter dem Tisch ans Schienbein tritt. Noch besser ist es, wenn der Pressesprecher auch nicht im Blickfeld des Interviewten sitzt, solange dieser zum Journalisten schaut. Dann müsste sich der Interviewte im wahrsten Sinne des Wortes Hilfe suchend mit dem Kopf an seinen »Beistand« wenden, sich also zu ihm hindrehen. Dies würde der Interviewer bemerken und seine Schlüsse daraus ziehen.

Zusammenfassung: Die ideale Sitzordnung an einem eckigen Tisch sieht wie folgt aus: Der Journalist und sein Interviewpartner sitzen in angenehmer Nähe einander zugewandt über Eck beisammen. Der eventuell anwesende Pressesprecher (oder ein sonstiger »Beistand« des Interviewten) sitzt außer Blick- und Reichweite des Befragten, aber im Blickfeld des Interviewers.

Wenn zwei Journalisten einen Gesprächspartner interviewen, sollten die Beiden nebeneinander auf *einer Seite* sitzen, sodass sie der Interviewpartner sehen *muss*, wenn er in *eine* Richtung schaut. Würde der eine Journalist links und der andere rechts vom Befragten sitzen, wäre es sehr leicht für diesen, den kritischeren der beiden Frager außen vor zu lassen. Er bräuchte dafür einfach nur immer den Harmloseren anschauen.

Perfekt positioniert: Auch wenn die ideale Sitzordnung in der Praxis nicht immer möglich ist, sollten Journalisten sie kennen:

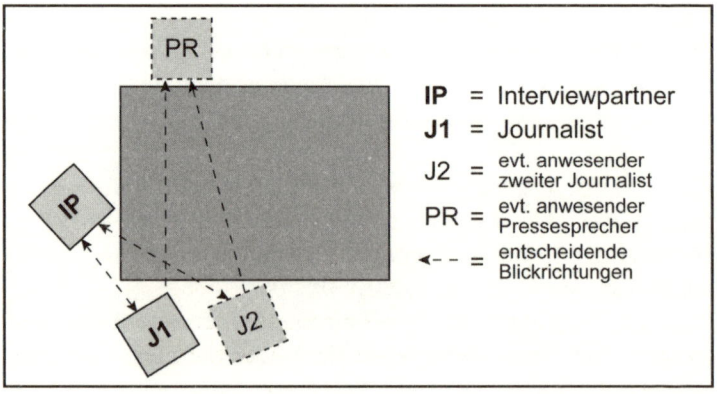

IP = Interviewpartner
J1 = Journalist
J2 = evt. anwesender zweiter Journalist
PR = evt. anwesender Pressesprecher
◄- - = entscheidende Blickrichtungen

Die häufigsten Fehler bei der Sitzordnung aus Sicht des Journalisten:

- Der Journalist und sein Gesprächspartner sitzen sich wie bei einem Polizeiverhör frontal gegenüber. Mit dieser Sitzweise verbinden Menschen oft Konfrontation und Psychodruck. Sie ist nur dann unproblematisch, wenn sich der Journalist und sein Informant bereits gut kennen und/oder von vorn herein klar ist, dass das Gespräch harmonisch verlaufen soll.

- Die räumliche Distanz zwischen dem Interviewer und seinem Gesprächspartner ist zu groß – und steht damit im Widerspruch zum Streben des Interviewers nach emotionaler Nähe.

- Der Journalist hat nur den Informanten im Blick, aber nicht dessen »Beistand«. So gibt er diesem die Chance, dem Informanten heimliche Zeichen zu geben, um dessen Strategie und damit den Gesprächsverlauf zu beeinflussen.

Letzte Kniffe vor der Einstiegsfrage

Die Gesprächspartner sind nun am Interviewplatz. Gleich kommt des Journalisten erste Frage. Und damit wird es für alle Beteiligten erst richtig ernst. Kein Wunder, dass jetzt die meisten Informanten zurück in *Habacht-Stellung* gehen oder gar wieder auf *Angriff* schalten (was sie sich allerdings nicht immer anmerken lassen). Deshalb nun noch ein paar letzte Kniffe, bevor es wirklich mit der Befragung losgeht:

Die letzte Minute vor dem Interviewstart sollte der Journalist immer nutzen, um den Interviewpartner in einer guten Stimmung aus dem Warm up in die Befragung zu überführen. Im folgenden Beispiel sitzt Redakteur Schreiber dem Chef der Dux AG gegenüber. Zur Erinnerung: Die beiden sind sich zum ersten Mal begegnet.

Die folgenden sechs Schritte sind als Anregung gedacht, die jeder Journalist an seine Interviewsituationen anpassen kann.

- **Im ersten Schritt des »Entwaffnungsrituals«** sollte sich der Journalist nochmals freundlich lächelnd vorstellen: `Herr Dr. Boss, bevor wir anfangen, kurz noch ein paar Worte zu mir: Ich bin Redakteur beim Wochenmagazin »Wirtschaft«. Ich schreibe in der Regel über Unternehmen und interviewe deren Manager. Sie sind also in guten Händen ...`
Wirkung: Diese Fakten kennt der Interviewpartner zwar schon. Aber wegen der formalen Vorstellung fühlt er sich besonders respektiert.

- **Im zweiten Schritt erhebt der Interviewer** nochmals subtil seinen Anspruch auf die Führung im Gespräch: `... Ich schlage vor, dass ich Ihnen meine Fragen erst vorlese und Sie dann antworten. Ist das OK für Sie? ...` **Die Antwort lautet in der Regel:** `Gut, so machen wir's.`
Wirkung: Die Aussage des Journalisten klingt zwar banal. Aber manche Interviewpartner meinen, sie könnten gleich weitschweifig drauf los schwatzen, da sie ja die Interviewthemen schon kennen. Aber dadurch würden *sie* die Richtung vorgeben – und nicht der Journalist! Der Interviewer sollte also deutlich machen, dass zuerst er seine Fragen stellen wird – und der Befragte genau darauf zu antworten hat.

- **Im dritten Schritt lässt sich der Interviewer** nochmals versprechen, dass er den Antwortenden unterbrechen darf (Diesmal lässt er sich dies nicht nur vom Pressesprecher, sondern vom Befragten persönlich versprechen!): `... Ist es auch OK für Sie, wenn ich ab und zu Zwischenfragen stelle, wenn sich interessante Fakten ergeben oder mir etwas unklar ist? ...` **Auch hier wird die verständnisvolle Antwort** `Ja, natürlich!` **lauten.**

Wirkung: Dieses commitment reduziert das Risiko, dass der Interviewte beleidigt ist, wenn ihm der Journalist ins Wort fällt, um nachzuhaken.

- **Im vierten Schritt verspricht der Interviewer** Integrität: ... Und sollten Sie etwas antworten, was Sie nicht veröffentlicht sehen möchten, geben Sie mir einfach Bescheid. Dann lasse ich es bei der Verschriftlichung heraus. Aber Sie bekommen den Interviewtext ja eh noch mal zur Autorisierung von mir. ...

Wirkung: Der wiederholte Hinweis auf die Autorisierung ist extrem wichtig! Denn spätestens nach dieser verbalen Beruhigungspille entspannen sich die meisten Interviewpartner wieder, da sie scheinbar nichts riskieren.

- **Im fünften Schritt fordert der Interviewer** nochmals, dass der Gesprächspartner alle Fragen beantwortet: ... Wir haben nun stattliche 45 Minuten Zeit. Bitte versuchen Sie dennoch, fokussiert zu antworten, damit wir alle Fragen schaffen ... Radio- und TV-Interviewer sollten hier nochmals sagen, dass leicht verständliche Sätze besonders wichtig sind. Auch dies wird der Interviewpartner abnicken.

Wirkung: Dieses commitment wird wichtig, wenn die Zeit knapp zu werden droht, weil der Interviewte trotzdem langatmig antwortet. Dann kann der Journalist ihn an das commitment erinnern.

- **Im letzten Schritt drückt der Interviewer** den Aufnahmeknopf: Ich schalte jetzt das Aufnahmegerät ein, damit ich nicht mitschreiben muss. So, Herr Dr. Boss, los geht's.

Achtung: Journalisten, die Gespräche mitschneiden wollen, müssen dies aus rechtlichen Gründen vom Befragten absegnen lassen. Bei Telefoninterviews muss die Absicht deshalb unmissverständlich artikuliert werden, da der Interviewte nicht sieht, was der Journalist am anderen Ende der Leitung macht.

Interviewer kommen am besten ins Gespräch, wenn sie

■ sich dabei körperlich wohl und psychisch stark fühlen,

■ von der Begrüßung an suggerieren, dass sie den Ton angeben,

■ ihre Informanten und deren Umfeld aufmerksam beobachten,

■ im Warm up nur positive Themen ansprechen,

■ den Übergang zur Befragung aktiv inszenieren,

■ die Sitz-/Standpositionen zu ihrem Vorteil organisieren und

■ vor der Eröffnungsfrage nochmals Vertrauen vermitteln.

Gewusst wie – clever fragen schadet nie

Das entscheidende Mittel des Interviewers, die Frage-Antwort-Situation zu steuern, ist seine Fragetechnik. Doch worauf kommt es beim Fragen an? Gängige Journalistenmeinung: Die Fragen müssten dem Interviewten signalisieren, dass sich der Redakteur thematisch auskennt.

Allerdings reicht Sachkenntnis allein – wie schon in den bisherigen Etappen des Interviewprozesses – auch in der Frage-Antwort-Situation nicht aus, um das bestmögliche Endergebnis zu erzielen. Denn ob der Befragte überhaupt bestmöglich antworten *will*, hängt vor allem von dessen innerer Einstellung zum Journalisten ab. Und ob sich diese im Gesprächsverlauf in Richtung einer Zu- oder Abneigung entwickelt, ist wiederum davon abhängig, ob der Journalist die *richtigen Fragen* zur *richtigen Zeit* im *richtigen Ton* stellt – oder eben nicht.
Die Fragetechnik ist die Königsdisziplin des Interviewers. Sie beinhaltet nicht nur *was*, sondern auch *wie* er fragt. Und genau darum geht es in diesem Kapitel.

Bloß keinen Fehlstart provozieren!

Unabhängig davon, ob das Interview von Angesicht zu Angesicht oder per Telefon geführt wird, egal ob es im Fernsehen, im Radio, im Internet oder auf Druckpapier erscheint: Die Einstiegsfrage ist aus emotionaler Sicht *immer* gleich wichtig. Wenn sich der Journalist bereits hier im Thema, im Ton und/ oder in der Wortwahl vergreift, droht das gesamte Gespräch zur Farce zu werden. Das passiert mitunter sogar ausgebufften Interviewprofis. Ein Beispiel dafür:

Unmittelbar nach dem Fußball-Länderspiel Finnland – Deutschland im September 2008 stehen sich der TV-Moderator Johannes B. Kerner und Fußball-Bundestrainer Joachim Löw gegenüber, um über die Leistung der Deutschen zu sprechen. Kerner fand sie kritikwürdig. Löw dagegen wollte das 3:3 positiv interpretieren.

Kerners provokant betonte Einstiegsfrage lautet: `Hallo Herr Löw, haben Sie sich beruhigt in der Zwischenzeit?` (Der Trainer hatte sich während des Spiels mehrfach über seine Mannschaft echauffiert.) Löw stutzt – und sagt recht irritiert: `Bisschen schon, ja. Bisschen schon.` Kerner hiernach künstlich lachend: `Aber es war schon arg, oder?` Löw stutzt erneut, versucht aber seinen sichtbaren Unmut über diese negativ gefärbte Suggestivfrage mit ein paar lockeren Worten zu überspielen. Kerner fragt weiter und fällt dem antwortenden Löw mehrfach ins Wort. Der Trainer, zunehmend konsterniert, ist nach anderthalb Minuten derart wütend, dass er sekundenlang den Dialog mit Kerner verweigert. Und das vor zwölf Millionen TV-Zuschauern!

Zwar fängt sich der Medienprofi Löw schnell wieder, hat aber für den Rest des Interviews die Nase voll, schaut Kerner kaum noch in die Augen und gibt nur noch das Nötigste von sich.

Tags darauf redet der Fußballtrainer wieder mit den Medien – diesmal, um seine Verärgerung über Kerner zu erklären: `Ich kenne das journalistische ABC nicht so genau, dachte aber, man beginnt ein Gespräch mit einem positiven Einstieg. Natürlich hat er das Recht, so zu beginnen. Aber dann muss er damit rechnen, dass ich so reagiere.` Etliche Kommentatoren stimmten Löw zu. Und Kerner war der Dumme.

Mit der Einstiegsfrage sollte der Interviewer seinen Gesprächspartner weder provozieren, noch mit negativen Themen konfrontieren – wenn er dies nicht ganz bewusst aus taktischen Gründen machen will. Ansonsten riskiert er einen Interview-Fehlstart wie es Johannes B. Kerner im obigen Beispiel passierte. Die wesentlichen Funktionen der Einstiegsfrage sind:

■ das Interviewthema und den Gesprächspartner beim Publikum einführen,

■ den Befragten zu einer interessanten Antwort animieren und

■ ihm Selbstsicherheit und Freude am Antworten vermitteln.

Dies erreicht der Journalist am besten mit einer offenen oder halb geschlossenen Frage (s. ab Seite 163), die

■ für den Befragten angenehm und leicht zu beantworten ist,

■ im Ton locker, freundlich und sympathisch klingt sowie

■ in der Sache relativ harmlos erscheint.

Schreibende Journalisten haben es hier leichter als Fernseh-, Radio- und Videojournalisten, da die Leserschaft nicht verfolgen kann, wie die Interviews entstehen. Deshalb unterliegen sie beim Interviewstart selten thematischen Zwängen, sondern können zugunsten der Gesprächsatmosphäre auch eine für das Publikum *uninteressante Einstiegsfrage* wählen. Denn in der Verschriftlichung kann die Gesprächsdramaturgie immer noch geändert werden.

Die Kollegen der anderen Mediengattungen müssen dagegen sofort zur Sache kommen. Aus emotionaler Sicht erschweren Sachzwänge den Einstieg mitunter – beispielsweise wenn der Gesprächspartner aus Zeitgründen sofort mit einer heiklen Frage konfrontiert werden muss.

Wäre Johannes B. Kerner nicht gleich so kritisch auf Joachim Löw losgegangen, hätte sich das Interview sehr wahrscheinlich anders entwickelt. Alternativer Einstieg: `Hallo Herr Löw! Schön, dass Sie da sind. Worüber reden wir heute zuerst? Über die Stärken oder über die Schwächen der deutschen Mannschaft?`

Mit diesen Worten, schelmisch lächelnd vorgetragen, führt sich der Interviewer auch als Kritiker ein, zumal er `die Schwächen der deutschen Mannschaft` bereits ausdrücklich anspricht.

Zugleich gibt der Journalist dem Befragten mit einem solchen Einstieg die Chance, (über die Stärken) positiv ins Gespräch zu finden. Dadurch steigt auch die Wahrscheinlichkeit, dass der Interviewte bei späteren unangenehmeren Fragen weiterhin kooperiert.

Bei der Antwort auf die Einstiegsfrage sollte der Journalist seinen Informanten möglichst *nicht unterbrechen* – auch wenn der Befragte relativ langatmig antwortet. Viele Gesprächspartner brauchen eine gewisse Zeit, um sich »auf Betriebstemperatur« zu bringen. Wenn der Journalist seinen Informanten gut vorbereitet hat, dürfte sich die Antwortlänge auf die meisten Fragen aber ohnehin in Grenzen halten.

Fragen formen will gelernt sein

Um das Antwortverhalten von Informanten beeinflussen zu können, braucht der Journalist ein Repertoire an Frageformen, mit dem er Einsilbige zum Erzählen, Schwadroneure auf den Punkt und Phrasendrescher zu klaren Aussagen bringt. Um die einzelnen Fragen zu einer Strategie zu verknüpfen, muss er wissen,

- wie er sie zielführend formuliert,
- wie die verschiedenen Frageformen auf den Befragten wirken und
- welche Vor- und Nachteile sie für den Interviewer haben.

Es gibt eine Vielzahl von Frageformen. Die wichtigsten werden auf den kommenden Seiten erläutert. In der Kategorie der offenen Fragen sind das

- Erlebnisfragen,
- Motivationsfragen,
- Motivierende Einwürfe (die wie Fragen wirken),
- Prognosefragen und
- Provokationsfragen.

In der darauf folgenden Kategorie der (halb-)geschlossenen Fragen sind das

- Alternativfragen,
- Bestätigungsfragen,
- Konkretisierungsfragen,
- Suggestivfragen und
- Vergleichsfragen.

Offene Fragen sollen den Interviewten dazu bringen, etwas aus seiner Sicht zu erzählen. Sie eignen sich deshalb auch für den Gesprächseinstieg. Ihre Grundform ist wertungsneutral. In der Regel beginnen sie mit einem W-Pronomen: `Herr Trainer, `warum` haben Sie Ihre Mannschaft heute so offensiv spielen lassen?/Frau Schmidt, `welche` Verletzungen haben Sie bei dem Unfall erlitten?/ Herr Dr. Boss, `wie` wappnen Sie Ihre Firma gegen die Wirtschaftskrise?`

Vorteil für den Befragten: Er kann ohne Druck seine Antwortschwerpunkte selbst bestimmen. Vorteile für den Journalisten: Meist erhält er relativ ausführliche, manchmal auch überraschende Informationen, aus denen vielleicht sogar interessante Folgefragen bilden kann. Nachteil für den Journalisten: Die Antworten können viel Zeit kosten, ohne dass sie ihn weiter bringen.

Sonderformen der offenen Fragen:
- **Erlebnisfragen** fordern den Interviewten ausdrücklich auf, Erlebtes zu rekonstruieren und durch persönliche Eindrücke anzureichern: `Erzählen Sie` doch mal, Frau Schmidt, `wie` haben Sie den Unfall erlebt? **Erlebnisfragen** sind besonders geeignet, um ängstliche und/oder introvertierte Gesprächspartner zum Reden zu animieren.
- **Motivationsfragen** sollen den Interviewten motivieren, sich mitzuteilen, indem ihm der Journalist dezent schmeichelt: `Warum` hat ein `erfahrener Trainer wie Sie` seine Mannschaft gegen diesen starken Gegner so offensiv spielen lassen? **Der Interviewte fühlt sich geachtet, seine Abwehrhaltung bröckelt. Zu viele Motivationsfragen sollte der Journalist aber nicht stellen, da sie dann anbiedernd wirken können.

- **Motivierende Einwürfe** sollen den Befragten am Reden halten: `Tatsächlich?`/`Wirklich?`/`Unfassbar!` Sie verändern den Frage-Antwort-Rhythmus und machen das Interview abwechslungsreicher. Dennoch sollten Journalisten auch mit solchen Einwürfen nicht übertreiben, da sie ansonsten unglaubwürdig wirken würden.

- **Feststellungen** sind genau genommen Aussagesätze, aber wie Fragen gemeint. Mit ihnen kann der Interviewer den Informanten beispielsweise mit Fakten konfrontieren, die sich auf dessen Antwort beziehen. Beispielantwort: `Ich glaube, der Unfall wäre nicht passiert, wenn der Fahrer langsamer gefahren wäre.` Mit der folgenden Feststellung lenkt der Interviewer das Gespräch auf die Gerichtsverhandlung über den Unfall: `Das sieht der Vorsitzende Richter aber anders.`

- **Prognosefragen** werden mit Wörtern wie »angenommen«, »könnte«, »sollte« und »wenn« gebildet und fordern hypothetische Antworten. Allerdings spekulieren viele Interviewpartner nur ungern über »ungelegte Eier«. Um ihnen dennoch spekulative Antworten abzuringen, kann der Interviewer berechtigte Interessen Dritter vorschieben: `Angenommen, Ihr Unternehmen rutscht trotz der Entlassungen in die Verlustzone: Wie könnte dann Ihr Plan B aussehen, der auch Ihre Aktionäre überzeugt?` Der Journalist sollte dabei realistische Szenarien entwerfen. Ansonsten könnte der Interviewte genervt reagieren, seinerseits unrealistische Antworten ohne Informationswert geben oder einfach die Antwort auf die (unsinnige) Frage verweigern.

- **Provokationsfragen** sollen zu Antworten provozieren, indem der Interviewer seiner Kernfrage einen Sachverhalt voranstellt, der den Befragten in Erklärungs- oder Rechtfertigungsdruck bringt. Solche Fragen eignen sich vor allem für selbstbewusste Gesprächspartner, die fähig sind, rhetorisch gegenzuhalten. Bei Medienlaien und unsicheren Informanten sollte der Journalist mit dieser Frageform vorsichtiger sein, um unnötige Abwehrreaktionen zu vermeiden. Im Wesentlichen gibt es drei Wege, provokativ zu fragen.

Erstens: Über eine frühere Aussage des Interviewten: Vor vier Wochen sagten Sie noch, Ihre Firma würde die Wirtschaftskrise ohne Entlassungen meistern. Nun streichen Sie aber doch Stellen. Wie passt das zusammen? Widersprüche eignen sich bestens, um die Glaubwürdigkeit von Informanten zu prüfen. Allerdings muss der Journalist aufgedeckte Widersprüche auch belegen können, sollte der Befragte versuchen, sie zu leugnen. In diesem Fall sollt er also wissen, wann und zu welcher Gelegenheit der Interviewte den Satz gesagt hat, den der Journalist nun gegen ihn verwendet.

Zweitens: Die Provokation mit einer Unterstellung Dritter: Ihre Kritiker monierten bereits vor dem Spiel, dass Sie Ihre Mannschaft zu offensiv aufgestellt haben. Was sagen Sie denen? Mit indirekten Provokationen kann der Journalist auch eigene Botschaften an das Publikum senden und dennoch objektiv erscheinen, sowie Urteile des Befragten einfordern. Zudem wird der Provozierte mit seinem verbalen Gegenschlag nicht auf den Interviewer persönlich losgehen, sondern auf die zitierten Dritten zielen. Und er muss substanziell antworten, damit seine Kritiker nicht glaubwürdiger wirken als er. Weiterer Tipp: Wenn die zitierten Dritten unbedeutend oder unbekannt sind, sollte sie der Interviewer anonymisieren (Ihre Kritiker ...) Sind sie dagegen prominent oder für den Befragten relevant, sollte der Journalist sie mit Rang und Namen nennen. Denn einem prominenten Kritiker kann der Interviewer nicht so leicht die Relevanz absprechen wie einem anonymen Widerpart.

Eine dritte, aber meist kontraproduktive Art zu provozieren: Der Interviewer konfrontiert den Gesprächspartner mit seiner persönlichen Meinung: Sie scheinen trotz des Unfalls ziemlich gut gelaunt zu sein. Berührt Sie denn das Schicksal der Toten gar nicht? Solch eine Interpretation muss der Befragte als offenen Affront empfinden, zumal ihn der Journalist damit aggressiv in die Defensive treibt. Daraufhin wird der Interviewpartner wohl seinen emotionalen Schutzschild bis über beide Ohren ziehen. Weil dies selten im journalistischen Interesse ist, sollten Interviewer besser auf solch plumpe Provokationen verzichten – und darauf achten, dass anders gemeinte Fragen nicht derart kompromittierend bei ihren Informanten ankommen.

(Halb-)Geschlossene Fragen sollen den Interviewten dazu bringen, sich auf konkrete Fakten oder Meinungen festzulegen, die ihm vom Journalisten suggeriert werden. Wenn der Befragte präzise antwortet, hat er nach einer geschlossenen Frage nur zwei Antwortmöglichkeiten: Entweder er stimmt dem Frageinhalt zu – oder nicht. Die Reinform der geschlossenen Frage lässt sich im Kern nur mit `Ja` oder `Nein` beantworten: `Herr Trainer, hat Ihre Mannschaft heute so gespielt, wie Sie es sich vorgestellt haben?`/`Frau Schmidt, wurden Sie bei dem Unfall verletzt?`/`Herr Dr. Boss, planen Sie Entlassungen?`
Der Interviewte kann nach solchen Fragen nicht, wie nach den offenen Varianten, seine Antwortschwerpunkte selbst bestimmen. Er muss sich eng an die Frage halten, ansonsten würde er ausweichend wirken. Zwar hindert dies vor allem medienerfahrene Gesprächspartner oft nicht daran, trotzdem um den heißen Brei herum zu reden. Aber auch ausweichende Antworten können für aufmerksame Journalisten nützlich sein, da die Befragten damit meist ihre wunden Punkte verraten.

Sonderformen der geschlossenen Fragen:
- **Bestätigungsfragen** sind Ja/Nein-Fragen, die vom Interviewten fordern, vorausgegangene Antworten zu präzisieren: <u>`Habe ich Sie richtig verstanden`</u>`, dass Sie mit dem Spiel Ihrer Mannschaft zufrieden sind?/`<u>`Sie meinen`</u>`, der Unfall wäre nicht passiert, wenn der Fahrer langsamer unterwegs gewesen wäre?/`<u>`Wollen Sie damit sagen`</u>`, dass Sie einen Teil der Belegschaft entlassen wollen?` Wenn der Gesprächspartner nach Bestätigungsfragen ausweicht, sollte sie der Interviewer ein- oder zweimal wiederholen, damit das Ausweichmanöver auch dem Publikum bewusst wird. Print-

journalisten sollten dies auch im Interviewtext tun! ... Aber nochmals, Herr Dr. Boss: Habe ich richtig verstanden: Sie werden Arbeitsplätze streichen? Je früher Bestätigungsfragen im Gespräch gestellt werden, desto eher begreift der Informant, dass sich der Journalist nicht mit irgendwelchem unkonkreten Geplapper abspeisen lassen will. Wiederholte Bestätigungsfragen bringen, wenn sie betont höflich formuliert werden, viele Informanten dazu, sich konkreter auszudrücken.

Zu den geschlossen Fragen gehören auch die so genannten halbgeschlossenen Fragen. Die Wichtigsten im Überblick:

- **Alternativfragen** sollen das mögliche Antwortspektrum auf wenige Optionen eingrenzen: Betreffen Ihre Entlassungspläne nur Leiharbeiter oder auch die Stammbelegschaft? Wenn der Journalist will, dass sein Interviewpartner auf eine bestimmte Option aus der Frage detaillierter eingeht, sollte er diese Option als letzte nennen (hier: Stammbelegschaft). Denn die Letztgenannte hallt dem Befragten am stärksten im Ohr, wodurch er wahrscheinlich auch stärker auf sie eingehen wird. Vorsicht: Mehr als zwei Alternativen verkomplizieren die Fragen und Antworten wieder. Womöglich will der Befragte jede vom Journalisten vorgegebene Antwortoption einzeln erläutern. Das zöge zu lange Antworten nach sich.

- **Konkretisierungsfragen** fordern ebenfalls präzise Antworten: Sie sagten gerade, dass Sie aus dem heutigen Spiel Ihrer Mannschaft viel gelernt hätten. Was meinen Sie konkret damit? Diese Frageform ist extrem wichtig für gute Interviews, weil nur wenige Informanten von sich aus so konkret antworten, wie es der Interviewer gern hätte. So nutzen die meisten Gesprächspartner oft Adjektive wie billig, teuer, stark, schwach, gut, schlecht, viel oder wenig, die aber von jedermann individuell interpretiert werden. Wenn also ein Befragter sagt, er würde in seinem Job viel Geld verdienen, sollte der Journalist fragen: Wie viel konkret? Lautet die Antwort zum Beispiel 800 Euro netto pro

`Monat,` wird klar, was für den Interviewpartner `viel Geld` bedeutet. Achtung: Informanten, die bewusst vage bleiben, reagieren bei Nachfragen manchmal allergisch.

- **Suggestivfragen** geben nur eine Antwortrichtung vor. Das kann eine Information sein, die der Befragte geben müsste, aber nicht geben will. Das kann aber auch das Gegenteil von dem sein, was er antworten müsste. Beispiel: `Ist es nicht so, dass der Fahrer schuld an dem Unfall ist?` Der Interviewte wird widersprechen oder zustimmen – und dies begründen. Nachteil für den Journalisten: Suggestivfragen wirken oft manipulativ. Wenn der Journalist solche »Fangfragen« zu häufig, im falschen Ton oder zur falschen Zeit einsetzt, könnte er parteiisch oder gar unverschämt wirken. Und dies würde wiederum negativen Auswirkungen auf die emotionale Beziehung nach sich ziehen.

- **Vergleichsfragen** sollen Antworten verständlicher und interessanter machen, indem sie einen Vergleich mit anderen Personen, Gegenständen oder Sachverhalten einfordern: `Sehen Sie Parallelen zwischen dem Unfall gestern und dem vor drei Wochen?` Achtung: Manche Gesprächspartner verstehen Vergleiche als Aufforderung zu unendlichen Exkursen, die viel Zeit kosten, aber nichts bringen. In solchen Fällen muss der Journalist mithilfe der anderen Frageformen gegensteuern.

Die häufigsten Fehler bei der Formulierung von Interviewfragen:
- Sie sind zu lang – und langweilen den Interviewpartner.
- Sie sind zu kompliziert – und verwirren den Interviewpartner.
- Sie klingen aggressiv – und verärgern den Interviewpartner.
- Sie sind unkonkret – und führen zu unkonkreten Antworten.
- Sie sind falsch recherchiert – und blamieren den Journalisten.

Die beste Fragestrategie ist flexibel

Was ist eine gute Fragestrategie? Theoretisch: die systematische Verknüpfung bestimmter Frageformen, um die Interviewziele zu erreichen. Praktisch: der *Versuch* des Interviewers, so geschickt zu interagieren, dass er seinen journalistischen Zielen möglichst nahe kommt. Im Folgenden wird beschrieben, wie Journalisten bestimmte Informantentypen befragen, auf Ausweichmanöver von Medienprofis reagieren und mit einfachen Tricks heikle Situationen meistern *können*.

Vielleicht enttäuschend, aber wahr: Für erfolgreiche Fragestrategien gibt es *keine* Patentrezepte. Denn kein Interviewer kann jede Gesprächssituation vorhersehen, geschweige denn steuern. Jeder Informant ist anders – und somit jedes Interview. Eine Fragestrategie, die bei dem einem Interviewpartner aufging, muss bei anderen noch lange nicht funktionieren. Fakt ist aber: Je besser es der Journalist versteht, bestimmte Frageformen *gezielt* einzusetzen, desto flexibler kann er auf seinen Informanten eingehen.

Fragestrategien müssen ständig an den Gesprächsverlauf angepasst werden. Allerdings haben Interviewer keine Zeit, ständig darüber nachzudenken, welche Frageform wohl als nächstes sinnvoll wäre. Top-Interviewer fragen oft *intuitiv* – aber natürlich auch nicht immer fehlerfrei. Fragestrategien kann man also nicht auswendig lernen. *Learning by doing* lautet hier die Devise! Die folgenden Strategietipps sollen Journalisten sensibler für ihre Fragen und für die Antworten der Interviewten machen.

Nach der Einstiegsfrage zeigt sich für den Journalisten, ob sich sein Vorbereitungsaufwand auszahlt. Denn der Vertrauensgrad, den er bis dahin aufgebaut hat, beeinflusst in der Frage-Antwort-Situation maßgeblich mit, wie weit er mit seinen Fragen kommt.

Durch den Trichter auf den Punkt: Um den Gesprächspartner nach einer offenen Frage auf den Punkt zu bringen,
eignet sich die Trichter-Strategie. Sie engt das Antwortspektrum nach und nach ein und führt das Gespräch
vom Allgemeinen zum Speziellen – bis sich der Informant
nach einer geschlossenen Frage festlegen soll. Beispiel-
trichter bei einem (unmotivierten) Hartz-IV-Empfänger:

1. **Offene Frage:** Herr Willnich, warum sind Sie
   arbeitslos?
2. **Konkretisierungsfrage:** Sie meinen wirklich,
   dass die für Sie infrage kommenden Jobs zu
   schlecht bezahlt werden?
3. **Alternativfrage:** Was haben Sie nun vor –
   schwarzarbeiten oder gar nichts tun?
4. **Geschlossene Ja/Nein-Frage:** Ganz ehrlich, Herr
   Willnich, haben Sie schon mal schwarzgearbei-
   tet?
5. **Abschließende Suggestivfrage:** Sie finden es also
   OK, dass Sie sich illegal auf Kosten der
   Steuerzahler durchmogeln?

Der ideale Gesprächspartner ist bestens vorbereitet, lässt
sich auf die Fragen ein, antwortet ehrlich und prägnant. Das
kommt aber höchst selten vor. Realistisch ist dagegen der von
Eigeninteressen gesteuerte und vorsichtige Informant, bei dem
es schon ein Erfolg ist, wenn der Interviewer ihn für sich gewinnen kann und dadurch Antworten herauskitzelt, die sein Interview besser als Interviews anderer Journalisten machen.

**Journalisten sollten es deshalb als Herausforderung betrach-
ten,** wenn sie trotz intensiver Vorarbeit nicht auf den idealen Informanten treffen. In der journalistischen Praxis ist die Vielfalt
der Gesprächspartner unendlich groß. Im Folgenden werden
beispielhaft drei Typen dargestellt, um für sie geeignete Fragestrategien zu erläutern:

Der ängstliche Interviewpartner erwartet hinterlistige Fragen,
gibt sich eher unverbindlich und sehnt das Gesprächsende

schon herbei, ehe der Journalist seine Einstiegsfrage gestellt hat. Die Unsicherheit dieses Typs zeigt sich oft in übertriebenem Lachen oder in extremer Zurückhaltung. Den ängstlichen Informanten sollte der Journalist sachte

- mit offenen Erlebnisfragen zum Erzählen ermuntern,
- mit motivierenden Einwürfen auf einen Podest heben sowie
- mit geschlossenen Suggestivfragen die Richtung vorgeben.

Erlebnisfrage: `Erzählen Sie doch mal`, `Frau Schmidt: Wie haben Sie diesen furchtbaren Unfall erlebt?`
Bewundernder Einwurf: `Unfassbar. Also` `ich` `hätte mich wahrscheinlich` `nicht so` `im Griff gehabt` `wie Sie.`
Suggestivfrage: `Aber` `meinen Sie nicht`, `dass der Unfall vermeidbar gewesen wäre?`
Wenn der Journalist Bezüge zwischen sich und dem Befragten artikuliert (`Ich hätte mich wahrscheinlich nicht ... wie Sie.`), kann das seine emotionale Beziehung zum Informanten stärken.

Verschlossene Interviewpartner öffnen: Wenn der Informant bei einem heiklen Thema »dicht macht« (s. auch Körpersprache ab Seite 175), indem er beispielsweise plötzlich wortkarg oder ausweichend antwortet, hilft manchmal ein simpler Trick: Der Interviewer legt seinen *Kugelschreiber* aus der Hand, schiebt den *Fragenzettel* beiseite, schaltet demonstrativ sein *Aufnahmegerät* ab, lehnt sich zurück und hört einfach nur zu. Seine dadurch transportierte Botschaft lautet: Ganz ruhig, wir sind unter uns. *Vertrauen* Sie mir.
Der Journalist sollte erst wieder sichtbar »auf Interview schalten«, wenn sich der Informant wieder sicherer fühlt. Oft dauert das keine Minute.
Alternative: Der Journalist *wechselt* (zunächst) auf ein unkritisches Thema, sodass der Befragte meint, die Gefahr sei vorüber. Wenn dieser sich wieder sicherer fühlt, kann der Journalist das Gespräch vorsichtig wieder auf das heikle Thema lenken. Im zweiten Anlauf gehen viele Gesprächspartner offener mit kritischen Themen um.

Der genervte Gesprächspartner tut so, als wäre ihm das Interview lästig. Das kann der Fußballtrainer sein, der durch Sponsorenverträge dazu verpflichtet ist. Oder das Unfallopfer, das Journalisten eigentlich nicht mag, aber scharf auf einen Fernsehauftritt ist. Oder der Firmenchef, der sich aufgrund von Publizitätspflichten den Journalisten stellen *muss*. Dem genervten Gesprächspartner scheint es egal zu sein, ob das Interview gut oder schlecht wird. Meist ist seine zur Schau gestellte Egal-Einstellung aber reine Abwehrtaktik. Diesen Typen sollte der Interviewer vor allem

- mit offenen Motivationsfragen streicheln,
- mit offenen Unterstellungsfragen sanft unter Druck setzen und
- mit Alternativ-, Bestätigungs- und Suggestivfragen löchern.

Motivationsfrage: `Herr Trainer, die Fans lieben Sie, weil Sie für den Erfolg auch mal etwas riskieren. Wurde Ihr Mut heute belohnt?` **Unterstellende Provokation:** `Allerdings sind die gegnerischen Angreifer nur Mittelklasse. Und trotzdem haben sie gegen Ihre Mannschaft drei Tore geschossen. Ihr Vorgänger als Trainer meint, dass dies nicht gerade für die Qualität der deutschen Abwehr spricht. Was sagen Sie dazu?` **Alternativfrage:** `Welcher Ihrer verletzten Spieler hat Ihnen heute mehr gefehlt: A oder B?` **Verständnisfrage:** `Heißt das, dass B demnächst wieder spielt und C dafür auf die Ersatzbank muss?`

Vor allem bei genervten Gesprächspartnern sollte der Journalist immer ein berechtigtes Informationsinteresse von Dritten, die wichtig für den Interviewten sind (hier die `Fans`) vorschützen, positiv einsteigen (`lieben Ihren Mut`), spätere Kritik von Dritten zitieren (`Ihr Vorgänger`) und Negatives vordergründig ebenso auf Dritte statt auf den Interviewten schieben (`deutsche Abwehrspieler`).

Unkooperative Interviewpartner missverstehen: Die meisten Menschen haben das Bedürfnis, sich zu erklären, wenn sie sich missverstanden fühlen. Das kann sich der Journalist wie folgt zunutze machen: Wenn er das Interesse seines Gesprächspartners am Interview steigern will, sollte er ihn einmal absichtlich missverstehen. Beispiel-Antwort des genervten Trainers: Ich kann heute noch nicht sagen, ob im nächsten Spiel der B oder der C auflaufen wird. Das werden Sie sehen, wenn es soweit ist. Scheinbar beiläufige Feststellung des Interviewers: Na, da scheint der B ja dem C den Rang abzulaufen! Das wird B gerne hören. Aber jetzt zur Torwartleistung ... Trainer: Äh, Moment mal! Da haben Sie wohl etwas missverstanden ... Nun muss er konkreter werden, um falsche Interpretationen seiner Antwort zu vermeiden. Oft drücken sich Informanten nach einem »Missverständnis« sicherheitshalber präziser aus als vorher.

Der Gesprächspartner vom Typus Denker gibt sich distanziert, gelassen und souverän. Oft schaut er dabei skeptisch drein, manchmal sogar regelrecht gelangweilt, bleibt dabei aber immer höflich. Er wägt jede Antwort ab und redet kein Wort zu viel. Ansonsten könnte womöglich die Wirkung seiner Antwort beeinträchtigt werden!

Ein herrliches Beispiel für diesen eher seltenen Typ ist Ex-Bundeskanzler Helmut Schmidt. Hier die wortgetreue Mitschrift des Einstiegs in ein längeres TV-Interview, das Sandra Maischberger im Mai 2008 mit dem damals 89-jährigen bekennenden Raucher hauptsächlich über China führte:

Maischberger: Herr Schmidt, es gibt ein neues Gesetz. Es bezieht sich auf das Rauchen in Deutschland in öffentlichen Räumen. Es ist verboten. Hat Sie das schon viel Geld gekostet? **Schmidt:** Nein, keinen Pfennig. **Maischberger:** Aber es gab eine Anzeige. Im Januar. Weil Sie auf einem Neujahrsempfang rauchten, wurden Sie angezeigt wegen Körperverletzung und Verstoßes gegen das Rauchverbot. Wie ist das ausgegangen? **Schmidt:** Ich hab' keine Ahnung. **Maischberger:** Kein Bußgeld? **Schmidt:** Ich hab' keine Ahnung. **Maischberger:** Hätten Sie es denn ... **Schmidt:** Ich weiß doch gar nicht, ob das ein öffentlicher Raum war! **Maischberger:** Doch, doch. **Schmidt:** Ja, sagen Sie. **Maischberger:** Aber Sie mussten kein Bußgeld zahlen? **Schmidt:** Nein. **Maischberger:** Hätten Sie es denn gezahlt? **Schmidt: (grinst)** Wenn ich hätte gemusst, hätte ich es gezahlt. (...) **Maischberger:** Sie sind gerade in einer Umfrage zum coolsten Kerl Deutschlands gewählt worden – vor Til Schweiger und Hape Kerkeling. Schmeichelt Ihnen das? **Schmidt: (grinst wieder)** Ich finde es zum Lachen. **Maischberger:** Was verbinden Sie mit dem Wort »cool«? **Schmidt:** Da muss ich lange nachdenken. Ich weiß es nicht. Das ist ein Modewort – ähnlich wie zu meiner Kinderzeit »knorke«. **Maischberger:** Sie sind also ein knorke Kerl? **Schmidt:** Kann sein. Das ist so was Ähnliches wie mit dem Eisbärenbaby Knut. **Maischberger:** Fühlen Sie sich denn knorke? **Schmidt:** Nee. Ich fühl' mich alt. **Maischberger:** Spüren Sie das Alter? **Schmidt:** Ja. **Maischberger:** Man sagte mir neulich, Sie seien so fit wie schon lange nicht mehr. **Schmidt: (brummt nur). Maischberger:** Es gibt Aufs und Abs? **Schmidt:** Grundsätzlich gibt es ein Ab. **Maischberger:** Und dazwischen? **Schmidt:** Dazwischen manchmal kleine Zacken, aber in Wirklichkeit geht es abwärts. (...) **Maischberger:** Wir wollen jetzt in die Geschichte eintauchen, nach 1975. Es gibt ein Foto. Das zeigt Sie mit dem damals stellvertretenden Ministerpräsidenten Deng Xiaoping. Es war Ihr erster Besuch in China. Und man sieht, dass Sie beide rauchen. **Schmidt: (brummt wieder nur). Maischberger:** Verbindet das Rauchen bei solchen Gesprächen? **Schmidt:** Es stört jedenfalls nicht. **Maischberger:** Es würde stören, wenn Sie nicht rauchen dürften? **Schmidt:** Ich muss sagen, ich habe immer geraucht – egal mit wem ich zusammen war. **Maischberger:** Aha (wartet). **Schmidt:** Tu' ich jetzt auch. (Grinst und nimmt sich demonstrativ eine Zigarette.) ...

Das Besondere an diesem Dialog: Während ein Interviewter normalerweise mindestens vier bis fünf Mal so viel redet wie der fragende Journalist, musste Sandra Maischberger hier doppelt so viel reden wie Helmut Schmidt, um ihn bei der Stange zu halten. Nach zwei ihrer Feststellungen brummte er gar nur!

Beim Denker-Typen muss der Interviewer über ein Maximum an Konzentration, Schlagfertigkeit und Selbstbewusstsein verfügen. Nur so schafft er die Schwerstarbeit.

Körpersprache »lesen« und interpretieren

Bevor die wichtigsten Ausweichmanöver von Interviewpartnern beschrieben werden, zunächst ein Exkurs in die Körpersprache 🖳. Denn wie Interviewfragen auf Gesprächspartner und – umgekehrt – deren Antworten auf Journalisten wirken, hängt nicht nur von der Wortwahl und vom Satzbau ab. Extrem wichtig ist auch die *nonverbale Ausdrucksweise* der Sprechenden. Das hat unter anderem der in den USA lehrende Psychologieprofessor Albert Mehrabian nachgewiesen. Nach seinen Studien hängt die Wirkung gesprochener Botschaften

- zu 55 Prozent von der Körpersprache des Absenders,
- zu 38 Prozent von dessen Stimme und Sprechtechnik, aber nur
- zu 7 Prozent vom sachlichen Inhalt der Worte

ab. Dies erklärt auch, warum manche Journalisten ihre Interviewpartner im Extremfall verärgern, während andere ihre Informanten mit denselben Fragen in begeisternde Gespräche verwickeln.

Journalisten sollten die wichtigsten »Vokabeln« der Körpersprache kennen, um ein Gefühl dafür zu entwickeln, ob ihre Informanten zum Beispiel ehrlich antworten oder lügen, offen oder verschlossen, gelassen oder nervös und geduldig oder ungeduldig sind. Und sie sollten wissen, wie sie auf nonverbale Botschaften der »anderen Seite« reagieren können, um dadurch erkennbare Kommunikationsstörungen nonverbal zu entschärfen. Dafür, und um ihre Interviewfragen souverän und wirkungsvoll »rüberzubringen«, müssen Interviewer auch sensibel für ihre *eigene* Körpersprache sein.

Das Verräterische an nonverbalen Signalen: Sie lassen sich viel schwerer steuern als Worte. Oft *widerspricht* die Körpersprache dem Gesagten sogar, statt seine Wirkung wie gewünscht zu verstärken.
Eine solche Diskrepanz beschrieb beispielsweise das Wirtschaftsmagazin »Euro« im Jahr 2005. In dem Beitrag »Der Pate wird müde« prognostizierte der Autor, dass die Zeit des Vorstandschefs des Automobilherstellers DaimlerChrysler (heute nach der Trennung von Chrysler im Jahr 2007 nur noch Daimler), Jürgen Schrempp, bereits ablief, obwohl sein Arbeitsvertrag noch bis 2007 galt. Der Texteinstieg (die nonverbalen Signale sind hier unterstrichen) lautete so: Washington, USA, am 7. Juni: Jürgen Schrempp (60) Vorstandschef von DaimlerChrysler lobt vor Journalisten die Erfolge des weltweit viertgrößten Autobauers sowie die tollen Perspektiven. Doch sein Habitus widerspricht der Schwärmerei. Schrempps Miene ist finster wie der Konferenzsaal vor ihm. Und auch die karge Gestik erinnert eher an Marlon Brando in »Der Pate« als an den visionären Schrempp früherer Jahre. Dagegen wirkt Chrysler-Vorstand Dieter Zetsche (52) sichtbar agil. Als Schrempp das Rednerpult verlässt, sucht Zetsche dessen Blick – eifrig nickend, lächelnd, zwinkernd. Vergeblich. Erst zum Abschied geht Schrempp auf Zetsche zu: Ein kurzes Lächeln, good bye – das war's. Stimmt das Gerücht, wonach Schrempp seinen US-Statthalter neuerdings auf

Distanz hält? ... (Angeblich hatte Zetsche unter anderem durch laute Kritik an seinem Vorstandschef darauf hingearbeitet, diesen abzulösen.)

Dieser Frage wich Zetsche im »Euro«-Interview nach der Washingtoner Veranstaltung zwar aus. Aber nur sieben Wochen später folgte ein Paukenschlag, der alles sagte: Der müde Schrempp trat – für die meisten Unternehmensbeobachter völlig überraschend – zurück. Und der agile Dieter Zetsche übernahm den Posten. Mit ihrer Körpersprache hatten die beiden bereits in Washington signalisiert, wer letztlich der Gewinner und wer der Verlierer der Entwicklungen bei DaimlerChrysler werden würde.

Natürlich versuchen vor allem Medienprofis ihre Körpersprache so einzusetzen, dass ihre Worte nicht wie im Beispiel Schrempp unglaubwürdig, sondern *überzeugender* wirken. Außergewöhnlich gut beherrschen dies viele Topmanager, Politiker, PR-Profis, Schauspieler, Hochstapler und clevere Straftäter. Aber je länger ein Interview dauert, desto schwieriger wird es selbst für die besten Täuscher, Diskrepanzen zwischen ihrem Denken und ihren Worten zu überspielen.

Im Folgenden werden häufige nonverbale Signale von Interviewpartnern sowie Reaktionsvorschläge für Journalisten beschrieben. Die Körpersprache-Signale ergeben sich vor allem aus der *Kombination* von

- Körperhaltungen,
- Territorialverhalten,
- Gesten,
- Mimik und
- Sprechverhalten.

Aber Vorsicht! Einzelne Körpersprache-Signale können immer nur Indizien sein, niemals Beweise! Je nach Umständen können sie *unterschiedliche Bedeutungen* haben. So muss ein Gesprächspartner, der die Arme vor der Brust verschränkt, nicht unbedingt innerlich verschlossen sein. Er könnte genau so gut frieren, seine Schulterpartien entspannen oder einfach nur die Körpersprache des Journalisten »spiegeln«. Außerdem hat jeder Mensch andere motorische Eigenarten.

Um die Wahrscheinlichkeit von Fehlurteilen zu senken, sollten Journalisten einzelne nonverbale Signale immer in Verbindung mit weiteren Beobachtungen interpretieren – sowie ihre eigene Körpersprache im Blick haben. Die Interpretationen der folgenden für Interviewsituationen typischen Beispiele treffen allerdings mit hoher Wahrscheinlichkeit zu.

Was Sitzhaltungen ausdrücken: Die Sitzhaltung umfasst im Wesentlichen die Haltung des *Oberkörpers,* des *Kopfes*, der *Arme*, *Beine* und *Füße* – und weist auf das grundsätzliche Verhältnis zwischen dem Journalisten und seinem Interviewpartner hin. Je besser die emotionale Beziehung zwischen den beiden ist, desto mehr sind sie sich (im wahrsten Sinne des Wortes) *einander zugeneigt*.
Überwiegt dagegen Antipathie, bleiben sie entweder stocksteif auf *Distanz* oder kommunizieren *zurück gelehnt* miteinander. Zwischen diesen beiden Ausprägungen gibt es aber auch unzählige andere Indizien auf die emotionale Verfassung der Gesprächspartner:

- **Die Bein- und Fußstellungen** sind besonders aufschlussreich, da sie schwerer steuerbar sind als der Oberkörper. Auch achten viele Interviewpartner nicht auf ihre Beine und Füße, da sie deren Aussagekraft unterschätzen.
Grundsätzlich gilt: *Kippeln* die Füße eines Informanten auf ihren Außenkanten, sucht er wahrscheinlich seine innere Balance, weil er etwas anderes sagt als er denkt. *Zappelt* oder *tippelt* er mit den Füßen, würde er wohl am liebsten aus dem Gespräch flüchten – entweder aus Langeweile oder aus Ungeduld.
- **Wenn der Interviewte weiter weg vom Tisch sitzt** als der Journalist, diesem vielleicht sogar die »*kalte*« *Schulter* zugedreht hat, *hibbelig* mit den Beinen wippt und/oder sich mit den Händen an die Armlehnen seines Stuhls *klammert*, deutet dies darauf hin, dass er nervös und unsicher ist.

Der *Journalist* sollte sich keinesfalls ebenso zurückziehen, sonst würde er die Distanz nur weiter vergrößern. Besser wäre es, wenn er vorsichtig, aber *offen* gestikulierend *nah am Tisch* bleibt. Dann ist es wahrscheinlicher, dass der Befragte nach einer Weile auch an den Tisch rückt, weil ihm sein einseitiges Abstandhalten unangenehm wird oder er die Sitzhaltung des Journalisten mit (hoffentlich) zunehmender Sympathie unbewusst spiegelt.

Der Interviewer kann auch versuchen, den Verkrampften näher zu sich zu locken, indem er ihm ein Getränk nachschenkt.

■ **Wenn der Interviewte die Arme vor dem Bauch verschränkt** hält und seine Beine übereinander geschlagen hat, deutet dies darauf hin, dass er sich schützen will, vielleicht sogar innerlich schon nicht mehr kooperiert. Diese Interpretation ist umso realistischer, je höher er seine Arme in Richtung Brust verschränkt hält und je höher er dabei seine Schultern zieht.

In solchen Phasen sollte der *Journalist* seine eigene Sitzhaltung überprüfen und bewusst das *Gegenteil* vom Interviewten machen: nämlich seine Arme *nicht* allzu nah am Oberkörper halten (um völlig offen und entspannt zu wirken), die Beine *nicht* überschlagen, sondern locker nebeneinander stellen, den Stift aus der Hand und die Hände mit den Handflächen nach unten ruhig auf den Tisch oder auf die Oberschenkel legen.

■ **Weitere negative Signale:** Ändert der Interviewte seine Steh- oder Sitzhaltung auffällig oft oder rutscht er immer wieder auf dem Stuhl hin und her, deutet dies auf Anspannung und Nervosität hin. Das gilt auch, wenn er seine Hände knetet. Stützt der Befragte seine Hände in die Hüften, könnte er sogar aggressiv gestimmt sein. Vergräbt er die Hände in seinen Hosen- oder Jackentaschen, könnte das ein Hinweis darauf sein, dass er etwas zu verbergen hat.

■ **Wenn der Interviewte die Arme hinter dem Kopf verschränkt** und seine Beine weit von sich streckt, deutet dies darauf hin, dass er *entspannt*, eventuell aber auch *gelang-*

weilt und *distanziert* ist. Er gibt sich derart *offen* und (Raum einnehmend) *dominant*, als fühle er sich völlig sicher.

Diese Phase kann der *Journalist* nutzen, um kritischer nachzufragen und den *Ton* zu *verschärfen*. Erstens ist der Interviewpartner momentan wahrscheinlich empfänglicher für *Kritik*, als wäre er angespannt. Und zweitens wäre es hochinteressant zu erfahren, ob er sich bei einer Tonverschärfung durch den Journalisten weiterhin so extrem locker gibt – oder sich fix (wieder) in eine Abwehrhaltung flüchtet.

■ **Die für Journalisten beste aller Körperhaltungen** eines Interviewpartners: Er sitzt/steht *aufrecht* mit beiden Beinen *fest* auf dem Boden, den Kopf *gerade* zum Interviewer positioniert, die Hände ruhen *sichtbar* und *entspannt* auf dem Tisch, auf dem vorderen Teil der Stuhl-Armlehnen oder auf seinen Oberschenkeln.

Während dieser Phase kann der *Journalist* davon ausgehen, dass der Interviewte offen für das Gespräch und die emotionale Beziehung intakt ist.

Was das Territorialverhalten ausdrückt: Das Territorialverhalten zeigt an, wie viel Raum ein Interviewpartner im Gespräch beansprucht. Grundsätzlich gilt: Je selbstbewusster er ist, desto mehr Raum wird er über seine Körperhaltungen und Gesten einnehmen. Unsichere Informanten halten ihre Arme und Beine eher näher am Körper.

Menschen empfinden hinsichtlich der körperlichen Nähe zu anderen bestimmte Grenzen als angenehm – auch in Interviews. Überschreitet der Journalist solche Grenzen, kann er Ablehnung provozieren, aber auch Zuneigung erfahren. Wenn der Interviewer *Grenzübertritte* riskiert, um auszutesten, ob ihn der Befragte innerlich ablehnt oder nicht, muss er die Reaktion des Gesprächspartners genau beobachten, um nicht zu weit zu gehen. Einige Tipps dazu:

■ **Bei Interviews an einem Tisch gilt die Tischmitte als Grenze** zur »*Sicherheitszone*« des jeweils anderen. Wenn der Interviewer beispielsweise mit seinen Händen darüber hinweg reicht und der Informant sich daraufhin *zurück lehnt* oder einen *Schritt zurück* macht, fühlt sich dieser höchstwahrscheinlich belästigt oder bedroht. Dann muss sich der Journalist sofort wieder in seine Zone zurückziehen, damit der Interviewte wieder näher an den Tisch kommt. Andernfalls könnte dieser sogar *aggressiv* auf den »Grenzverletzer« reagieren. Dies können Journalisten, die für nonverbale Signale unsensibel sind, dann kaum nachvollziehen – und eine Kommunikationsstörung dieser Art folglich auch kaum beheben.

- **Um Respekt vor der »Sicherheitszone« des Informanten** zu demonstrieren, sollte der Journalist sein Aufnahmegerät höchstens mittig zwischen sich und seinem Gesprächspartner platzieren. Wenn er beispielsweise einen *Flaschenöffner* braucht, der in der »Sicherheitszone« des Gesprächspartners liegt, sollte der Interviewer höflich danach fragen, statt einfach nach dem Flaschenöffner zu greifen. Noch gefährlicher ist es, den Interviewpartner anzufassen. *Berührungen*, ob kumpelhaft oder vertraulich, werden oft als unangemessen, anbiedernd und aufdringlich empfunden. Und das nicht nur von den Informanten, sondern – bei TV-Interviews – auch vom Publikum.

Was die Gestik ausdrücken kann: Die Gestik umfasst die Bewegungen der Schultern, Arme und Hände, die auf die emotionale Verfassung des Befragten schließen lassen. Je besser Journalisten die Gesten ihrer Gesprächspartner wahrnehmen, desto schneller können sie darauf reagieren. Typisch für Interviewsituationen sind folgende Gesten:

- **Hochgezogene Schultern und verschränkte Arme** deuten häufig darauf hin, dass sich der Interviewpartner innerlich zurückgezogen hat.
- **Erhobene Arme mit zum Journalisten gerichteten Handflächen** signalisieren in der Regel eine Abwehrhaltung.
- **Stützt der Interviewte seine Ellenbogen auf den Tisch** und den Kopf auf seine Hände, bedeutet dies oft, dass er angespannt ist und innerlich Halt sucht.

- **Beidseitig an den Körper gedrückte Oberarme** offenbaren häufig, dass sich der Interviewpartner bremst.

- **Vor dem Oberkörper zur Pyramide geformte Hände** mit sich berührenden Fingerkuppen deuten meist darauf hin, dass der Interviewte nach Argumenten oder Formulierungen sucht.

- **Ordnet der Interviewpartner plötzlich Gegenstände** auf dem Tisch, könnte dies bedeuten, dass er unsicher ist und deshalb auch seine Gedanken ordnet.

- **Hält sich der Interviewpartner eine Hand vor den Mund,** während er etwas gefragt wird, könnte er soeben etwas gesagt haben, was er lieber nicht gesagt hätte – oder etwas denken, was er nicht aussprechen will.

- **Ein vor die Lippen gehaltener Zeigefinger** deutet oft darauf hin, dass der Interviewte selbst gern etwas sagen würde (zum Beispiel wenn der Journalist zu viel redet), sich aber zurück hält.

- **Streicht oder kratzt sich der Interviewte über die Nase** oder am Hals, könnte das ein Zeichen dafür sein, dass er mit den Worten des Journalisten hadert, beim Antworten unsicher ist oder gar lügt. Lügner zupfen sich auch häufig an einem Ohrläppchen.

- **Eine zur Faust geballte Hand** kann darauf hindeuten, dass der Interviewpartner entschlossen, vielleicht aber auch gereizt, verkrampft oder unsicher ist.

- **Pocht der Interviewte beim Antworten mit einem Finger** auf den Tisch, signalisiert dies wahrscheinlich, dass er auf seine Argumente pocht.

- **Zeigt der Interviewte beim Antworten mit einem Stift** auf den Journalisten, ist der Stift meist ein Zeigefinger-Ersatz. Mit ihm will der Befragte etwas besonders (aggressiv) deutlich machen.

- **Auf den Tisch trommelnde Finger und Händereiben** zeigen in der Regel an, dass der Interviewte nervös und ungeduldig ist und das Gespräch am liebsten beenden würde.

- **Nestelt sich der Interviewpartner an seinem Schlips** oder an der Halskette herum, streicht er sich über den Nacken oder kratzt er sich häufig, deutet dies darauf hin, dass er sich unwohl fühlt. Lügt er vielleicht?

- **Lügner gestikulieren oft relativ sparsam,** weil sie sich vor allem darauf konzentrieren, ihre »Geschichten« plausibel zu formulieren und möglichst überzeugend zu betonen.

Was die Mimik ausdrücken kann: Die Mimik umfasst die Gesichtsausdrücke. Besonders gut kann der Journalist die Gefühle und Gedanken seines Interviewpartners an dessen *Augen* und *Mund* ablesen.

Die Anzeichen für beispielsweise *Angst* (weit offene Augen, starrer Blick, eventuell leicht geöffneter Mund), *Freude* (Mund und Augen »lachen«) und *Überraschung* (kurzzeitiges Zusammenkneifen oder weites Öffnen der Augen, eventuell auch der Lippen) sind bei allen Menschen gleich und relativ leicht erkennbar.

Allerdings können geübte Körpersprachler ihre Mimik auch leicht manipulieren. Deshalb sollten Journalisten den Gesichtsausdruck ihrer Interviewpartner immer auch in Verbindung mit anderen Körpersprachesignalen interpretieren. Unter dieser Einschränkung müssen auch die folgenden Deutungen gesehen werden:

- **Weit geöffnete Augen bei entspannten Gesichtszügen** weisen häufig daraufhin, dass der Gesprächspartner interessiert an dem Gespräch ist.
- **Lässt der Interviewte seinen Blick länger umherschweifen,** statt den Journalisten anzuschauen, deutet dies häufig darauf hin, dass er sich langweilt oder unsicher ist.
- **Blickt er verträumt am Journalisten vorbei,** beispielsweise aus dem Fenster, könnte er geistig abwesend sein. Dann wäre die kommunikative »Verbindung« unterbrochen.
- **Fixiert der Informant den Journalisten länger** mit den Augen, könnte das darauf hindeuten, dass er ihn durchschauen, einschüchtern oder provozieren will.
- **Geschlossene Augen** signalisieren, dass der Interviewte Entspannungsbedarf hat, also genervt, müde oder überanstrengt ist.

- **Weicht der Gesprächspartner dem Blick des Journalisten** bei bestimmten Antwortsätzen aus, könnte dies ein Hinweis darauf sein, dass der Befragte gerade etwas anderes sagt, als er denkt.

- **Blickt der Interviewte von oben,** also mit leicht erhobenem Kopf, auf den Journalisten herab, deutet dies auf Überheblichkeit, vielleicht sogar Missachtung hin.

- **Zusammengekniffene Lippen** signalisieren, dass der Interviewpartner den Journalisten skeptisch betrachtet und am liebsten überhaupt nichts sagen würde.

- **Blickt der Informant den Journalisten freundlich lächelnd** an, bedeutet dies in der Regel, dass er relativ entspannt ist.

- **Lacht er jedoch und weicht dem Blick des Journalisten aus,** deutet dies eher darauf hin, dass er im Innern aggressiv gestimmt ist.

- **Hat sich der Informant mit einem Pokerface maskiert,** fürchtet er wahrscheinlich, dass der Journalist seine wahren Absichten und Gefühle entlarvt. Mit emotionslosen Gesichtern versuchen Interviewpartner häufig, bestimmte Empfindungen zu überspielen.

Was das Sprechverhalten ausdrücken kann: Das Sprechverhalten umfasst im Wesentlichen das *Sprechtempo*, die *Lautstärke* und den *Tonfall*. Daran können Journalisten häufig erkennen, ob der Interviewte beispielsweise aggressiv, herablassend, ironisch oder witzig ist.

Grundsätzlich gilt, dass Menschen mit einer lebhaften, festen und durchschnittlich lauten Stimme als relativ vertrauenswürdig empfunden werden. Das müssen sie aber nicht sein! Vor allem Medienprofis verstehen es mitunter perfekt, ihr Sprechverhalten so zu kontrollieren, dass sie auch überzeugend klingen, wenn sie lügen. Unter dieser Einschränkung sind auch die folgenden Indikatoren zu verstehen:

- **Interviewpartner, die auffällig laut sprechen,** wollen sich in der Regel unbedingt durchsetzen. Solche Leute artikulieren sich in Interviews gern relativ aggressiv. Sie sehen sich als Rivalen des Journalisten – und sind nicht zuletzt deshalb angespannt.

- **Lautes und gehetztes Sprechen** deutet darauf hin, dass der Interviewte möglichst viele Botschaften absetzen will, Rechtfertigungsbedarf empfindet und eventuell – wenn er abgehackt spricht – ängstlich und unsicher ist.

- **Spricht der Interviewte relativ leise,** kann dies bedeuten, dass er sich seiner Sache nicht sicher ist – oder den Journalisten zum genauen Zuhören zwingen will. Letzteres ist häufig ein Teil des Machtspiels in Interviews. Durch leises Sprechen könnte der Interviewte beispielsweise versuchen, dem Journalisten bewusst einen anderen Ton entgegenzusetzen, um dominant zu wirken.

- **Eine monotone Intonation** verrät, dass der Sprechende das Interview eher lustlos abhandelt oder seine Gefühle auf diese Art unterdrückt.

- **Eine temperamentvolle Intonation** signalisiert, dass sich der Gesprächspartner interessiert am Interview beteiligt.

Was in Sachen Körpersprache für die Informanten gilt, trifft für die Journalisten ebenso zu. Deshalb sollten Interviewer versuchen, sich nicht nur verbal, sondern auch nonverbal offen und lebhaft mitzuteilen, um souverän zu wirken und den Gesprächspartner von sich und dem Interview begeistern. Je öfter dieser dabei die Mimik und Gestik des Journalisten nachmacht, desto besser ist die emotionale Beziehung zwischen den beiden.

Journalisten sollten allerdings unbedingt vermeiden, ihren Interviewpartnern mittels antrainierter Körpersprache-Tricks etwas vorzuspielen. Denn Unauthentizität fällt meistens auf. Selbst wenn sie der Befragte nur unbewusst wahrnimmt, dürfte er misstrauisch werden.

Auch deshalb ist es für Interviewer essentiell, dass sie ihren Gesprächspartnern mit einer *ehrlich* positiven Einstellung begegnen – selbst wenn sie von ihren Informanten keine ehrliche Haltung erwarten.

Ausweichmanöver von Gesprächspartnern erkennen (Brigitte Biehl-Missal)

Die wenigsten Gesprächspartner geben von selbst die aus journalistischer Sicht bestmöglichen Interviews. Manche wollen dies zwar, aber können es nicht – wie viele Medienlaien. Andere könnten das, wollen es aber nicht – wie viele Medienprofis.

In einer Pause der Interviewsendung »Larry King Live«, die vom amerikanischen TV-Sender CNN ausgestrahlt wird, riet ein Kommunikationsberater dem Gesprächspartner von King, Pat Robertson (einem prominenten Fernsehprediger): »The key thing with something like that is, you take the one sentence and turn it around and go on to another issue. Remember, *you're* answering the questions. You can talk about anything *you* want to.«[1]

Sinngemäß übersetzt: »Der Schlüssel ist: Sie nehmen die Frage und drehen sie in der Antwort auf ein anderes Thema. Denken Sie daran, *Sie* antworten. *Sie* können reden worüber *Sie* wollen.«

Interviewer müssen potenzielle Antwortstrategien ihrer Gesprächspartner kennen, wenn sie ihre Fragetechnik verbessern wollen. Im Folgenden werden die wichtigsten Ausweichmanöver von Medienprofis beschrieben:

1. Schlüsselwörter aus Fragen verdrehen
2. Umschreiben von Fragen mit eigenen Worten
3. Zeitenwechsel in Antworten
4. Ausweichen mit Witz (»Kennedy Quip«)
5. Unterstellungen des Journalisten anzweifeln
6. Antworten im Stile des Advocatus Diaboli
7. Antwortverweigerung

Diese sieben Ausweichmanöver basieren auf Auftritten von Topmanagern in Pressekonferenzen und Hauptversammlungen in den Jahren 2004 bis 2006. Frage-Antwort-Runden in Pressekonferenzen und Hauptversammlungen sind aus Sicht der Befragten vergleichbar mit anderen Interviewsituationen. Die Tricks der hier entlarvten Protagonisten werden von Gesprächspartnern anderer Gesellschaftsbereiche genauso benutzt. Von den folgenden Praxisbeispielen können Journalisten aller Mediengattungen und Fachbereiche lernen:

1. Ausweichmanöver: Schlüsselwörter aus Fragen verdrehen. Mit diesem Manöver schafft sich der Befragte Freiräume für Antworten nach eigenem Gusto. Er wiederholt das Schlüsselwort der Frage und verändert es bei Bedarf. Journalistenfrage an den Vorstand des Siemens-Konzerns: Wie hoch sind die Restrukturierungskosten? Der Finanzvorstand antwortete: ... Sie haben dann gefragt nach der Restrukturierung ... wir haben einen hohen dreistelligen Millionenbetrag zur Restrukturierung verwandt. ... Weiterer Schwerpunkt war das Com-Geschäft ... Danach betont er, dass er Handlungsbedarf sehe. Er spricht von anderen und positiven Effekten und wieder vage von dem Millionenbetrag. Doch der Journalist ließ nicht locker: Ne Nachfrage: Den »hohen dreistelligen Millionenbetrag« konnte ich mir selbst ausrechnen. Können Sie das konkretisieren? Der Vorstand darauf leicht pampig: Wenn wir das hätten machen wollen, dann hätten wir das auch gemacht. Dass er aber über 500 Millionen liegt, davon können Sie ausgehen.
Analyse: Der Siemens-Manager hat das Schlüsselwort der Frage (Restrukturierung) wiederholt und zugleich verdreht, um über den Vorgang an sich zu sprechen, ohne auf den Fragekern eingehen zu müssen. Der Journalist hatte aber nicht nach der Restrukturierung im weiteren Sinne, sondern präzise nach den Restrukturierungskosten gefragt! Hier fiel das Manöver auf.

Ein meisterhafter Wortverdreher war der frühere BMW-Chef Helmut Panke. Ausgehend von fast beliebigen Stichwörtern antwortete er überdurchschnittlich lang, wirkte aber nicht langweilig, da er plakative Bilder und Vergleiche in seine Antworten einbaute. Gefragt, warum er so optimistisch für das Geschäft mit so genannten Premium-Autos sei, wiederholte er dieses Schlüsselwort zunächst (... notorisch optimistisch!), kündigte dann einen kleinen Exkurs an – ein Klassiker zur Legitimierung von Ausschweifungen – und sprach sieben Minuten lang (!) über die soziologische Verhaltensseite, die sich auch in Unterscheidungskennzeichen (wie Premium-Autos) zeige. Wer unter den hier versammelten erfolgreichen Journalisten, fragte er, trage denn schon eine Uhr für zehn Euro? Genau so sei das mit den Autos.

Der BMW-Chef redete den Sachverhalt vage ins Allgemeine, ohne konkrete Indikatoren für die künftige Marktentwicklung zu nennen.

2. Ausweichmanöver: Umschreiben von Fragen. Um verbal auszuweichen, umschreiben clevere Interviewpartner bestimmte Schlüsselwörter in Fragen auch mit anderen Worten, auf die sie dann ihre Antwort beziehen. Frage eines Journalisten an Josef Ackermann, den Chef der Deutschen Bank: Sie sagen, dass 2700 Stellen in den Bereichen Corporate und Investment Banking sowie Privatkunden und Vermögensverwaltung abgebaut werden. Können Sie ein bisschen präziser sagen, wie viele Stellen in welchem Bereich wegfallen? Und auch, wo geographisch dieser Abbau stattfindet. Meist in London und New York, vermute ich. Aber wenn Sie es sagen könnten? **Ackermann:** Ja gut. Ich meine, Ihre Frage hat wahrscheinlich einen sehr berechtigten Hintergrund. Geht das zu Lasten der Marktpositionierung oder geht das zu Lasten der Revenues? Und da ist die Antwort natürlich klar: Nein! Ich habe Ihnen ja geschildert, dass wir Überlappungen haben. Im Coverage-Modell haben wir zu viele Stellen gehabt. ... Werden wir damit weniger Revenues haben? Nein, überhaupt nicht. Wir werden MEHR Revenues haben! ... Ich möchte jetzt nicht im Detail sagen, wie viele **(Stellen)** in London **(abgebaut werden)**, wie viele in New York. Ähm, es ist so, dass alle Regionen betroffen sind, aber natürlich nicht so, dass wir das Gefühl haben, da irgendwie Revenues zu verlieren. Ganz im Gegenteil.

Analyse: Ackermann leitete seine Antwort mit dem schmeichelnden Hinweis ein, dass die Frage einen sehr berechtigten Hintergrund hätte. Das wirkt kooperativ. Zudem war die Schmeichelei als Bindeglied nötig, um den Hauptteil seiner (Nicht-)Antwort zu legitimieren. Danach äußert er sich zunächst nicht zur Frage, sondern stellt sich einfach seine eigenen Fragen, die er mehrmals wiederholt. Dabei entfernt er sich vom negativen Thema Stellenabbau und führt hin zu den Auswirkungen auf die Umsätze (Revenues), die natürlich nicht weniger würden. Ganz im Gegenteil. Mit dieser positiven Zusammenfassung beschließt der Deutsche-Bank-Chef seine Antwort.

3. Ausweichmanöver: Zeitenwechsel in der Antwort. Hier spricht der Informant zum Beispiel über frühere Fehler, die ursächlich für aktuelle Entwicklungen sind, um diese Fehler rhetorisch ad acta zu legen und die Perspektive auf die, natürlich optimistische, Zukunft zu richten. Ein Beispiel: Eine Reporterin unterstellte dem Management von DaimlerChrysler im Jahr 2005 Missmanagement. Ihre Begründung: Die Firmengruppe habe sieben Jahre nach der Fusion trotz der (lange überdurchschnittlich profitablen) Luxusmarke Mercedes einen geringeren Gewinn erwirtschaftet als eine (gewöhnlich weniger profitable) Massenmarke. Vorstandschef Jürgen Schrempp, der wegen der Daimler-Chrysler-Fusion später als einer der größten Kapitalvernichter in die deutsche Wirtschaftsgeschichte einging, antwortete wörtlich (in teils unvollständigen Sätzen): Sie sprechen wahrscheinlich von 'nem Ergebnis, das Renault mit großer Unterstützung von Nissan **(die beiden Autohersteller hatten auch fusioniert)** neulich vorgelegt hat. Dieses Ergebnis ist in der Tat, und zwar für das abgelaufene Geschäftsjahr. Dieses Ergebnis ist in der Tat besser, aber wir versuchten Ihnen heute darzustellen, dass wir, und wir haben's auch gesagt, dass wir mit 5,8 Milliarden Euro für die Gruppe nicht zufrieden sind. Wir haben versucht, Ihnen darzustellen, wo es dieses Jahr gehapert hat, das ist im Wesentlichen natürlich, äh, der Ergebnisreduzierung bei der Mercedes Car Group, wir haben versucht, darzustellen, wie wir das korrigieren. Da sind wir auch überzeugt, dass wir das können. Wir haben Ihnen dargestellt auch welche Ergebnisbelastungen wir im Jahre 2004 im Sinne von Toll Collect **(diese Firmengruppe entwickelte unter Führung von Daimler Chrysler das deutsche Lkw-Maut-System),** Fuso **(diese Tochterfirma baut Busse und Lkw),** teilweise Mitsubishi **(an diesem Autobauer war DaimlerChrysler auch beteiligt),** teilweise Restrukturierungskosten, da wäre noch bei Chrysler hatten, wie das Ergebnis belastet wurde, und wir sind absolut zuversichtlich, dass wir, und ich hab das ja für die folgenden Jahre 2006 und 2007 ausgeführt, dass wir deutlich unsere Ergebnisse steigern können, und ich glaube, wenn wir uns dann wieder sprechen, sehen die Zahlen anders aus.

Analyse: Erst suggeriert Schrempp, Renault habe es nicht alleine geschafft – und schwächt damit den Vergleich zu anderen Autoherstellern ab. Dann übernimmt er scheinbar die Verantwortung, um sie auf externe Faktoren wie Toll Collect, äh, Fuso, teilweise Mitsubishi **zu schieben. Abschließend wechselt er auf der Zeitebene von der Vergangenheit in die Zukunft. Somit scheint das Problem Historie zu sein. Der Fokus liegt auf dem Jetzt, wenn es sinngemäß heißt:** Wir sind überzeugt, dass wir das können. **Dazu kommt ein Zukunftsversprechen, dass** wir deutlich unsere Ergebnisse steigern können. **Das führt die zeitliche Orientierung noch weiter von der unrühmlichen Vergangenheit weg.**

Im Interview sollte der Journalist auch nach verquasten Antworten wie der von Schrempp nachhaken, um den Informanten mit Ja/Nein-, Alternativ- und Suggestivfragen auf den Punkt zu bringen.

4. Ausweichmanöver: Ausweichen mit Witz (»Kennedy-Quip«). Clevere Interviewpartner geben sich manchmal witzig – beispielsweise wenn ihnen ehrliche Antworten unangenehm werden könnten. Als ein Journalist den Vorstandschef des Energiedienstleisters Techem, Horst Enzelmüller, nach dessen Verdienst fragt, weicht Enzelmüller aus: Wie viel ich verdiene, kann ich nicht offen sagen. Sonst weiß es ja auch meine Frau und will was ab! Gelächter im Publikum, die Frage ist zunächst vom Tisch.

Analyse: Hier verweigert der Interviewte die Antwort mit einer witzigen Bemerkung, die den Frager zum Lachen bringt. Dabei werden persönliche Informationen angeführt, die nicht ad hoc nachprüfbar und deshalb auch kaum angreifbar sind. Aber – und dies ist das Ziel dieses Manövers – die Informationen lenken von der Frage ab.

Dieses Manöver heißt »Kennedy-Quip«, inspiriert von manch geistreicher Bemerkung des früheren US-Präsidenten. Knackige, witzige Antworten überraschen Journalisten mitunter, da sie erwartet haben, dass sich der Befragte länger erklärt. Sehr knappe Antworten sind oft ein Hinweis darauf, dass der Interviewte die Frage als unangenehm empfindet und zu umgehen versucht.

5. Ausweichmanöver: Unterstellungen anzweifeln. Interviewpartner, die mit tendenziösen Formulierungen konfrontiert werden, ignorieren diese gern. So wurde der Vorstandschef von DaimlerChrysler, Jürgen Schrempp, bei einer Pressekonferenz von einem Journalisten zu Toll Collect befragt: Nach dem Scheitern der Verhandlung spricht man in Deutschland von Desaster, gar von Lachnummer. Ist es Ihnen nicht persönlich peinlich, dass durch das Desaster der Hightech- und Wirtschaftsstandort

(Deutschland) lächerlich gemacht wird? Erstens. Zweitens: Dass man ein Auto verkauft, das nicht funktioniert, würde man ja eigentlich Betrug nennen. Gilt das nicht für ein Maut-System, das nicht funktioniert? Schrempp leitet seine Antwort mit dem entwaffnenden Hinweis ein: Sie werden mir erlauben, dass im Moment Gefühle uns nicht weiter bringen. In der Folge übernimmt er die tendenziösen Begriffe Desaster, Lachnummer, peinlich, lächerlich und Betrug erst gar nicht, sondern ersetzt sie durch eigene positive Begriffe oder beispielsweise das Wort Desaster durch den sachlich neutralen Projektnamen Toll Collect. Das bewirkt, dass er nicht auf die implizierten Vorwürfe des Journalisten eingehen muss. Häufig widersprechen Interviewpartner auch. Oder sie sticheln nach tendenziösen Fragen ironisch. Beispielantwort eines anderen Managers: Vielen Dank für Ihre Frage, besonders für die Darlegung Ihrer breiten Expertise auf diesem Gebiet ... So wird der Fragende implizit lächerlich gemacht.

6. Ausweichmanöver: Antworten im Stile des Advocatus Diaboli. Dass der Journalist seinen Interviewpartner »neutral« kritisieren kann, in dem er Kritik von Dritten zitiert, wurde bereits beschrieben. Hier ein Beispiel für ein Ausweichmanöver auf diese Fragetechnik. Auf der bereits erwähnten Pressekonferenz von DaimlerChrysler hakte ein Journalist nach: Noch einmal 'ne Frage zu Toll Collect. Sie gestatten? Denn es muss sein. Hat das Maut-Desaster Auswirkungen auf das Image von DaimlerChrysler? Viele Kollegen schreiben das – es ist von »Pfusch in Germany« die Rede. CSU-Generalsekretär Söder spricht von »Murks in Germany« statt »Made in Germany«. Das sind sehr starke Äußerungen, wie man sie lange nicht mehr gehört hat. Ich bewundere Ihre Ruhe. Bitte sagen Sie doch noch mal etwas dazu. Daimler-Chrysler-Chef Schrempp lüftet sein Jackett und sagt (wiederum wörtlich): Ich find' es schade, wenn Politiker in dieser Form über ein Thema sprechen, jetzt unabhängig davon ob das sachlich richtig ist, wär's doch die Pflicht von uns allen, zu versuchen, diesen Standort Bundesrepublik Deutschland, und wenn so ein Thema passiert trotzdem in der Welt zu verteidigen, um das entsprechende Wirtschaftsgeschehen anzukurbeln und endlich von diesen dramatischen Situationen der Arbeitslosen runter zu kommen. Äh, das würde, äh, ich ja vielleicht ins Pflichtenbuch schreiben eines Politikers. Ich weiß es nicht, ob er es gesagt hat, aber vielleicht können Sie das noch mal checken und ihm dann meine besten Grüße geben.

Analyse: Schrempp äußert sich inhaltlich höchst zweifelhaft. Warum sollte es Staatspflicht sein, DaimlerChrysler in der Welt zu verteidigen, obwohl dem Staat durch das Maut-Desaster Einnahmen entgehen? Und warum soll dadurch die Arbeitslosigkeit sinken? Zudem nennt Schrempp die kritischen Dritten nicht beim Namen, sondern zieht ihre Relevanz und ihre Argumentationen in Zweifel.

Andere Ausweichmöglichkeiten von Interviewten: Sie beziehen sich nur indirekt auf die Kritiker (Man sagt ...) und widersprechen deren Schelte. Oder sie ignorieren die Quelle völlig, machen sie somit überflüssig und sagen etwas anderes zum Thema. Keine dieser Variationen greift den Interviewer direkt an, was – so die Hoffnung der Antwortenden – dessen Sensibilität für ihre Antworten sinken lassen könnte.

Allerdings lässt besonders die Antwortvariation, in der die Quelle namentlich genannt wird, Interviewte glaubwürdig erscheinen. Den Teil aus Schrempps Verteidigung, in dem er argwöhnt, das Zitat sei falsch, könnte man aber auch so interpretieren, dass er indirekt die Professionalität des Journalisten in Zweifel ziehen will.

7. Ausweichmanöver: Antworten verweigern. Die offene Antwortverweigerung ist die deutlichste Art von Gesprächspartnern, sich dem Journalisten zu widersetzen. Nachteil für Verweigerer: Das Publikum merkt, dass sie etwas zu verbergen haben. Aber auch dies verstehen geschickte Informanten zu überspielen: Sie erklären dann zum Beispiel charmant lächelnd, warum sie die Frage nicht beantworten können.

Von dieser Taktik gibt es einige Varianten, die alle eines gemeinsam haben: Man macht äußere Umstände für die Verweigerung verantwortlich. So argumentierten Wirtschaftsmanager oft, sie könnten die künftige Geschäftsentwicklung nicht prognostizieren, weil die Unwägbarkeiten in den Märkten seriöse Prognosen unmöglich machten. Damit suggerieren sie, dass ihnen Informationen fehlen und es deshalb zu früh wäre, konkret zu antworten. Das stimmt natürlich nicht. Schließlich haben Manager auch interne Prognosen. In Wahrheit wollen sie sich nicht öffentlich festlegen.

Ein letztes Beispiel für Ausweichmanöver von Interviewpartnern: Der Deutsche-Bank-Chef Josef Ackermann hatte sich wiederholten Fragen nach der Höhe der Bonuszahlungen für Managementmitglieder und Investmentbanker der Bank stets verwehrt. So antwortete er einmal: Das ist eines der bestgehüteten Geheimnisse. Dazu sagen wir nichts. Hinter dieser Strategie steht wieder der Verweis auf äußere Umstände. Ackermann signalisiert: Alle Banker hüteten dieses Geheimnis – und deshalb müsse er dies auch tun. Er verweist auf eine Tradition der Nicht-Beantwortung dieser Frage. Das entpersonalisiert die Aussage in eine scheinbar gängige Richtlinie, der auch er sich nun mal, leider, beugen müsse.

Weiterführende Literatur:

Brigitte Biehl, Business is Showbusiness: Wie Topmanager sich vor Publikum inszenieren (Campus Verlag, Frankfurt/Main 2007)

Wirksame Strategien gegen Ausweichmanöver

Wie können Journalisten die Ausweichmanöver von Antwortverweigerern, Phrasendreschern und Wortverdrehern durchkreuzen? Wie Drumherumschwafler auf den Punkt steuern? Und falls das nicht gelingt, dem Publikum verdeutlichen, dass der Interviewpartner nicht konkret antworten *will*? Und all dies auch noch, *ohne* die emotionale Beziehung zum Interviewpartner zu beschädigen? Die Gegenstrategien auf den kommenden Seiten gelten für Medienprofis und Interview-Laien gleichermaßen.

Nicht nur hören. Zuhören! Journalisten müssen ihren Interviewpartnern *genau* zuhören, um deren Antworten wirklich erfassen zu können: Welche Worte wählt der Antwortende? Umschreibt er bestimmte Begriffe? (Da werden zum Beispiel aus `unrealistischen Projekten` in der Frage `ambitionierte Vorhaben` in der Antwort.) An welchen Stellen leistet sich der Interviewte Denkpausen (... hm ..., ... äh ...) oder Versprecher (zum Beispiel `Spaßmaßnahmen` statt `Sparmaßnahmen`)? Benutzt er sinnleere Füllwörter wie `eigentlich`, `irgendwie` und `sicherlich` oder Floskeln wie `absolut` und `total`? Und warum tut er dies? Antwortet er überhaupt auf die gestellten Fragen? Und wenn nicht: Wie reagiert man als Journalist darauf?

All diese Fragen müssen Interviewer im Hinterkopf haben, während sie zuhören. Das fordert Beobachtungsgabe, Konzentration und Gespür für Zwischentöne – und kostet umso mehr Kraft, je länger das Gespräch dauert. Wenn der Journalist auch *sichtbar* aktiv zuhört, indem er sich beispielsweise interessiert nach vorne beugt, große Augen macht und interessiert nickt, fühlt sich der Informant ernst genommen und motiviert.

Schwafler unterbrechen: Dazu wartet der Interviewer am besten, bis der Befragte nach einem abgeschlossenen Gedankengang eine Atempause einlegt. Das ist der richtige Augenblick, um mit einer (Wiederholungs-)Frage einzuhaken: `Entschul-`

digen Sie bitte, Herr Dr. Boss, könnten Sie die Gründe für Ihren Optimismus nochmals konkret in kurze Worte fassen? Mir scheint, Sie möchten im Wesentlichen auf zwei Punkte hinaus. Hier fordert der Interviewer den Vielredner betont höflich auf, sich konkret auf zwei wesentliche Punkte zu beschränken.

Sollte der Befragte erneut ausschweifen, kann ihn der Journalist mit einer Bestätigungsfrage versuchen festzulegen: Habe ich Sie richtig verstanden, dass ...?

Sollte der zweite Versuch auch keine klare Aussage bringen, was bei Medienprofis häufig passiert, kann der Journalist per Alternativfrage in die Metakommunikation gehen: Herr Dr. Boss, ich habe den Eindruck, Sie weichen mir aus. Möchten Sie nicht konkret antworten oder missverstehe ich Sie? Nun hat der Interviewer den Ausweichler deutlich entlarvt – gibt ihm aber die Chance, sein Gesicht zu wahren, indem er ein Missverständnis einräumt.

Sollte sich der Interviewpartner auch hiernach vor klaren Statements drücken, kann zumindest der Printjournalist versteckt mit Konsequenzen drohen. Eine solche Drohung sollte aber so klingen, als wollte er den Vielredner gar nicht unter Druck setzen, sondern aus der Klemme helfen: Ich habe den Eindruck, Sie weichen mir aus. Ich kann ja schreiben, dass Sie nicht konkret werden wollen. Allerdings bin ich nicht sicher, wie das bei den Lesern ankommt. Der Schwafler wird sich gut überlegen, ob er dieses Angebot annehmen oder lieber doch noch etwas Verwertbares von sich geben sollte.

Nicht von Phrasen täuschen lassen: Der ehemalige ZDF-Intendant Dieter Stolte sagte einmal: »Phrasen sind das Falschgeld der Kommunikation.« Und davon ist dank der vielen PR-getriebenen Gesprächspartner in den Medien unzählig viel im Umlauf.

Phrasendrescher packen sinnloses Kauderwelsch in Worthülsen 💻, weil sie entweder keine Ahnung vom Thema haben, aus anderen Gründen nicht konkret werden können, sich mit Banalitäten profilieren oder dem Journalisten Fragezeit stehlen wollen. Sie sagen alles und nichts – und sind deshalb kaum zu widerlegen. Phrasen gehören vor allem in Politik und Wirtschaft zum rhetorischen Standardrepertoire.

Journalisten erkennen Phrasen an *redundanten, unlogischen* und übermäßig *adjektivierten* Antworten. So rechnen Floskelproduzenten aus der Wirtschaft zum Beispiel mit `Negativ-Wachstum beim Firmengewinn` (gemeint sind sinkende Gewinne oder Verluste/rote Zahlen), berichten über `Ergebnislücken` (gemeint sind Verluste), können sich eine `schwarze Null` vorstellen (was man sich nicht alles vorstellen kann), setzen auf `konsequente Strategiesteuerung` (was auch immer das ist) sowie auf `innovative Neuentwicklungen` (doppelt gemoppelt für andere Produkte), müssen aber trotzdem `sparen, um effizienter zu werden` (Mitarbeiter entlassen), wobei die Mitarbeiter natürlich `das wertvollste Kapital` (der größte Kostenblock) des Unternehmens sind. Wer ähnliche Beispiele aus der Politik sucht, findet in den zahlreichen Polit-Talks im Fernsehen mehr als genug davon.

Leider sind Phrasen im Alltag derart verbreitet, dass sie auch Interviewern manchmal gar nicht mehr auffallen. Journalisten sollten ihren Informanten deshalb genau zuhören. Geeignete Abwehrmethoden sind Bestätigungs- und Konkretisierungsfragen sowie absichtliche Missverständnisse (s. Seite 173). Nützen diese nichts, sollte der Interviewer seine Nachfrage ein- oder zweimal wiederholen, damit wenigstens auch dem Publikum auffällt, wie sich der Interviewte windet. Es wird sich seinen eigenen Reim auf die Phrasendrescherei machen.

Wer wissen möchte, was Dampfplauderer lernen, um Journalisten manipulieren zu können, sollte sich die Bücher des so genannten Schlagfertigkeitstrainers Karsten Bredemeier zu Gemüte führen.

Verweigerer aus dem Konzept bringen: Wenn ein Interviewpartner mauert, indem er nur kurz und sinnleer antwortet, können Fernseh-, Radio- und Videojournalisten ihm einfach ihr *Mikrofon* ein wenig länger unter die Nase halten, um mehr aus ihm herauszuholen. Sehr wahrscheinlich wird der Interviewte dann nachlegen, zumal ihm klar ist, dass er vom Publikum beobachtet wird.

Anders bei Printjournalisten: Sie können ihren Interviewpartnern zwar nach einer allzu kurzen Antwort ein paar Sekunden länger erwartungsvoll anschauen. Aber die Erfolgsaussichten sind hier geringer, weil der Befragte nicht auf der öffentlichen Bühne spricht und von daher weniger Zwang verspürt, gescheit zu antworten.

In jedem Fall sollten Interviewer dieses Nervenspiel nicht zu oft betreiben, da es ansonsten der Gesprächsatmosphäre und damit der Antwortqualität schadet.

Ausweichende Interviewpartner in Sicherheit wiegen: Spürt der Journalist, dass der Befragte nicht konkret antworten will, kann er ihn auch mit einer anderen Frage (zunächst) von dem offensichtlich heiklen Thema wegführen. Dadurch bekommt der Gesprächspartner das Gefühl, dass sein Ausweichmanöver geglückt ist. Später muss der Journalist aber wieder auf die unbeantwortete Frage zurückkommen, wenn er auf diese noch eine Antwort haben will (und das sollte er wollen): `Herr Boss, Sie hatten mir vorhin eine Frage nicht beantwortet: Wie viel verdienen Sie denn nun? Also ganz ehrlich – andere Firmenchefs verraten das doch auch.` Nun wird sich der Befragte rechtfertigen müssen, wenn er nicht wie ein plumper Antwortverweigerer aussehen will.

Sprechpausen aussitzen: Mitunter kann es quälend lange dauern, bis ein Interviewpartner beginnt, auf eine Frage zu antworten. Vielleicht muss er erst seine *Überraschung* über die Frage verdauen. Oder er inszeniert das Schweigen als *Machtspiel*, das den Interviewer verunsichern soll.

Journalisten sollten Sprechpausen immer aussitzen, das Schweigen also nie zuerst brechen. Manche machen den Fehler, aus Unsicherheit einfach die nächste Frage zu stellen, ohne sich die vorige beantworten zu lassen. Dann hat der Informant das Spielchen gewonnen.

»Spione« abwimmeln: Mitunter versuchen Gesprächspartner (vor allem ängstliche Medienlaien), die von ihrem Interviewer keine konkreten Fragen vorab bekommen haben, während des Interviews ein paar Blicke auf dessen Fragenzettel zu werfen. Manche Journalisten schreiben deshalb ihre Fragen schwer lesbar nieder oder legen ihren Stichwortzettel möglichst weit vom Interviewpartner weg. Problem: Dann können sie ihn womöglich selbst kaum noch lesen.

Die bessere Gegenstrategie: Sobald der Journalist merkt, dass sein Interviewpartner auf den Fragenzettel späht, dreht er ihm den Zettel einfach hin und fragt freundlich: `Möchten Sie mal drüber lesen, Frau Schmidt?` Wahrscheinlich wird der »Spion« peinlich berührt ablehnen: `Nein, nein, ist schon OK`. Dann dreht der Interviewer den Zettel wieder zu sich herum und stellt – als wäre nichts gewesen – seine nächste Frage. Der Ertappte wird sich hüten, weitere Blicke zu riskieren.

Gegenfragen kontern: Manchmal versuchen Informanten auch, Journalisten durch Gegenfragen einzuschüchtern: `Sie haben gut reden! Wie hätten Sie denn die Mannschaft spielen lassen, wenn Sie Trainer wären?`

Der Interviewer sollte Gegenfragen niemals beantworten. Viel klüger ist es, den »Ball« sachlich und freundlich wieder zum Interviewpartner zurück zu spielen: `Nun, Herr Trainer, Sie sind der Fachmann …` Dann kann der Journalist seine Frage wiederholen.

Auf keinen Fall sollte er rüde antworten. Beispielsweise nach dem Motto: `Ich stelle hier die Fragen! Beschränken Sie sich doch bitte aufs Antworten.` Eine Zurechtweisung würde der Informant dem Journalisten übel nehmen.

Wenn der Interviewte streiten will: Manchmal werden Journalisten nach einer Interviewfrage auch direkt angegriffen: `Was? Das wissen Sie nicht? Sie sollten sich mal richtig informieren!` Der Interviewer sollte derlei Provokationen möglichst ungerührt an sich abprallen lassen, sich nie verteidigen und den Streithammel auch nicht kritisieren.

Wenn der Interviewer einen solchen Angriff dennoch thematisieren will, sollte er die Ursachen immer auf *sich* nehmen – auch wenn sich sein Journalisten-Ego dagegen wehrt. Dadurch grenzt er sich positiv von vielen anderen Journalisten ab, die in solchen Situationen nicht über ihren Schatten springen können, obwohl sie dadurch die emotionale Beziehung zu ihren Gesprächspartnern unnötig überstrapazieren.

Und er »entwaffnet« den Angreifer: `Tut mir leid, dass ich mich da jetzt nicht so gut auskenne wie Sie, Herr Dr. Boss. Aber genau deshalb bitte ich Sie ja, es zu erklären.` Der Interviewer sollte mit freundlicher, aber fester Stimme sprechen, dem Befragten in die Augen schauen und aufrecht sitzen. Der Gesprächspartner wird seine Angriffe bald einstellen, weil es sich allein schlecht streiten lässt. So vermeidet man Eskalationen.

Warum Gesinnungsjournalisten schlechte Interviewer sind: Sie halten Empathie für Blödsinn und befragen ihre Interviewpartner besonders tendenziös, weil sie vor allem ihre eigenen Meinungen bestätigt bekommen möchten. Manche werden gar unverschämt, nur um sich zu profilieren. Gesinnungsjournalisten führen sich als *Richter im Namen des Publikums* auf, die durch ihre Fragen das Urteil über den Interviewten sprechen und seine »Verteidigung« ignorieren. Aber was bringt das, außer dass die »Verklagten« die Kooperation verweigern?

Top-Interviewer verbergen ihre persönlichen Gefühle und Meinungen, auch wenn das beispielsweise gegenüber anders denkenden Politikern, reuelosen Straftätern oder Lügnern mitunter schwierig ist.

Insbesondere Radio- und TV-Interviewer sollten sich hüten, wie Gesinnungsjournalisten aufzutreten. Das kann aus Sicht des Publikums unprofessionell und parteiisch wirken, sodass es sich auf die Seite des Befragten und gegen den Journalisten stellt.

Besonderheiten bei Telefoninterviews: Da der Journalist hier seinen Gesprächspartner nicht sieht, hat er es wesentlich schwerer, dessen Antwortverhalten zu steuern, als wäre er ihm

Auge in Auge begegnet. Der Interviewer muss deshalb rhetorisch noch stärker sein, um selbstbewusst, sympathisch, unterhaltsam und verbindlich zu wirken.

Für den Journalisten ist es in Telefoninterviews besonders schwierig, den Gesprächspartner zu unterbrechen. Schließlich kann er beispielsweise Zwischenfragen nicht nonverbal ankündigen, indem er eine Hand hebt oder auffällig einatmend zum Reden ansetzt. Stattdessen muss er das Feingefühl und den Mut haben, in geeigneten Momenten »blind« einzuhaken: Frau Schmidt, entschuldigen Sie. Eine Frage dazu ...

Häufige Fehler von Journalisten in Frage-Antwort-Situationen: Sie

- stellen zu viele (offene) W-Fragen, sodass der Interviewte seine gewünschte Antwortagenda relativ leicht durchsetzen kann,
- fragen im Ton zu aggressiv, sodass der Interviewte die Fragen als Angriffe versteht und sich innerlich verschließt,
- vermitteln durch zu viele tendenziöse Fragen den Eindruck, dass sie nicht neutral, sondern parteiisch fragen,
- fragen eintönig und inhaltlich unoriginell, sodass sich der Interviewpartner langweilt,
- hören dem Interviewten nicht aufmerksam zu und erkennen deshalb nicht, ob und wann sie nachhaken sollten,
- trauen sich nicht nachzuhaken, weil sie zu viel Respekt vor dem Gesprächspartner haben,
- beantworten sich heikle Fragen selbst, weil sie Angst vor der eigenen Courage und vor negativen Reaktionen des Informanten haben.

Und Tschüss, das war's – aber noch nicht für jeden

Journalisten sollten den Interviewausstieg und die Verabschiedung des Gesprächspartners genau so wichtig nehmen wie alle Interviewschritte zuvor. Zwar endet für *Radio-, Fernseh- und Videojournalisten* der Kommunikationsprozess mit dem Informanten zumeist direkt nach dem Interview, da sie es in der Regel ohne Autorisierung senden (wenn es nicht bereits live ausgestrahlt wurde). Aber korrekte Umgangsformen und die Aussicht auf eventuell künftige Interviews mit demselben Gesprächspartner gebieten es, dass sie einen anständigen Eindruck bei ihm hinterlassen.

Danach haben Radio-, Fernseh- und Videojournalisten ihren Job – hinsichtlich der emotionalen Kommunikation mit dem Interviewten – erledigt. Es ist vollbracht! Das war's. Und auf zum nächsten Interview! Vielleicht wieder mit diesem Buch.

Für schreibende Journalisten geht es noch weiter – mit der *Verschriftlichung* der gesprochenen Worte und der *Autorisierung* der Druckversion durch den Informanten. Diese beiden finalen Schritte können die endgültige Interviewqualität noch einmal stark beeinflussen.

Deshalb sollten Print- und Onlinejournalisten am Interviewende wieder genau das tun, was sie idealerweise bereits in der Gesprächsvorbereitung getan haben: auf eine Autorisierung in ihrem Sinne hinarbeiten. Das Hauptziel des Journalisten zum Abschluss der Frage-Antwort-Situation und bei der Verabschiedung des Informanten muss es also sein, den Informanten (und dessen Beistand) in einer positiven, kooperativen Atmosphäre zu verlassen.

In diesem Sinne sollte die Abschlussfrage – wie auch schon die Einstiegsfrage – offen formuliert werden und positiv für den Gesprächspartner sein. Dafür eignen sich beispielsweise perspektivische Fragen: `Herr Trainer, welche Tugenden wünschen Sie sich für Ihre Mannschaft in Zukunft am` meisten herbei?/Frau Schmidt, werden Sie mit dem Unfall auch positive Aspekte verbinden, wenn Sie in Zukunft auf ihn zurück blicken?/Herr Dr. Boss, in einem Jahr treten Sie als Chef der Dux AG ab. Als welcher Typ Mensch möchten Ihrer Belegschaft in Erinnerung bleiben?

Print- und Onlinejournalisten können ihre Interviewpartner nach deren letzter Antwort auch noch fragen, ob sie noch etwas loswerden möchten, das sie bislang noch nicht gesagt haben. Viele nutzen diese Chance dankbar – und reden nochmals munter drauf los. Und das ist – mit Blick auf das Konfliktpotenzial in der bevorstehenden Autorisierung – gut so. Denn wenn der Journalist für diese banale Aktion noch einmal Sympathiepunkte von seinem Gesprächspartner bekommt, kann das hinsichtlich der Autorisierung nicht schaden.

In den letzten Sekunden des Interviews sollte der Interviewer einen positiven Gesprächsausklang inszenieren. Beispiel: Wir sind fertig, Herr Trainer. Ich fand das Gespräch sehr interessant. Sie haben mir viel Stoff zum Verschriftlichen gegeben. Vielen Dank dafür. Ich bin zufrieden.

Ob das Gespräch wirklich sehr interessant war und der Interviewer tatsächlich zufrieden ist, spielt keine Rolle. Entscheidend ist lediglich, dass sich der Interviewte durch die positiven Worte des Journalisten gut fühlt – auch weil er glaubt, dass er seine Botschaften erfolgreich bei ihm platziert hat. Sollte es der Interviewer aus Zeitgründen *nicht* geschafft haben, alle seine geplanten Fragen zu stellen, kann er den Informanten abschließend auch bitten, diese Fragen später am Telefon oder notfalls auch schriftlich während der Autorisierung zu beantworten.

Vor der Verabschiedung sollte der Interviewer nochmals die Richtung für die nächsten Schritte vorgeben. Zum Beispiel so: Ich werde das Interview bis morgen Mittag formulieren und es Ihnen dann zusenden. Bitte denken Sie daran, dass ich sowohl bei den Fragen als auch bei den Antworten kürzen muss. Ich werde eventuell auch einiges umformulieren und die Fragefolge ändern, um das Gespräch besser lesbar zu machen. Die gesprochenen Worte sind ja oft nicht ganz druckreif. Ich hoffe, Sie haben nichts dagegen.

Auf diese letzte Frage bekommt der Interviewer so gut wie sicher ein *commitment*. Welcher Gesprächspartner möchte sich schon nicht gern druckreif sehen? Damit hätte der Journalist die (nach den Vorbereitungsgesprächen) wiederholte »Genehmigung« seines Informanten dafür, dass er dessen Antworten umformulieren darf. Dies mindert das Risiko erboster Reaktionen, wenn dem Interviewten bestimmte Änderungen missfallen sollten.

Die Verabschiedung inszeniert der Interviewer genau so höflich und selbstbewusst wie anfangs die Begrüßung: Nochmals vielen Dank. Alles Gute und bis später!

Weiterführende Literatur:

Jürgen Friedrichs/Ulrich Schwinges, Das journalistische Interview (2. Auflage, VS Verlag für Sozialwissenschaften, Wiesbaden 2005)

Walther von La Roche/Axel Buchholz (Hrsg.), Radio-Journalismus. Ein Handbuch für Ausbildung und Praxis im Hörfunk (Journalistische Praxis, 9. Auflage, Econ, Berlin 2009)

Monika Matschnik, Körpersprache. Verräterische Gesten und wirkungsvolle Signale (Gräfe und Unzer Verlag, München 2007)

Sabine Mühlisch, Fragen der Körpersprache. Antworten zur non-verbalen Kommunikation (Junfermann Verlag, Paderborn 2007)

Das Finale: Tippen, texten und verhandeln

Die Frage-Antwort-Situation ist vorbei – und damit der kommunikative Höhepunkt des Interviewprozesses. Spätestens beim Abschiedsgruß weicht die innere Anspannung der Beteiligten dem erleichternden Gefühl, das Entscheidende geschafft zu haben. Ist dies der Grund, warum schreibende Journalisten ihre letzten beiden Arbeitschritte oft nur noch mit halber Kraft verrichten?

Ehe Printjournalisten ihre Interviews veröffentlichen können, müssen sie den Original-Wortlaut *verschriftlichen* und ihre Textversion (üblicherweise) vom Befragten oder dessen Pressesprecher *autorisieren lassen*.

Die Autorisierungspraxis ist Usus in Deutschland. In vielen Fällen leiden der Informationswert und die Lesbarkeit von Interviews unter den nachträglichen Änderungen vor allem PR-getriebener Informanten. Nicht selten manipulieren sie die Textversion der Journalisten, indem sie bestimmten Antworten, zu denen sie nach dem Gespräch nicht mehr stehen wollen, einen anderen Sinn geben.

Über die Qualität geschriebener Interviews ist nach dem Abschiedsgruß also noch nicht entschieden. In der Frage-Antwort-Situation hat sich der Journalist lediglich den »*Rohstoff*« für sein Endprodukt erarbeitet. Letztlich ist entscheidend, in welcher Form der Informant den Interviewtext zur Veröffentlichung freigibt.

Und deshalb ist es fatal, wenn Redakteure den Original-Wortlaut lieblos und unsensibel für die Autorisierung einfach nur »eindampfen« – und ihre Textversion dann auch noch widerstandslos von ihren Informanten verschlimmbessern lassen. Leider passiert auch das nicht selten.

Das letzte Kapitel dieses Buches ist ein Plädoyer für eine Interview-Verschriftlichung mit Liebe zum Detail und für die

Durchsetzung journalistischer Qualität auch im Autorisierungs-prozess – letztlich also für den »echten« Interviewer, der eben mehr ist als nur ein plaudernder Schreiberling.

Die Verschriftlichung ist Chance und Risiko zugleich

Schreibende Journalisten haben einen großen *Vorteil* gegen-über ihren Kollegen aus Funk und Fernsehen: Sie können aus einem schlecht geführten Interview im Nachhinein noch ein gu-tes – und aus einem gut geführten Interview ein noch besseres machen. Die Verschriftlichung, bei der die Printredakteure den Original-Wortlaut mehr oder weniger stark umformulieren müs-sen, ist ihre zweite Chance – zugleich jedoch ein Risiko.

Vor allem personalisierte Print-Interviews, die länger und tiefsinniger sind als nur Drei Fragen an …, sind genau be-trachtet *dialogisierte »Geschichten«.* Das bedeutet, dass ein Top-Interviewer für Printmedien nicht nur ein starker Kommuni-kator, sondern auch ein kreativer *Texter* sein muss. Und dies be-deutet wiederum, dass ein schlechterer Texter vergleichsweise weniger aus seinen Interviews macht – selbst wenn er sie gut geführt hat.

Das bestmögliche Interview für eine Online-Publikation, eine Zeitung oder ein Magazin wird selbst von Top-Interviewern nie-mals so geführt, wie es gedruckt wird. Es ist immer das Ergeb-nis der Autorisierung – und damit ein *Kompromiss* zwischen dem Interviewer, seinem Gesprächspartner und oft auch des-sen Pressesprecher.
Wenn dieser Kompromiss mehr im Sinne des Journalisten als nach dem Willen des Interviewten ausfallen soll, muss der Jour-nalist beim Verschriftlichen *darauf hinarbeiten*. Das heißt: Er muss sein Interview *strategisch* formulieren, um die aus seiner Sicht wertvollsten Passagen *möglichst wenig* verändert autori-siert zu bekommen.

Eine strategische Verschriftlichung erfordert vom Interviewer:

- *Einfühlungsvermögen*, da er auch die Interessen des Informanten berücksichtigen muss,
- *Schreibkompetenz*, um Fakten und Emotionen so »verpacken« zu können, dass der Befragte sie im Text akzeptiert, sowie
- *Kommunikationsgeschick*, damit er dem Interviewten auch Textstellen »verkaufen« kann, die diesem eher missfallen dürften.

Durch die Autorisierung werden Interviewtexte in der Regel aus journalistischer Sicht umso schlechter, je mehr sie vom Interviewten oder von dessen Pressesprecher verändert werden. Es wäre also naiv vom Journalisten, wenn er das Interview verschriftlicht, ohne dabei wieder an die Interessen »der anderen Seite« zu denken.

Klüger ist es, das Interview von vorn herein nach dem *Prinzip des Gebens und Nehmens* zu texten. Das heißt: Wenn der Interviewer seinem Gesprächspartner die eine oder andere (möglichst unbedeutende) PR-Botschaft zugesteht und ihm dies auch gut »verkauft«, wird er als Gegenleistung sehr wahrscheinlich ebenfalls bestimmte Formulierungswünsche erfüllt bekommen. In der Praxis sind Interviewautorisierungen immer *Verhandlungssache*.

Aber wie verschriftlicht der Interviewer das Gespräch am besten? Zunächst muss er entscheiden, ob er nur die wichtigsten Fakten herausschreibt oder den Großteil des Gesagten abtippt, um daraus seine Textversion zu formulieren.

Unter dem im Folgenden verwendeten Begriff *Komplettabschrift* wird hier verstanden, dass der Journalist wirklich nur den Großteil abschreibt – also 80 bis 90 Prozent des Gesprächs. Wenn ein Befragter während eines halbstündigen Interviews in verschiedenen Zusammenhängen zehnmal die dieselbe Aussage formuliert hat, was vor allem bei Wirtschaftsmanagern und Politikern häufig vorkommt (s. »Die Macht der Wiederholung«,

Seite 120), braucht der Journalist diese Wiederholungen natürlich nicht immer wieder abtippen.

Gegen eine Komplettabschrift spricht der Zeitaufwand: Pro zehn Minuten Gesprächsdauer brauchen zehn flinke Finger 20 bis 30 Minuten Abtippzeit – plus mindestens ebenso viel, um die Version für die Autorisierung zu texten. Sehr genau arbeitende Texter brauchen noch viel länger, um Interviews auszuformulieren.

So viel Zeit haben Agentur-, Online- und Zeitungsjournalisten (anders als Magazinredakteure) selten. Für sie wäre dieser Aufwand allerdings auch übertrieben, weil sie meist Sachinterviews führen, bei denen es darum geht, dem Publikum schnell und emotionslos bestimmte Fakten zu vermitteln. Oder die Gespräche sind sehr kurz wie die beliebten `Drei Fragen an …` und das Interview beispielsweise mit dem Polizeisprecher nach einem Verkehrsunfall, das schnellstmöglich in der Lokalzeitung oder im Internet erscheinen soll.

Bei kurzen und rein auf Sachinformationen ausgerichteten Interviews, lassen Journalisten häufig kein Band mitlaufen, sondern notieren sich die Antworten stichwortartig von Hand. In diesen Fällen ist eine vollständige Abschrift des originalen Wortlauts aufgrund des fehlenden Mitschnitts gar nicht möglich – und zumeist auch nicht nötig.

Dagegen ist eine Komplettabschrift dann sinnvoll, wenn der Journalist ein längeres *Meinungsinterview*, *personalisiertes Interview* oder *personalisiertes Sachinterview* geführt hat, bei denen es auch auf brisante Ansichten, subtile Botschaften oder Zwischentöne ankommt, die das Publikum auch zwischen den Zeilen lesen soll. In diesen Fällen sollten Journalisten ihre Mitschnitte möglichst *nicht* von Redaktionsassistenzen oder externen Dienstleistern abtippen lassen, sondern sich eigenhändig an die Arbeit machen. Denn beim Abhören haben sie die Chance, wichtige *Antwortdetails* und andere *Gesprächsnuancen* (wiederzu-)entdecken, die sie live im Gespräch nicht bemerkt oder inzwischen schon wieder vergessen haben.

Zudem ist die Komplettabschrift die beste Gelegenheit, um die Gesprächssituation *selbstkritisch* zu reflektieren. Selbst Top-Interviewer machen nicht alles richtig! Journalisten, die sich ihrer Fehler bewusst werden wollen, sollten sich beim Abtippen folgende Fragen *ehrlich* beantworten:

- Klingt der Interviewte zu *Gesprächsbeginn* wirklich entspannt?
- Wenn nicht: Was hätte ich im Vorfeld besser machen können?
- Hätte ich ihn zum Beispiel intensiver vorbereiten sollen?
- Hätte ich ihm vorab konkrete Fragen statt nur Themen senden sollen?
- Hätte ich mehr Zeit aufs Warm up verwenden sollen?
- Bin ich selbst ruhig genug ins Gespräch gestartet?
- Hätte ich mich *während des Interviews* manchmal besser zurückhalten oder genauer nachhaken müssen? Und warum habe das nicht getan?
- War ich unkonzentriert?
- Habe ich die Stimmung des Befragten falsch eingeschätzt?
- Habe ich mich von der eigenen Gesinnung leiten lassen?
- Habe ich Angst vor Reaktionen des Interviewten gehabt?
- Hat er mir wirklich alle *Fragen beantwortet?*
- Oder habe ich mich rhetorisch aufs Glatteis führen lassen?
- Wenn ja: Warum? Fehlte mir der Mut, ihn festzulegen? Oder war er mir so sympathisch, dass ich ihn nicht in Verlegenheit bringen wollte?
- Bei welchen meiner *Fragen* ist der Interviewte *ausgewichen*? Und was könnten die Gründe dafür gewesen sein?
- Waren die betreffenden Fragen besonders kritisch?
- Habe ich mich im Ton vergriffen?
- Habe ich bestimmte Themen zur falschen Zeit angesprochen, sodass meine Fragen kontraproduktiv auf den Gesprächspartner gewirkt haben?
- Oder hat der Pressesprecher den Interviewten gar laut davor gewarnt, Klartext zu reden?
- Was habe ich besonders gut gemacht? Und warum?

- Welche Fragen haben den Gesprächspartner aus welchen Gründen zu besonders guten Antworten motiviert?
- Wie habe ich Kommunikationsstörungen erkannt und behoben?

Gut ist, wer dazu lernt! Das gilt auch für Journalisten. Für Top-Interviewer ist Selbstkritik nicht nur der erste Schritt zur Besserung, sondern auch ein Teil der Vorbereitung auf den nächsten Informanten.

Nachdem der Journalist das Gespräch abgeschrieben hat, muss er es umformulieren, weil kein Interviewpartner druckreif spricht. Dabei ist in der Regel alles *erlaubt*, was Interviewtexte informativ, spannend und verständlich macht. Denn auch die Befragten haben ein Interesse daran, dass ihre Botschaften von den Lesern zu Ende gelesen statt desinteressiert überblättert werden. *Tabu* ist dagegen alles, was Fakten und Zusammenhänge verfälscht.

Wenn der Journalist den Interviewtext formuliert, sollte er auch *Kontroversen* herausarbeiten. In der Interview-Praxis von schreibenden Journalisten ist es normal, dass Kontroversen erst im Nachhinein auf dem Papier entstehen – gerade *weil* die zugrunde liegenden Original-Gespräche relativ *harmonisch* verliefen. Denn hätte der Journalist bereits im Gespräch so kritisch gefragt wie später im Text, hätte sich der Interviewte wahrscheinlich innerlich zurückgezogen – und dem Journalisten weniger guten Stoff zum Verschriftlichen geliefert.

Also nur *Mut zur Veränderung*! Das bestmögliche Interview muss möglichst originell, aber nicht original im Wortlaut sein!

Folgendes dürfen Journalisten in der Verschriftlichung verändern (nicht verfälschen!):

- **Den originalen Wortlaut der Antworten,** wenn diese für das Zielpublikum unverständliche Fremdwörter, unsinnige Füllwörter, sperrige Substantivierungen, zu viele passive Formulierungen, Phrasen, Redundanzen und andere rhetorische Sünden enthalten. Manche Sätze kann der Journalist in eine verständliche Sprache bringen. Andere muss er gänzlich löschen – und die verbliebenen Aussagen sinnvoll und gut lesbar miteinander verbinden.

Vorsicht: Damit haben die Interviewten oft dann ein *Problem*, wenn sie die umformulierten oder gelöschten Passagen ganz bewusst von sich gegeben haben. In solchen Fällen werden sie ihr Wortgeklingel zumindest teilweise wieder in die Antworten schreiben wollen.

- **Faktisch unergiebige Antworten:** Wenn bestimmte Antworten unverständlich sind, weil einordnende Fakten oder Daten fehlen, sollten diese vom Interviewer ergänzt werden. Dabei kann es sich beispielsweise um Jahres-, Umsatz-, Gewinn- oder Stückzahlen, Hintergrundinformationen und präzise Bezeichnungen handeln.

  Vorsicht: Damit haben Gesprächspartner vor allem dann ein *Problem*, wenn sie fehlerhafte Fakten in den Mund gelegt bekommen. Im günstigsten Fall korrigieren sie die Fehler in der Autorisierung. Im schlechtesten Fall streichen sie die Ergänzungen wieder. Mitunter haben Informanten das Gefühl, dass ihnen Journalisten im Nachhinein etwas »unterjubeln« wollen, was sie nicht gesagt (oder gemeint) haben. Interviewer sollten Antworten deshalb nur um solche Fakten ergänzen, die ihren Gesprächspartnern nicht schaden. Ansonsten könnte es Ärger geben. Und das könnte sich negativ auf den gesamten Text auswirken.

- **Thematisch zerfaserte Antworten,** wenn der Interviewte in verschiedenen Antworten jeweils andere Fakten zu ein und demselben Thema genannt hat. Solche faktisch zusammengehörende Textteile kann der Journalist in einer neu strukturierten Antwort zusammenfassen.

  Damit haben Interviewpartner meist *kein Problem*. Im Gegenteil: Die meisten finden solche Neustrukturierungen gut, weil sie dadurch im Text rhetorisch versierter wirken.

- **Die Länge von Fragen,** die im Gespräch so lang waren, dass sie *zu* lang für eine Druckversion sind. Beim Kürzen dieser Fragen sollte der Journalist darauf achten, dass er keine Botschaften/Informationen opfert, die dem Publikum bei der korrekten Einordnung der Antwort helfen.

Auch mit dem Kürzen von Fragen haben Gesprächspartner normalerweise *kein Problem*.

■ **Die Länge von Antworten/die Anzahl der Fragen:** Manche originale Antworten sind derart lang, dass sie sich in einer 12-er Schriftgröße auf bis zu einer A4-Seite ausdehnen. Solche *Wortmassen* sollte der Interviewer ebenfalls kürzen. Allein schon deshalb, weil nur wenige Leser bereit sind, sich durch langatmige *Monologe* zu quälen. Will der Journalist eine zu lange Antwort nicht einfach kürzen, weil sie größtenteils aus interessanten Fakten besteht, kann er thematisch passende Fragen zwischen bestimmte Antwortteile fügen. Grundsätzlich kann der Journalist auch seine Fragen (und nicht nur die Antworten des Informanten!) nachträglich um einordnende Fakten und Erklärungen ergänzen.

Vorsicht: Mit nachträglich eingefügten und faktisch ergänzten Fragen haben Interviewte häufig dann ein *Problem*, wenn diese Fragen einen kritischen Tenor in den Text bringen oder den Tenor der Antworten zu ihrem Nachteil verändern. Im günstigen Fall lassen sie sich auf einen Kompromiss ein. Im schlechtesten Fall akzeptieren Interviewte solche Änderungen nicht. Hier sollte der Journalist wieder mit viel Feingefühl zu Werke gehen.

■ **Die Gesprächschronologie,** wenn dadurch die Interviewthemen logisch miteinander verknüpft, dramaturgisch besser strukturiert und verständlicher werden. Dabei kann die ursprüngliche Fragenfolge völlig umgebaut, zum Beispiel die originale Einstiegsfrage/-antwort aus dem Gespräch zur Ausstiegsfrage/-antwort im Text werden. Oder umgekehrt.

Mit einem Umbau der Gesprächschronologie haben die Interviewpartner in der Regel *kein Problem*. Das heißt, der Text kann auch mit einer für den Interviewten negativen Frage beginnen (was sich der Journalist im Live-Gespräch aber verkneifen sollte).

■ **Hinweise auf die Gesprächsatmosphäre:** Um dem Publikum die Atmosphäre zu verdeutlichen, kann der Interviewer

Gefühle verbalisieren. Zum Beispiel: `Trainer: (lacht) ...`, `Schmidt: (überlegt) ...` oder `Boss: (wütend) ...` Vorsicht! Interviewpartner haben damit dann ein *Problem*, wenn die verbalisierten Gefühle negativ für sie sind (`wütend`). Der Journalist ist deshalb gut beraten, sie aus der Textversion für die Autorisierung herauszulassen und erst später in die endgültige Druckversion zu schreiben. Er braucht atmosphärische Einschübe *nicht* mit dem Interviewten abstimmen. Natürlich muss sie der Gesprächspartner im Live-Gespräch auch unmissverständlich gezeigt haben.

Bei der Umformulierung des Original-Gesprächs bewegt sich der Journalist auf einem gefährlich schmalen Grat. Denn er riskiert dabei, seinen Gesprächspartner so zu verärgern, dass dieser in der Autorisierung nicht mehr kooperieren will. Einfühlungsvermögen, Kompromissbereitschaft und Schreibkompetenz reduzieren dieses Risiko.

Das Interview zur Autorisierung mailen oder faxen?

Nachdem der Journalist seine Interviewversion verfasst hat, muss er sie in der Regel dem Gesprächspartner oder dessen Pressesprecher zur Autorisierung übermitteln. Aber auf welchem Wege?

Bei sehr kurzen Interviews wie den `Drei Fragen an ...` oder bei Interviews, die binnen weniger Stunden nach dem Gespräch publiziert werden sein müssen, genügt es, wenn der Journalist seinen Informanten anruft, um ihm die Antworten schnell vorzulesen. In diesem Fall sollte er umso mehr darauf achten, dass er sie grammatikalisch korrekt formuliert und den Informanten durch spätere, unabgestimmte Veränderungen nicht noch »in die Pfanne« haut.

Bei längeren Interviews empfehlen manche Interviewtrainer den Versand per *Fax*, bzw. als PDF da der *E-Mail-Versand* eines Word-Dokuments zu unerwünschten Änderungen geradezu einlade. Dieser Tipp funktioniert – aber nicht immer.

Faxt der Journalist einen fertig gelayouteten Interviewtext, steigt bei vielen Empfängern die *Hemmschwelle*, an den fertig wirkenden Seiten mehr als unbedingt nötig zu ändern. Grund: Sie sehen, dass sie das eigentlich schon fertige Produkt mit jeder Änderung wieder »kaputt« machen würden. Davor scheuen sich vor allem (naive) Medienlaien, Personen, die froh sind, sich in den Medien äußern zu dürfen und es sich deshalb nicht mit Journalisten verscherzen wollen, sowie Gesprächspartner, die unkritische Aussagen gemacht haben.

Dagegen akzeptieren Informanten, die relativ stark PR-getrieben sind, sich zu heiklen Themen geäußert haben oder von einer professionellen PR-Abteilung »geschützt« werden, oft keine Faxsendungen für die Autorisierung. Stattdessen verlangen sie von vorn herein, dass ihnen der Journalist den Interviewtext per E-Mail sendet. Und zwar genau mit dem Ziel, ihn leichter verändern zu können.

Deshalb sollte es das Ziel des Interviewers sein, seine E-Mail so zu gestalten, dass er damit potenziellen Änderungen entgegen wirkt. Dafür muss er – wie immer – *vorausschauend kommunizieren*.

Das E-Mail-Anschreiben sollte er ebenso *formell*, *verbindlich* und *verständlich* formulieren wie vorher auch die Gesprächsanfrage und das Anschreiben zur Fragen- oder Themenliste. Dazu gehören folgende Details:

- Anrede
- Inhalt des E-Mail-Anhangs
- Erklärungen zur Textversion des Journalisten
- Forderungen bezüglich potenzieller Änderungen
- Frist zur Rücksendung der autorisierten Textfassung

- Verabschiedung
- Anhang

Wie bereits beschrieben: Dieser Weg zur Interview-Autorisierung dauert etwas länger als es sich Agentur-, Online- und Zeitungsredakteure in der Regel leisten können. Dennoch sollten auch sie die optimale Kommunikationsstrategie kennen, um wenigstens Teile davon umzusetzen. Denn weniger ist mehr als nichts.

Die Struktur des folgenden Vorschlags für ein E-Mail-Anschreiben zur Autorisierung eines Interviewtextes ist aufwändiger als ein lapidares `Hallo, hier ist das Interview zur Freigabe`. Und sie hat sich in der Praxis bewährt. Es erinnert die Empfänger daran, dass es beim Umschreiben Grenzen gibt, die der Interviewer zu verteidigen bereit ist. Dadurch steigt die Wahrscheinlichkeit, dass seine Textversion weniger verändert wird als Texte von Journalisten, die nicht *präventiv* intervenieren.
Im Folgenden werden der *Sinn* und die *Wirkung* eines Musterbriefes erläutert, der an den Pressesprecher des Interviewten geht. Der Journalist kann die autorisierenden Personen natürlich auch mündlich briefen. Wichtig ist vor allem, dass er es tut.

Anrede: `Lieber/Hallo Herr Mustermann,` ...
Der Absender hat den Pressesprecher im Verlauf des Interviewprozesses recht gut kennen gelernt und ein entspanntes Verhältnis zu ihm. Das rechtfertigt eine vertrauliche/lässige Anrede.

Inhalt des E-Mail-Anhangs: `... in den angehängten Word-Dokumenten finden Sie die Abschrift des Original-Gesprächs mit Herrn Dr. Boss, sowie meine Interviewversion mit der Bitte um Freigabe.` ...
Wenn der Interviewer dem Empfänger auch Einblick in die `Abschrift des Original-Gesprächs` gewährt, zeigt dies, dass er ihm nichts »unterjubeln« will. Im Gegenteil: Er ermöglicht es dem Interviewten, genau nachzuvollziehen, was aus dessen ursprünglichem Wortlaut geworden ist. Einen besseren Transparenzbeweis gibt es nicht.

Erklärungen zur Textversion des Journalisten: ... Wie bereits angekündigt, habe ich meine Fragen und Herrn Boss' Antworten gekürzt, aber auch neue Fragen ergänzt, um zu lange Antworten zu teilen und dadurch einen lebendigen Dialog zu kreieren. Zugunsten des Leseflusses und der Verständlichkeit habe ich auch einige Antworten umformuliert, hier und da Fakten ergänzt sowie die Chronologie verändert. Bitte denken Sie daran: Alles, was ich getan habe, zielt auf eine möglichst attraktive Lesbarkeit, die sicherlich auch in Ihrem Interesse ist. ...

Mit diesen Zeilen erklärt der Journalist, wie und warum er den originalen Wortlaut umformuliert hat. Das bewirkt, dass der Empfänger nach dem Öffnen des Word-Dokuments mit dem Interviewtext nicht gleich negativ überrascht ist, sondern eher Verständnis für die Änderungen aufbringt. Zudem macht der Journalist klar, dass er das Interview nicht mal eben »schnell, schnell«, sondern bewusst und mit System formuliert hat.

Forderungen bezüglich potenzieller Änderungen: ... Bitte beachten Sie auch, dass wir kein zusätzliches Zeichen mehr Platz haben. Der Text passt jetzt genau ins Layout. Und jedes Zeichen mehr würde zu Zeilenumbrüchen führen, die einen Übersatz zur Folge hätten, für den ich vielleicht eine komplette Frage/Antwort opfern müsste. ...

Dieses Argument gilt *nicht* für Online-Journalisten, da sie im Internet fast endlos viel Platz haben. Für Printjournalisten sind begrenzte Zeichenzahlen jedoch ein Problem, das vielen Informanten nicht bewusst ist. Wenn der Journalist seinem Gesprächspartner das Platzproblem erklärt, wird sich dieser wahrscheinlich dabei mäßigen, seine Antworten sinnlos aufzublähen. Erst recht, da er ungern auf eine komplette Frage/Antwort verzichten wird – zumal er nicht weiß, welche der Journalist opfern würde. Womöglich würden dadurch Botschaften verschwinden, die dem Befragten besonders wichtig sind.

... Ich wäre Ihnen dankbar, wenn Sie bei Änderungen auf Fremdwörter und Marketingsprache verzichten würden. Beides macht Texte in der Regel nicht gerade verständlicher. Und bitte ändern Sie den Text im Korrekturmodus, damit ich Ihre Änderungen nachvollziehen kann. ...

Dass der Journalist hier ganz offen davon ausgeht, dass der Interviewte noch etwas am Text ändern wird, ist kein Problem. Die meisten Informanten haben das ohnehin vor. Schließlich haben sich viele von ihnen im Gespräch auch deshalb mehr geöffnet, weil sie wussten, dass sie bestimmte Passagen im Nachhinein ändern können.

Die freundliche Bitte um Verzicht auf Fremdwörter und Phrasen signalisiert dem Empfänger, dass der Journalist sie nicht ohne weiteres zulassen wird. Zudem argumentiert er nicht als Interviewer, sondern als Texter. Dieser feine Unterschied schafft bei Interviewten mitunter mehr Verständnis für solche Forderungen.

Und den Empfängern wird klar, dass der Interviewer deren »Korrekturen« sehr aufmerksam nachvollziehen will. Zwar werden sie den Interviewtext dennoch verschlimmbessern. Wahrscheinlich aber nicht ganz so stark, wie bei weniger deutlichen Redakteuren.

Frist zur Rücksendung der autorisierten Fassung: ... Ich bräuchte die freigegebene Version bitte bis Donnerstag, den 12. November, 14 Uhr, zurück. Am Abend geht das Interview in Druck. ...

Wer keine Frist setzt, braucht sich nicht wundern, wenn das Interview ewig nicht zurückkommt. Mit der Erwähnung des Drucktermins macht der Journalist die pünktliche Rücksendung noch dringender. Um sich einen Zeitpuffer zu verschaffen, sollte er den Rücksendetermin etwas früher als nötig ansetzen. Manche Informanten senden die Freigabe absichtlich so spät wie möglich wieder in die Redaktion, damit der Journalist keine Zeit mehr hat, mit ihnen über bestimmte Formulierungen zu verhandeln.

Verabschiedung: ... Danke, viele Grüße und bis
später.
Edgar Schreiber
Ein lockerer Abschied klingt entspannt und versöhnlich.

Anhang: Der Journalist sollte seine Interviewversion *nicht inklusive Bilder, Headlines und Bildunterschriften* versenden. Erstens wird dies von den Gesprächspartnern selten verlangt. Und zweitens würde der Journalist damit nur verraten, welche Körpersprache- und Aussagedetails er hervorheben will. Das Riskante daran: Wenn den Zitierten die Hervorhebungen missfallen, weil sie den Fokus auf andere Botschaften lenken wollten, werden sie intervenieren. Und dies kann dazu führen, dass sie die vom Interviewer gewählten Passagen streichen, als hätten sie die nie gesagt, oder andere Bilder verlangen.

Das zusammenhängende Textbeispiel für ein strategisch formuliertes Anschreiben für den Versand des Interviewtextes zur Autorisierung durch den Informanten:

Lieber Herr Dr. Mustermann,

in den angehängten Word-Dokumenten finden Sie die Abschrift des Original-Gesprächs mit Herrn Dr. Boss, sowie meine Interviewversion mit der Bitte um Freigabe.
Wie bereits angekündigt, habe ich meine Fragen und Herrn Boss' Antworten gekürzt, aber auch neue Fragen ergänzt, um zu lange Antworten zu teilen und dadurch einen lebendigen Dialog zu kreieren. Zugunsten des Leseflusses und der Verständlichkeit habe ich auch einige Antworten umformuliert, hier und da Fakten ergänzt sowie die Chronologie verändert. Bitte denken Sie daran: Alles, was ich getan habe, zielt auf eine möglichst at-

traktive Lesbarkeit, die sicherlich auch in Ihrem Interesse ist.

Bitte beachten Sie auch, dass wir kein zusätzliches Zeichen mehr Platz haben. Der Text passt jetzt genau ins Layout. Und jedes Zeichen mehr würde zu Zeilenumbrüchen führen, die einen Übersatz zur Folge hätten, für den ich vielleicht eine komplette Frage/Antwort opfern müsste.

Ich wäre Ihnen dankbar, wenn Sie bei Änderungen auf Fremdwörter und Marketingsprache verzichten würden. Beides macht Texte in der Regel nicht gerade verständlicher. Und bitte ändern Sie den Text im Korrekturmodus, damit ich Ihre Änderungen nachvollziehen kann.

Ich bräuchte die freigegebene Version bitte bis Donnerstag, den 12. November, 14 Uhr, zurück. Am Abend geht das Interview in Druck.

Danke, viele Grüße und bis später.
Edgar Schreiber

Wenn der Journalist kein Wortlaut-Interview, sondern nur Zitate autorisieren lassen will, genügt es in der Regel, wenn er die Zitate einfach in das E-Mail-Textfeld, statt in ein Word-Dokument schreibt. Bei unsicheren Interviewpartnern kann er den *Kontext* dazu schreiben, damit sie sehen, dass er ihre Worte nicht missverständlich aus dem Zusammenhang gerissen hat. Das ist eine der größten Sorgen von Zitatgebern.

Lässt ein Informant die vom Interviewer gesetzte Frist zur Rücksendung der autorisierten Fassung des Interviewtextes oder der Zitate verstreichen, sollte der Journalist ihm sofort eine schriftliche (und damit belegbare) Nachfrist setzen mit dem Zusatz: Wenn ich bis dahin nichts von Ihnen gehört habe, betrachte ich meine Fassung des Interviewtextes als von Ihnen zur Veröffentlichung freigegeben.« So erhöht der Journalist den Druck immens. Danach sputen sich »säumige« Gesprächspartner in der Regel.

Der Interviewtext im Weichspülgang

Nachdem der Journalist die E-Mail mit seiner Interviewversion
versendet hat, beginnt für ihn eine letzte ungewisse Wartezeit.
Was macht die »andere Seite« aus seinem Text? Wird der Interviewte ihn unverändert lassen (was extrem selten ist)? Oder
wird er den Text gar stark umschreiben? Jetzt wird es nochmals
kritisch.

Medienlaien ändern meist relativ wenig in Interviewtexten,
da sie in den seltensten Fällen strategische Interessen haben
und kaum beurteilen können, wie ihre Worte auf das Publikum
wirken. Journalisten sollten die eventuelle Naivität von Medienlaien aber nicht ausnutzen, sondern mit ihnen besonders verantwortungsvoll umgehen, um sie nicht zu schädigen.

In vielen Institutionen und Unternehmen ist es üblich, dass
die Interviewversion des Journalisten erst einmal von »Zuarbeitern« des Befragten in die Mangel genommen wird, ehe sie diesen persönlich erreicht. Solche »Zuarbeiter« sind meist
- die für das Interview zuständigen *Pressesprecher*,
- bestimmte *Fachreferenten* und/oder
- die *Juristen* des Interviewten.
Natürlich verunstalten sie Print-Interviews nicht in jedem Fall.
Manchmal werden die Texte durch ihre Änderungen sogar besser. Aber das ist in der Praxis selten.

**Der Interviewtext wird in der Autorisierung eben oft nicht
nur,** wie es Pressesprecher und Informanten gern Glauben machen wollen, darauf geprüft, ob alle Fakten stimmen. Viel mehr
werden beispielsweise klare Aussagen nichtssagend gemacht,

ganze Antwortabsätze gestrichen und manchmal sogar die Fragen des Journalisten im Interesse des Interviewten verändert.

Typisches Beispiel für so eine Änderungsorgie: Konkrete Frage des Journalisten in seiner Textversion: ... Werden Sie die Zahl der Beschäftigten reduzieren? Antwort des Befragten im Original *und* in der Textversion: Wenn sich die Konjunktur weiter so schlecht entwickelt wie in den vergangenen Monaten, wovon wir ausgehen, werden wir im zweiten Halbjahr die Mitarbeiterzahl um 15 Prozent reduzieren.

Daraus kann in der Autorisierung folgender Marketing-Sprech werden: Wenn die Lage so herausfordernd bleibt, könnte es sein, dass man die Kapazitäten anpassen muss.

Vergleichende Analyse:

1. Unmissverständliche Wortgruppen wurden gelöscht (im Beispiel: wovon wir ausgehen und im zweiten Halbjahr).

2. Unmissverständliche negative Wörter wurden durch geschönte und neutrale Begriffe ersetzt (schlecht durch herausfordernd, Mitarbeiterzahl durch Kapazitäten und reduzieren durch anpassen).

3. Verbindliche, aktive Aussagen wurden in vage, passive und unpersönliche Sätze umformuliert (werden wir in könnte es sein, dass man).

4. Dringlichkeiten (muss) wurden ergänzt, die suggerieren sollen, dass der Befragte gezwungen ist, so zu handeln.

Die Gründe für solche Änderungen können vielfältig sein:

■ Der Pressesprecher hat Angst, Fehler zu machen und formuliert den Text deshalb butterweich.

■ Der Interviewte hat im Gespräch mehr verraten als es seine Kommunikationsstrategie erlaubt.

■ Der Interviewte muss verschiedenen Interessensgruppen gerecht werden und legt sich deshalb nicht fest.

- Der Interviewte kann sich aus gesetzlichen Gründen nicht klar äußern (etwa bei laufenden Gerichtsverfahren, geschäftlichen Verhandlungen oder aufgrund von Ad-hoc-Pflichten bei Aktiengesellschaften).
- Der Interviewte muss herumeiern, weil er die sachlich korrekte Antwort nicht weiß, dies aber nicht zugeben will.
- Der Pressesprecher oder der Interviewte weiß schlicht nicht, wie man einen journalistisch guten Text schreibt.

Es ist auch möglich, dass die Interviewversion des Journalisten aus Willkür *und* aus bestimmten Zwängen heraus verändert wird.

Endlich! Der letzte Feinschliff

Sobald das (freigegebene) Interview wieder beim Journalisten auftaucht, kommt bei diesem noch einmal Hochspannung auf. Und Enttäuschung, wenn die Korrekturen am Dokumentenrand länger sind als der Interviewtext. Das kommt leider häufig vor.

Wenn der Interviewer mit den Änderungen leben kann, sollte er dies dem Gesprächspartner mitteilen. Danach braucht er den Text nur noch ins *Redaktionssystem* einzufügen und – bei Zeitungen und Magazinen – ins Seitenlayout einzupassen. Dafür muss er meist noch ein paar Worte durch Synonyme ersetzen sowie hier und da ein paar Fragen und Antworten um wenige Worte kürzen oder verlängern.

Wenn er dabei den Tenor des Interviews nicht verfälscht, sollte er diese letzten kosmetischen Textänderungen *nicht* mehr mit dem Informanten abstimmen. Denn dadurch würde er ihn nur zu neuerlichen Änderungen animieren. Und das ist unnötig, da finale, fehlerfreie Korrekturen höchst selten nach der Veröffentlichung von den Zitierten reklamiert werden. Meist bemerken sie diese gar nicht.

Ist der Journalist mit bestimmten Änderungen nicht einverstanden, sollte er mit dem Pressesprecher/Interviewten über die betreffenden Passagen verhandeln. Dabei kann er freundlich, aber bestimmt darauf hinweisen, dass ein Interview kein *PR-Beitrag* ist, er seinen Job als Journalist zu erfüllen hat und für bestimmte Zugeständnisse seinerseits nun auch Zugeständnisse vom Interviewten erwartet.

Änderungen seiner Fragen darf der Journalist allerdings nicht akzeptieren – sofern sie dem originalen Wortlaut entsprechen. Bei nachträglich eingefügten Zwischenfragen ist das etwas anderes. Deren Tenor gilt als verhandelbar.

Ein »echter« Interviewer lässt sich nicht widerstandslos als PR-Sprachrohr missbrauchen. Das ist er seinen Lesern, aber auch sich selbst schuldig. Er wird zwar nicht immer verhindern könnten, dass er von Medienprofis über den Tisch gezogen wird. Aber Journalisten, die sich schweigend alles gefallen lassen, werden von ihren Interviewpartnern kaum *ehrlich* respektiert. Und das würde sich spätestens beim nächsten Gespräch rächen.

Eskalationen sollte der Interviewer auch im Autorisierungsprozess vermeiden – es sei denn, er kann auf das Interview (und künftig auch auf den Gesprächspartner) notfalls verzichten. Dies ist bei Zeitungen und Magazinen allerdings selten möglich, da es dort häufig an Redakteuren mangelt, die Zeit genug haben, um *alternative Beiträge* zu schreiben (s. Seite 15).

Wegen der Autorisierungspraxis in Deutschland bleibt Journalisten kaum etwas anderes übrig, als mit ihren Gesprächspartnern um Kompromisse zu kämpfen. Aber wenn sie »der anderen Seite« ihre Ansprüche souverän, beherrscht, aber auch klar und verbindlich »verkaufen«, werden ihnen die Interviewten entgegenkommen. Zumal es relativ wenige davon gibt, die es sich mit Journalisten verscherzen wollen.

Ein schöner Trost: Jeder Journalist, der den diffizilen Interviewprozess bis hierher mit aller Raffinesse geführt und die Frage-

Antwort-Situation attraktiv vertextet hat, wird mit seinem Gesprächspartner den bestmöglichen Kompromiss erzielen – und ein Interview veröffentlichen, auf das er stolz sein kann.

Nach der Veröffentlichung sollte er dem Interviewten schnellstmöglich ein *pdf*, eine *Druckausgabe* und/oder den *Internetlink*, unter dem das Gespräch online zu finden ist, zusenden – und sich nochmals für das Interview bedanken. Ein versöhnlicher Abschied ist nicht nur professionell, sondern mit Blick in die Zukunft auch nötig. Denn Journalisten begegnen vielen ihrer Gesprächspartnern mehr als nur einmal im Berufsleben.

Und mit der nächsten Interviewanfrage geht der emotionale Balanceakt von vorne los – selbst bei Informanten, die der Journalist zum wiederholten Male interviewt. Denn jeder potenzielle Gesprächspartner kann sich beim nächsten Kontakt ganz anders verhalten. Egal, wie das (bis dato) letzte Interview mit ihm gelaufen ist.

Viel Erfolg!

Quellen und Anmerkungen

Kapitel 1: Interviews zwischen Wunsch und Wirklichkeit

[1] in: Walther von La Roche/Axel Buchholz (Hrsg.), Radio-Journalismus. Ein Handbuch für Ausbildung und Praxis im Hörfunk (8. Auflage, Beitrag »Interview« von Axel Buchholz, Journalistische Praxis, List, Berlin 2004)

[2] Die Berufsgruppe »Nachrichtensprecher im Fernsehen« wurde vom IfD ausgeklammert, separat zur Wahl gestellt und von 25 Prozent der Befragten als vertrauenswürdig eingestuft.

[3] in: Walther von La Roche, Einführung in den praktischen Journalismus. Mit genauer Beschreibung aller Ausbildungswege Deutschland, Österreich, Schweiz (18. Auflage, Journalistische Praxis, Beitrag »Interview und Umfrage«, Econ, Berlin 2008)

[4] so geschehen zum Beispiel bei einem Interview mit dem Vorstandchef der Bayer AG, Handelsblatt, 30.11.2007, Seite 26

[5] Zahlen aus den Studien »Journalisten in Deutschland I und II« von Siegfried Weischenberg, Armin Scholl, Maja Malik. Prof. Weischenberg (Lehrstuhl für Journalistik und Kommunikationswissenschaft an der Universität Hamburg) ging im Oktober 2008 davon aus, dass »die Zahl der hauptberuflichen Journalisten in Deutschland »vermutlich weiter abnimmt«, während die Zahl derjenigen, die »irgendwie« mit Journalismus zu tun haben, »wie Freie, die im Wesentlichen von PR leben«, weiter zunimmt.

[6] Netzwerk Recherche, Studie »Getrennte Welten? Journalismus und PR in Deutschland«, basierend unter anderem auf Studien von Dr. Michael Haller/Professor für Journalistik an der Universität Leipzig, Dr. Hans Mathias Kepplinger/Professor für Empirische Kommunikationsforschung am Institut für Publizistik der Universität Mainz, Dr. Barbara Bearns/Professorin für Journalistik an der Freien Universität Berlin

[7] Netzwerk Recherche, »Getrennte Welten?« Journalismus und PR in Deutschland«, Seite 5

[8] Netzwerk Recherche, »Getrennte Welten?« Journalismus und PR in Deutschland«, Seite 84

[9] PR-Berater, Honorarprofessor für Unternehmenskommunikation an der Hochschule Osnabrück und Ex-Kommunikationschef der Volkswagen AG in Netzwerk-Recherche, »Getrennte Welten? Journalismus und PR in Deutschland«, Seite 37

[10] So geschehen 2008 nach einem Interview des Autors mit dem Finanzvorstand der Siemens AG, Josef Kaeser, bei dem Interviewszenen fotografiert wurden. Kaeser bestand im Autorisierungsprozess überraschend darauf, die von der Bildredaktion ausgewählten Fotos vor der Veröffentlichung zu sehen. Der Autor gab nach einer Debatte mit Kaesers Pressesprechern nach, da er Sanktionen fürchtete. Kaeser gab die Fotos ohne Einschränkungen frei.

[11] BdP, »Positionen Nr. 1. Die Autorisierungsdebatte: Müssen Interviews freigegeben werden?«, 2003

[12] PR-Berater Klaus Kocks in »Spiegel online«, 3.6.2008, anlässlich der Überwachung von Journalisten durch die Deutsche Telekom AG

[13] John Hopper, Berlin-Korrespondent des »The Guardian«, im Beitrag »Die Umschreiber«, »DIE ZEIT«, 47/2001, Seite 64

Anmerkungen

[14] Stand 2008
[15] Steffen Klusmann, Chefredakteur der »FTD«, auf Anfrage des Autors im September 2008
[16] im Beitrag »Die Umschreiber«, »DIE ZEIT« 47/2001, Seite 64
[17] in: »Einführung in den praktischen Journalismus«, Reihe »Journalistische Praxis« (Econ), Beitrag »Interview und Umfrage« von Walther von La Roche
[18] Donald L. Ferguson in »Journalism today«, National Text Book Company, 1998

Kapitel 4: Typisch Informanten

[1] aus Viola Falkenberg, Interviews meistern. Ein Ratgeber für Führungskräfte, Öffentlichkeitsarbeiter und Medien-Laien (Beitrag »Vorwort«, FAZ-Institut für Management-, Markt- und Medieninformationen, Frankfurt am Main 1999)
[2] Der Psychologe und Psychoanalytiker Fritz Riemann (1902–1979) war Mitbegründer der heutigen Akademie für Psychoanalyse und Psychotherapie und Autor verschiedener Werke zur Tiefenpsychologie.
[3] Prof. Dr. Hans Jung lehrt an der Fachhochschule Lausitz Betriebswirtschaftslehre und Personalmanagement.
[4] aus Hans Jung, Persönlichkeitstypologie. Instrument der Mitarbeiterführung (3. vollständig überarbeitete und wesentlich erweiterte Auflage, Beiträge »Die vier Persönlichkeitstypen« und »Grafischer Vergleich der vier Persönlichkeitstypen«, Oldenbourg Verlag, München, 2009)

Kapitel 5: Die Interviewanfrage als Erfolgsgrundlage

[1] Henrico F. hatte Beck Ende 2006 auf dem Wiesbadener Weihnachtsmarkt wegen der Hartz-IV-Gesetze beschimpft. Daraufhin forderte Beck von F., sich zu waschen und zu rasieren. Dann werde er auch Arbeit bekommen.
[2] Quelle: Siemens AG, Stand: September 2008

Kapitel 6: Gut geplant ist halb gewonnen

[1] aus: Robert B. Cialdini, Die Psychologie des Überzeugens. Ein Lehrbuch für alle, die ihren Mitmenschen und sich selbst auf die Schliche kommen wollen (5. Auflage, Beitrag »Commitment: Auf Gedeih und Verderb/Zusammenfassung«, Verlag Hans Huber, Bern 2007)
[2] aus: Robert B. Cialdini, Die Psychologie des Überzeugens. Ein Lehrbuch für alle, die ihren Mitmenschen und sich selbst auf die Schliche kommen wollen (5. Auflage, Beitrag »Sympathie«, Verlag Hans Huber, Bern 2007) Die »Sympathiefaktoren« wurden ebenfalls aus dieser Quelle zitiert.
[3] aus: Walther von La Roche/Axel Buchholz (Hrsg.), Radio-Journalismus. Ein Handbuch für Ausbildung und Praxis im Hörfunk (8. Auflage, Beitrag »Interview« von Axel Buchholz, Journalistische Praxis, List, Berlin 2004)
[4] aus: Gustave Le Bon, Psychologie der Massen (15. Auflage, Beitrag »Die Wirkungsmittel der Führer: Behauptung, Wiederholung, Übertragung«, Alfred Kröner Verlag, Stuttgart, 1982)
[5] aus: www.sueddeutsche.de/kultur/artikel/746/98648/vom 19.1.2007, Edmund Stoiber im Zusammenhang mit dem Transrapid, der den Münchener Hauptbahnhof mit dem Münchener Flughafen verbinden sollte.

[6] aus: Robert B. Cialdini, Die Psychologie des Überzeugens. Ein Lehrbuch für alle, die ihren Mitmenschen und sich selbst auf die Schliche kommen wollen (5. Auflage, Beitrag »Kleidung«, Verlag Hans Huber, Bern 2007)

Kapitel 8: Gewusst wie – clever fragen schadet nie

[1] Diese Begebenheit wurde in einem Dokumentarfilm von Brian Springer mit dem Titel »Spin« über die Medienauftritte von Politikern thematisiert.

Register

Register

Personen- und Institutionenregister

Journalistische Praxis

Dietz Schwiesau/Josef Ohler

Die Nachricht

in Presse, Radio, Fernsehen,
Nachrichtenagentur und Internet

Ein Handbuch für Ausbildung und Praxis

317 Seiten, Broschur

Jeder Journalist muss Nachrichten schreiben können.
Deshalb lernt jeder angehende Journalist zuerst, was eine
Nachricht ist. Wer Nachrichten schreiben kann, beherrscht die
Grundlagen des Journalisten-Handwerks.

Das Handbuch »Die Nachricht« vermittelt diese Grundlagen
systematisch, ausführlich und praxisnah. Es ist das erste,
das anschließend in eigenen Kapiteln die Besonderheiten
der Nachricht in den verschiedenen Medien behandelt:
von Presse bis Internet.

Aus dem Inhalt:
Nachrichtenbegriff – Nachrichtenauswahl – Nachrichtenaufbau –
Nachrichtenproduktion – Nachrichtensprache –
Nachrichtenrecht – Agenturnachrichten – Pressenachrichten –
Radionachrichten – Fernsehnachrichten –
Internet-Nachrichten – Wie werde ich Nachrichtenjournalist? –
Geschichten aus der Nachrichtengeschichte

Mehr zum Buch und Thema: www.journalistische-praxis.de

Econ

Journalistische Praxis

Ele Schöfthaler

Die Recherche

Ein Handbuch für Ausbildung und Praxis

256 Seiten, Broschur

Erfolgreich recherchieren lernen, um mehr Erfolg zu haben
im Journalismus: »Die Recherche« ist das erste journalistische
Lehrbuch, das Methoden der klassischen und der Online-
Recherche kombiniert vermittelt.

Wie weit dürfen Journalisten gehen bei der Recherche?
Wie lästig dürfen sie sein? Was leistet das Internet, wo liegen
seine Grenzen? Wie werden Informanten geschützt?

Ele Schöfthaler gibt Antworten aus der praktischen
Recherchearbeit auf Fragen aus dem journalistischen Alltag;
Gabriele Hooffacker hat das Buch, dessen Vorläufer
»Recherche praktisch« erstmals 1997 erschienen ist,
um Tipps zur Online-Recherche erweitert.

Aus dem Inhalt:
Themen nebenbei entdecken – Knigge für Journalisten –
Vorab-Recherche online – Quellen prüfen – Einen Recherche-
plan aufstellen – Vertiefte Recherche online – Fragen, bluffen
und mit Rollen spielen – Perlen finden im unsichtbaren Netz.

Von den Webseiten zu diesem Buch kann man direkt
per Link durch die Suchmaschinen, Datenbanken und Archive
surfen (www.journalistische-praxis.de, Service-Seiten zu
»Die Recherche«).

Econ

Journalistische Praxis

Michael Rossié

Frei sprechen

in Radio, Fernsehen und vor Publikum
Ein Training für Moderatoren und Redner

248 Seiten, Klappenbroschur

Vor Mikrofon, Kamera und der Gruppe frei zu sprechen:
Dieses Buch zeigt, wie es geht.

Es ist ein Trainingsprogramm für Moderatoren in Radio und
Fernsehen, für Pressesprecher und Politiker, Referenten,
Professoren, Lehrer, Studenten, Manager, Verkäufer oder
Vereinsvorsitzende – für jeden, der öffentlich spricht.

Frei sprechen im Sinne dieses Buchs bedeutet, die Sätze erst
im Augenblick der Rede zu formen, damit sie authentischer,
glaubhafter und fesselnder werden.
Reden als spontane Kommunikation.

»Dies ist«, so Michael Rossié, »kein Buch über das Manipulieren
oder Sich-durchschlagen, sondern übers Ehrlich-sein, ohne
dabei sein Ziel aus den Augen zu verlieren.«

Die beiliegende CD illustriert die Übungen anhand von guten
und schlechten Beispielen aus der Praxis, die der Autor für
das Buch eingesprochen hat.

Mehr zum Buch und Thema: www.journalistische-praxis.de

Econ

Journalistische Praxis

Walther von La Roche/Axel Buchholz (Hrsg.)

Radio-Journalismus
Ein Handbuch für Ausbildung und Praxis im Hörfunk

460 Seiten, Klappenbroschur

Wie kommen Sie zum Radio? Was müssen Sie lernen und können, um beim modernen Radio Erfolg zu haben? »Radio-Journalismus« sagt Ihnen, was Sie brauchen, und zeigt Ihnen, wie es geht.

Wie werden Interviews und Umfragen gemacht oder O-Ton-Beiträge gebaut? Wie schreibt man fürs Hören, wie moderiert man? Wie werden Radio-Nachrichten gestaltet, Texte gesprochen oder die Musiktitel ausgewählt? Wie produziert man digital an der Audio-Workstation? All das und vieles mehr ist mit zahlreichen Beispielen und erprobten Tipps dargestellt.

Das Standard-Lehrbuch beschreibt auch alle Ausbildungs-möglichkeiten im Bereich Radiojournalismus und geht ausführlich auf das Thema Radio im Online-Auftritt, bzw. crossmediales Arbeiten und Podcasting ein.

Mehr zum Buch und Thema: www.radio-journalismus.de

Econ

Journalistische Praxis

Gabriele Hooffacker

Online-Journalismus

Schreiben und Gestalten für das Internet

Ein Handbuch für Ausbildung und Praxis

254 Seiten, Broschur

Online-Journalismus ist als eigener Bereich neben Presse-,
Radio- und Fernsehjournalismus getreten.

Wie wird man Online-Journalist?
Wo arbeiten Online-Journalisten? Was müssen sie beherrschen:
an journalistischem Handwerk, an Online-Technik,
an Online-Recht? Wie schreibt und konzipiert man für
Online-Magazine? Wie organisiert man eine Community?
Wer liefert den Content?

Das Handbuch enthält pragmatische Definitionen und einen
Überblick über das gesamte Tätigkeitsgebiet, die Stilformen
und Formate des Mediums, das Berufsbild und
die Arbeitsfelder des Online-Journalisten.

Mehr zum Buch und Thema: www.onlinejournalismus.org

Econ

Journalistische Praxis

Gerhard Schult/Axel Buchholz (Hrsg.)

Fernseh-Journalismus

Ein Handbuch für Ausbildung und Praxis

489 Seiten, Broschur

»Fernseh-Journalismus« ist das Lehrbuch für die FS-Praxis. Den (zukünftigen) Machern im Medium ist es ein wichtiger Begleiter, immer wieder aktualisiert seit 25 Jahren. Auch die von Axel Buchholz vollständig neu überarbeitete 7. Auflage erfüllt diesen Anspruch.

Der immer bedeutsamer werdenden Arbeit der Video-Journalisten (VJs) widmet die Neuauflage ein ausführliches Kapitel. Ebenso berücksichtigt das Buch, dass moderne journalistische Fernseh-Arbeit heute digitale Produktion bedeutet.

Erfahrene Praktiker und Ausbilder, darunter Amelie Fried, Peter Kloeppel, Sandra Maischberger, Jörg Schönenborn und Anne Will, helfen dabei, schnell in die (digitale) Fernsehpraxis hineinzufinden, sich dort zu bewähren oder zu verbessern.

Von der Planung über den Dreh bis zum Schnitt lehrt »Fernseh-Journalismus« das Konzipieren und Umsetzen von Fernseh-Beiträgen. Das Internet-Angebot »Online plus« ergänzt das Buch durch zusätzliche Aufsätze, Beispiele und Übungen, zusammen mit weiteren Website-Informationen.

Mehr zum Buch und Thema:
www.journalistische-praxis.de/fern

Econ

Journalistische Praxis

Winfried Göpfert (Hrsg.)

Wissenschaftsjournalismus

Ein Handbuch für Ausbildung und Praxis

309 Seiten, Broschur

Wie recherchiert man in der Wissenschaft? Wie ist eine Wissenschaftsreportage aufgebaut? Wie funktioniert Wissenschaftsjournalismus im Radio, im Fernsehen? Winfried Göpfert zeigt Wege in den Wissenschafts-Journalismus auf.

Das Handbuch enthält Werkstattberichte aus allen Medien: Ranga Yogeshwar (Moderator von *W wie Wissen*) erzählt, was er von den modernen Wissens-Magazinen hält. Patrick Illinger (*Süddeutsche Zeitung*) gibt Einblicke in die Recherche-Praxis, Astrid Dähn (*Technology Review*) verrät, wie man eine Geschichte baut, Volker Lange (Online-Magazin *Morgenwelt*) erläutert, wie Wissenschaft im Netz präsentiert werden kann. Journalisten aus den wichtigsten Redaktionen beschreiben das Verhältnis von Wissenschafts-PR und Medien und geben Tipps und Ratschläge.

Die Webseiten zu diesem Buch informieren über das Thema und liefern umfangreiche Links zur Wissenschafts-Recherche online (www.journalistische-praxis.de/jpwiss.htm, www.wissenschaftsjournalismus.de).

Econ

Journalistische Praxis

Lutz Frühbrodt

Wirtschaftsjournalismus

Ein Handbuch für Ausbildung und Praxis

259 Seiten, Klappenbroschur

Beruf Wirtschaftsjournalist
Berufsverständnis – Berufsfelder – Ausbildungswege

Arbeitsfelder
Die Bilanz-Pressekonferenz – Die Hauptversammlung –
Der Tag an der Börse – Der Messebericht

Recherchemittel und -wege –
Rechtliche und ethische Normen –
Geschenke, Reisen, Jobs: Die Versuchungen der PR –
Mitspieler – Gegenspieler? Die Informanten des Wirtschafts-
journalisten

Typische Darstellungsformen:
Die Sprache des Wirtschaftsjournalismus – Bericht und
News Analysis – Kommentar – Magazin/Feature – Reportage –
Verbrauchertest – Aktiencheck und Anlagetipp – Interview –
Unternehmensporträt und Branchenanalyse –
Unternehmerporträt – Die Exklusivgeschichte

Medien des Wirtschaftsjournalismus in Deutschland im
Überblick

Mehr zum Buch und Thema: www.journalistische-praxis.de

Econ

Journalistische Praxis

Walther von La Roche

Einführung in den praktischen Journalismus

**Mit genauer Beschreibung aller Ausbildungswege
Deutschland, Österreich, Schweiz**

310 Seiten, Klappenbroschur

Wie wird man heute Journalist? Wo und in welchen
Funktionen arbeiten Journalisten?
Wo kann man Journalismus lernen? Wie findet man Kontakt
zu einer Redaktion?
Wie recherchiert man eine Story? Worin unterscheiden
sich Nachricht und Bericht, Reportage und Feature,
worin Kommentar, Glosse und Rezension?

Auf diese Fragen gibt das Buch erprobte und bewährte
Antworten, aber auch Auskünfte über den aktuellen Stand
journalistischer Arbeitstechniken. Es will den Leser mit den
Grundlagen journalistischer Arbeit vertraut machen,
die allen Medien gemeinsam sind.

La Roche beschreibt ausführlich das Netz der Ausbildungswege, das vor allem durch neue Angebote von Universitäten
und Fachhochschulen immer dichter wird.

Von den Webseiten zu diesem Buch kann man direkt per Link
über die Ausbildungswege surfen, findet neue Aktualisierungen
und über das Buch hinausgehende Zusatzinformationen.

Mehr zum Buch und Thema: www.journalistische-praxis.de

Econ